现代大学制度研究

主　编　窦衍瑞

山东大学出版社

图书在版编目(CIP)数据

现代大学制度研究/窦衍瑞主编. —济南:山东大学出版社,2016.1
ISBN 978-7-5607-5490-1

Ⅰ. ①现… Ⅱ. ①窦… Ⅲ. ①高等教育—教育制度—研究—中国 Ⅳ. ①G649.22

中国版本图书馆 CIP 数据核字(2016)第 012436 号

责任策划:姜　明
责任编辑:姜　明　李艳玲
封面设计:张　荔

出版发行:山东大学出版社
社　址　山东省济南市山大南路 20 号
邮　编　250100
电　话　市场部(0531)88364466
经　销:山东省新华书店
印　刷:济南新科印务有限公司
规　格:720 毫米×1000 毫米　1/16
16.75 印张　308 千字
版　次:2016 年 1 月第 1 版
印　次:2016 年 1 月第 1 次印刷
定　价:36.00 元

序　言

大学是人类社会创造出的最复杂的组织机构之一。大学不但承担诸如人才培养、科学研究、社会服务、文化传承等多种专业及社会职责，而且还要面对多种不同、有时甚至是矛盾和冲突的社会要求与期待。在西方，中世纪大学滋生和确立了独立、自治、学术自由的大学理念，开始了大学的制度化过程。大学通过比较完善的制度逐步建构成为一种定型化的、专门的、独立的学术与教育机构，形成了一种“行会型”大学制度。从20世纪50年代开始，在大学逐步进入社会的中心并产生众多利益相关者之后，面对复杂的大学内外部关系和矛盾，又形成了适应现代化的大学制度安排。我国的大学制度先后经历了学习和借鉴欧洲国家大学制度以及美国大学制度的过程。从1949～1978年的30年间，在经历了“苏联模式”和解放区高等教育模式（大学制度）的激烈冲撞之后，形成了一种政治和教育高度融合的“革命化大学制度”。改革开放之后，我国重新学习和借鉴西方国家（主要是美国）大学制度，开始探索中国特色现代大学制度。

现代大学制度是一个具有中国特色的概念。我国高等教育领域自20世纪90年代中期开始广泛使用这一概念，并对其内涵和特征进行了持续研究。一般说来，现代大学制度主要包括两大方面：一是宏观方面或者高等教育体制方面，主要涉及大学与政府的关系、大学与社会的关系、大学与大学的关系；二是微观方面或者说大学自身层面，主要涉及大学的内部治理结构，其核心是大学内部的学术权力与行政权力的关系。关于现代大学制度的特征，教育部前部长周济同志在中外大学校长论坛报告中的论述具有代表性，即“重视大学自我发展与自我约束机制的有机统一，强调大学办学自主与社会职责的相辅相成，追求大学学术权力和行政权力的平衡和谐，鼓励大学人才培养和科学研究的密切结合”。高等教育改革与发展实践也越来越清楚地表明，我国高等教育存在的主要问题是办学理念和大学制度上的问题，我们还缺乏现代办学理念和现代大学制度。《国家中长期教育改革和发展规划纲要(2010～2020年)》提出了完善中国特色现代大学制度的目标和任务。2015年11月，国务院印发了《统筹推进世界一流大学和一流学科建设总体方案》。从国际经验来看，世界一流大学是一种制度文明的产物，是以现代办学理念为先导，以相应的制度环境和现代大学制度建设为基础的。对我国高等教育来说，通过体制创新和制度创新来建设现代大学制度，创造一流大学成长的制度环境是当务之急，也是一项基础性的具有深远意义的工作。

党的十八届三中全会报告明确提出国家治理体系建设和治理能力现代化问题。这为已延续多年的我国高等教育改革，特别是政府与大学都在全力推进的现代大学制度建设提供了新的目标及实现目标的活力。作为现代国家治理体系的重要组成部分，现代大学制度及治理体系建设，也应该包括能很好地处理大学、政府、市场、社会之间互动关系的完整架构与机制，并且随着高等教育办学自主权的确立，高等学校获得了很大自主权。那么如何把权力用好，并在自我发展的同时，怎样建立自我约束的机制，是在获得自主权之后应该考虑的问题。因此，自主权确立之后，如何从制度的层面来进一步完善，并确保大学决策管理的科学化、民主化，这是当前必须考虑的问题，也是现实当中遇到的问题。

本书是山东政法学院有关现代大学制度研讨的一个小结。作为研究成果，其特点主要为：一是选择“现代大学制度理论研究”“大学章程与大学治理”和“大学文化与精神”三个专题进行研究，力求在学习借鉴基础上有所理论创新，旨在推动现代大学制度的理论研究的进一步发展；二是紧密联系现代大学改革与发展实践，力图回答中国特色现代大学制度实践中提出的重大理论问题，以推动我国的现代大学制度建设和实践；三是重视大学精神文化建设与现代大学制度的融合，以推动我国现代大学制度的精神、理念发展。

宋云峰

2015年11月

目　录

现代大学制度理论研究

大学章程与大学治理

大学文化与大学精神

现代大学制度理论研究

走向现代大学制度之路

楚道文

目前，我国现代大学制度建设仍处于探索阶段，还需进一步厘清现代大学制度的理念基础和价值取向，明确现代大学制度的核心内涵和构建途径。

一、现代大学制度的理念基础

大学制度建立从不健全到健全的过程即制度化的过程，需要在以下三个方面作出努力：(1)树立价值观。确立共同的价值观念，树立一致的价值取向，建立规范体系，加强个人对组织的认同，增强群体的凝聚力。(2)制定规范。根据共同的价值需要而制定规范，把人们的行为纳入相同的固定模式之中。(3)建立机构。规范的实施要由组织机构保证，制度化过程也是组织机构建立和健全的过程。大学作为一个以高深知识为核心、由生产知识的群体构成的学术组织，学科和学院两种组织模式相互交叉，构成大学的总体矩阵，学科和学院在大学的基层单位汇合，使大学组织成为一个重在基层的单位。由此决定了大学组织是一个松散耦合的系统，大学是一个高度分化和低度整合的组织，大学组织成员之间、组织的各个子系统之间只是一种松散的关系。大学组织的这一特征表明，大学制度毕竟不同于一般的社会制度，区别于政治制度、经济制度甚至于一般的文化制度，具有自身的内在特性，体现大学之所以为大学的精髓和灵魂。大学组织协调和控制主要是依靠基层的创新，其主要手段是隐性的观念和价值体系，而非显性指令和规则，改革是渐进的，常常是渗透院校边界的变革。因此，行政命令制度、计划管理制度对大学的发展发挥不可替代的作用，但就大学自身发展和学术创新而言，大学自治、学术自由的制度更是大学的根基，唯有办学自主才有办学动力；唯有学术自由才能形成创新的土壤和环境。与一般社会制度相比，非正式的、非理性化的、非系统化的、不成文的行为规范，如道德、观念、习惯、风俗等更加根深蒂固和深入人心，在大学制度中会起到更加久远的作用。

考察现代大学制度的发展历程，我们可以发现，虽然世界各国现代大学制度在具体形式上形态各异，但在一些基本理念和价值追求上却是高度一致的。

一方面，大学自治与学术自由是现代大学的基本价值追求。欧洲大学最根本的学术价值观，概括起来主要有两个方面：自治权和学术自由。自治是大学最悠久的传统之一。在现代社会，大学的独立法人地位更是普遍得到法律的确认和保护。尽管大学自治从来都是有限度的，但自治依然被视为现代大学治理的核心所在。人们甚至认为，失去了自治，高等教育就失去了精华。这是因为，只有让大学保持自治，才能使大学按照学术逻辑而不是政治逻辑、市场逻辑来运行和发展；也只有让大学按照高等教育规律依法自主办学，才能使大学保持本真、实现使命。学术自由指的是大学师生在教学、研究、学习方面的自由。学术自由是探求真理、获取新知的重要前提，也是大学实现自身功能和价值的基本条件。在大学发展史上，学术自由一直是大学所极力追求和守护的理想，一部世界大学的发展史可说是一部争取学术独立自由的历史。《国家中长期教育改革和发展规划纲要（2010～2020）》首次以国家文件形式提出，要"尊重学术自由，营造宽松的学术环境"。因此，现代大学制度建设必须遵循学术自由这一体现大学组织本质属性的基本理念，充分保障大学师生的学术自由，克服急功近利思想和功利主义倾向，为师生营造宽松的学术环境和广阔的自由探索空间。

另一方面，学术本位与民主开放也应是大学的基本制度理念。大学是以追求高深学问为己任、以学术活动为核心业务的学术组织，学术性是它的根本特性。大学人才培养、科学研究、社会服务以及文化传承创新等各项职能的发挥无不以学术活动为基础，大学的规章、制度、管理等无一不是为学术活动服务的。建设现代大学制度，就是要改变大学管理过度行政化的倾向，推进教授治学，使大学回归学术本位，让大学教师安心以学术为业。对内实行民主、对外保持开放是现代大学的重要特点。尽管民主的实现形式在政治哲学中存在诸多争议，在政治实践中也呈现出多样化特征，但民主本身已成为现代社会的普世价值和现代组织管理的重要取向，实行民主应当成为大学内部管理的重要原则。此外，在现代社会，大学的生存发展越来越依赖于社会，社会发展也迫切需要大学为其提供知识动力。现代大学制度应当能够有效加强和规范大学与社会的互动关系，使大学既能保持独立精神和自主管理，又能合理回应时代和社会的呼唤。

二、现代大学制度的核心内涵

判断一所大学是现代大学还是传统大学，主要取决于其制度的特定性和现代性。现代大学的现代性主要体现在大学从社会边缘走向社会中心之后，大学以其知识占有的广泛性、学科结构的完整性、教学科研的互动性等内在优势和多元巨型大学的外在优势，打破了以往的自我封闭状态，大学本身从本质上发生了根本性变化,成为了“知识产业的核心部分”。社会高度依赖知识生产和大学在知识生产中所具有的优势地位,两者共同作用的结果,一方面国家开始了对大学的全面干预,另一方面促使大学走出了象牙塔,以主动适应社会发展为己任。与大学内在的变化相适应,以保证大学生存和发展的大学制度也势在必行地开始重新定位和审视大学的行为规范或规则,作出相应的变革,实现自身的创新。综上所述,现代大学制度是以围绕两个基本问题展开的:一是大学组织的高度社会化后,如何平衡好大学与社会的关系问题;二是面对大学与社会之间日益复杂的关系,大学如何解决好自身持续、有效、健康发展的问题。从大学制度的基本内涵来看,现代大学制度是以有效地把握大学的学术自由、大学自治与社会各方面关系为核心,遵循和体现学术自治、学术自由和学术责任等基本原则,涵盖大学与政府、大学与社会、大学与大学之间关系规则,体现大学精神特质和自身活动的行为规则,以及大学作为独立法人实体,自我发展、自我约束的基本运行机制等内容,这些内容不同层次地具体体现在现代大学根本制度、一般制度和具体制度里。

因此,现代大学制度是处理大学与大学外部力量(政府、社会等)之间关系以及大学内部关系的制度规范和行为准则,主要包括两个层面:一是高等教育宏观管理体制层面,主要涉及大学与政府的关系、大学与社会的关系;二是大学内部管理体制层面,主要涉及大学内部治理结构,其核心是行政权力与学术权力的关系。要准确把握现代大学制度的核心内涵,需要抓住现代大学制度的两个关键特性。

一是现代性。现代大学制度不是“现代大学的制度”,而是“现代的大学制度”,它强调的是大学制度的“现代性”。这种“现代性”,一方面体现在时间意义上,即与传统相对应;另一方面体现在价值意义上,即与现代大学理念相契合,有利于维护大学精神,同时符合现代公共组织管理要求,体现法人治理、多元共治等理念。不过,现代性不能等同于西方化,现代大学制度不等同于西方的大学制度。每个国家的政治制度、行政体制、文化传统不同,决定了现代大学制度生长的“土壤”存在差异,没有普遍适用的大学管理制度,因此,我们必须立足本国国情探索适合自身特点的大学治理模式,这就是在我国现代大学制度建设中必须强调和突出“中国特色”的缘由所在。

二是体系性。现代大学制度是处理和规范大学内外部关系的系统化制度安排,是一个包含外部制度和内部制度的完整体系,其中外部制度主要包括涉及大学与大学外部力量之间关系的法律、法规、政策、行业规范等,内部制度包括大学内部领导体制、决策机制、管理流程等。而且,这种系统化的制度安排并非一成不变,它随着外部环境的变化和大学自身的发展而不断调整、变革和完善。

三、现代大学制度的构建途径

在存在根本缺陷的我国现代大学制度中，其根本制度的建构一方面涉及大学办学自主权的问题，另一方面需要弘扬学术自由的精神，提升学术自由的价值，使大学自主和政府干预之间保持必要的张力。自19世纪80年代初期，我国政府开始尝试改革高等教育的管理制度，从此以后，对中国高等教育的宏观管理体制进行了一系列重大改革，通过改变政府与高等学校的关系，调整中央政府与省（自治区、直辖市）级政府权限的划分，调整中央政府教育主管部门和业务部门的关系，实现了由高等教育高度的中央集权转向以地方分权为主；高等学校由政府附属机构转变为法人实体；政府由直接办学转向宏观指导和监督，由独家办学到社会力量参与办学。多年来，我国高等教育管理体制改革的成果，为大学自主和学术自由奠定了最坚实的基础。在当前，通过立法形式来界定政府宏观调控和高校自主办学的法律界限，制定具体的保护公民学术自由的单行条例，使政府干预和大学自主之间保持均衡，培育学术自由的大学精神气质是建立我国现代大学根本制度的一个至关重要的环节。应该看到，从重点强调教育行政部门职能转换到开始关注高校与政府的管理权限的边界界定和学术自由的具体化，意味着大学与政府关系问题发展和研究的深化。

现代大学制度建设没有现成模式可供选择，我们既要充分吸收国外现代大学制度建设的成功经验，又要立足我国大学改革发展实际，探索具有中国特色的现代大学制度。具体来说，目前应当从以下三个方面着力。

（一）政府管理与大学自治

自1979年12月时任复旦大学校长苏步青等几位大学领导在《人民日报》发文呼吁“给高等学校一点自主权”以来，要求扩大大学办学自主权的呼声不断高涨。在之后30多年高等教育管理体制改革进程中，大学办学自主权始终是一个无法回避的中心议题。这既体现了大学办学自主权的重要性，也表明了大学自主权改革进展之艰难。造成这种局面的主要原因在于政府集权管理思维依然存在、对政校关系缺乏正确定位、大学自治能力不足等。因此，政府要进一步解放思想、转变职能，把大学作为独立法人实体而不是自身的附属机构或下属单位来进行管理，在“减”“转”“管”上下更大功夫，推进政校分开、管办分离。一是“减”，即简政放权，减少和规范行政审批事项，该放的权力放开、放到位，落实和扩大大学办学自主权，调动大学的办学积极性；二是“转”，即转变管理方式，更多运用立法、规划、拨款、信息服务等手段而不是行政命令进行管理，实现从重微观管理到重宏观管理、重直接管理到重间接管理、重过程管理到重绩效管理、重管制到重服务的转变;三是“管”,即加强事中事后监管,确保大学用好自主权,避免陷入“放乱收死”的怪圈。

(二)大学管理与学术自由

法治是现代教育治理的基本特征。大学章程上承国家教育法律法规,下启学校规章制度,是大学治理的“宪法”。推动大学章程建设,促进大学按章程依法办学,是现代大学建设的重要内容。使命和治理结构是章程建设的“干货”,涉及办一个什么样的大学和怎么办的问题,因而章程本质重在确立使命和治理结构。由此,章程建设的重点是要明确大学的办学定位、发展目标、人才培养理念,并确定治理结构,明确治理主体构成、治理方式、领导体制以及决策机制等,厘清各治理主体的权利和义务,对学校内外部各种关系予以规范。

当前,完善大学内部领导体制重点是要坚持和完善党委领导下的校长负责制。一是要理顺党委领导和校长负责之间的关系。健全相关法律法规,为合理划分党委和行政权限范围提供法律依据,完善党政议事规则和决策程序,依法落实党委、校长职权。二是要完善大学校长选拔任用办法,探索公开选拔等遴选方式,赋予大学自主选拔校长的权利,加快推进校长职业化进程,促进教育家办学。三是要完善集体决策机制,强化民主协商的管理意识,破除“家长制”和“一言堂”现象。四是要建立健全督办制度,加强对党政重大决议执行情况的监督检查,促进各项决策的落实。

解决行政权力与学术权力失衡问题,是现代大学制度建设的重要目标之一。一要合理划分行政权力与学术权力的职能。明确划分哪些事务、哪些环节由学术权力负责决策和管理,哪些事务、哪些环节由行政权力负责决策和管理,避免权力越位或缺位。二要强化学术权力的职能与作用。加强学术机构建设,完善学术管理制度,既要充分发挥学术委员会、职称评审委员会以及其他学术机构和专家教授在学科建设、专业设置、学术评价、学术资源配置等学术决策中的主导作用,又要规范学术权力运行,避免用行政思维和手段来解决学术问题。三要推进学术管理重心下移。赋予院系更大的学术事务决策权和学术资源配置权,提高学术管理的针对性和有效性。加强院系教授委员会建设,并发挥其在院系重要事项决策中的主导作用。

民主管理是现代大学制度整体框架的重要组成部分。加强大学民主管理,一是要进一步完善教职工代表大会制度、学生代表大会制度等民主制度,拓宽师生参与民主管理和监督的渠道,目前特别是要健全学生参与管理的机制,改变学生权利缺失的状况,切实保障学生合法权益。二是重大事项决策要充分听取师生及其他相关利益者的意见和建议,吸收各方代表参与决策过程,最大限度地保证决策的科学性。三是要完善意见表达和反馈机制,通过校领导接见日、午餐会等多种形式，畅通师生与学校沟通渠道，形成常态化的沟通回应机制，保障师生的表达权、知情权和监督权。

(三)大学创新与服务社会

构建大学与社会之间的新型关系，重点是要建立健全“三个机制”：一是社会参与和监督机制。深入探索科研院所、企业、行业协会、社会团体、校友、学生家长等利益相关者支持大学发展、参与大学管理的新机制，健全校务公开制度，使大学既能充分利用外部资源推动自身发展，又能接受社会监督，更好地履行公共职能。二是中介机构协调机制。要积极扶持教育评估机构、教育决策咨询研究机构、教育考试机构等中介机构发展，充分发挥教育中介机构在协调政府与大学关系、优化高等教育治理中的重要作用。当前，特别是要鼓励和支持教育评估机构对大学教育教学质量、学科专业水平等进行多元化评估，使高等教育质量评价从政府评价为主转向社会评价和市场评价为主，进一步推进管、办、评分离。三是竞争机制。要引入完全市场竞争机制，把大学从政府的过度保护中推向社会和市场，使大学面向社会和市场办学而不是面向政府办学，营造优胜劣汰的竞争环境，促进大学准确定位和特色发展，并对社会和市场需求的变化作出快速反应，以做到有效适应。

参考文献

[1]陈创生：《论制度及其社会意义》，《现代哲学》2001 年第 3 期。

[2]宋旭红：《我国现代大学制度建构的三个层次》，《辽宁教育研究》2013 年第 5 期。

[3]张俊宗：《现代大学制度：内涵、主题及主要内容》，《江苏高教》2004 年第 4 期。

[4]杨琼：《论现代大学制度的内涵与外延》，《大学(学术版)》2013 年第 8 期。

[5]刘琅、桂苓：《大学的精神》，中国友谊出版公司 2004 年版。

[6]邬大光：《现代大学制度的根基》，《现代大学教育》2001 年第 1 期。

[7]张俊宗：《学术与大学的逻辑构成》，《高等教育研究》2004 年第 1 期。

（作者单位：山东政法学院经济贸易法学院）

关于建立现代大学制度的思考

侯长安

现代大学制度的建立和创新是高等教育科学发展的必然要求，也是高等教育有效承担其社会职能的制度载体，它直接关系到我国高等教育的兴衰成败，寄托着国家、社会和学界的深切期望。我国于2010年制定的《国家中长期教育改革和发展规划纲要(2010～2020年)》明确提出，要完善中国特色现代大学制度和治理结构，随后相继出台了《高等学校章程制定暂行办法》和《高等学校学术委员会规程》等制度性文件，并在一些高校进行了改革试点。建立和完善现代大学制度成为当下我国高等教育的主要任务，因此有必要对其中的一些重要问题进行深入的思考，以推动实践的发展。

本文结合治理理论首先对现代大学制度的内涵进行探讨，继之分析以大学章程为核心的大学治理结构的相关问题，最后就比较受关注的去行政化问题提出一些想法。

一、现代大学制度

理念是行动的先导。没有科学的行动纲领的指引，我们只会误入歧途。要建设现代大学制度，必须首先明确的一个问题是：什么是现代大学制度？

现代大学制度并不是一种既成的、固定的制度和组织模型，不能将其等同于以德国和美国大学模式为典型的西方现代大学制度。我们当然要对西方现代大学制度予以借鉴和吸收，但不能也不可能照搬。现代大学制度也不是仅从区别于传统大学这个角度来界定的。现代大学制度有别于西方中世纪的行会式大学和中国古代的私塾，也有别于我国计划经济时代以苏联模式为蓝本构建的大学体制，但大学制度改革或改变并不必然带来现代大学制度的产生。

制度是组织为适应内部和外部环境的挑战而设计的规则。组织通过制度一方面尽可能地使环境因素趋于确定，另一方面则以此整合自身力量和调整原有职能来迎合环境的需要，从而确保组织能够存续和发展。现代大学制度的产生和发展历程也证明了这一点。

中世纪的大学是由学者组成的实行自治的同业者行会组织，它在一定意义上是保护学术自由的象牙塔，与社会存在一定的隔绝关系。工业革命之后，社会的发展和复杂要求大学承担更多的职能。19 世纪中期，纽曼在其《大学的理念》一书中提出大学是提供博雅教育、培养绅士的地方；大学的主要功能在于传授学问而非进行科学发现、哲学探索或宗教训练。这意味着大学要勇于承担为社会育人的职能，同时又与那种过分迎合社会需要的功利性的职业化或专业化教育理念相抗争，以维护大学的特质。而在早些时候，德国的洪堡受启蒙思想的影响率先在柏林大学进行现代大学制度的实验，他指出大学不仅要以传授知识的教学活动为主，还要成为知识发展的中心，并提出学术自由的理念。洪堡的大学理念和大学模式使德国教育获得长足的发展，以致美国的教育家亚伯拉罕·弗莱克斯纳在 1930 年出版的《现代大学论》中仍然盛赞："德国无论在理论上还是实践上都最接近于还高等教育以其应有的位置。"①德国大学模式成为很多国家和教育家竞相模仿的对象，并使他们取得一定的成功。比如中国的蔡元培等人早年留学德国并带回德国经验，在他们的努力下，中国曾出现过足以跻身世界一流的大学群体。美国的大学既承续英国大学重教学的传统，又吸收德国大学重研究的理念，并结合自身的实际进行发展。20 世纪的威斯康星大学改革，在教学、科研两大主题基础上又为大学职能丰富了社会服务的内容。时至今日，美国大学已经超越英德模式而形成独特的美国模式。克拉克在《大学的功用》里指出，在新知识经济时代，基于知识的重要性，美国大学已从社会边缘走向社会中心，并发展成为一种无与伦比的新型机构：多元化巨型大学。

环境的变化要求大学制度必须作出调整以与之适应，但这种适应并不是被动地改变和屈从。大学应该满足社会的需要，而非迎合其无限的欲望。大学必然有一些稳定的、本质性的东西，使其能在剧烈的环境变化中仍能成其为大学。

高等教育不是初级教育、中等教育，也不是职业教育或技术培训。大学也不能被看作是小学、中学的延续，更与政府和企业迥然相异。大学教育相对于其他教育形式应当更为高级一些，这其中的区别是人所共知的常识。但一种较为模糊且强势而有害的观念是试图用政府或企业的模式来管理大学。

政府官员和企业家习惯于以功利化思维来思考和解决问题，并以功利衡量行动的成败。将大学变成政府的附属物或企业形态，无疑是将其导向对权力和利益的追求而失去独立性及其社会价值。大学以其在培育人才、创新知识等方面的比较优势或特殊功能得以立世。"它在维护、传播和考察永恒真理方面是无

① [美]亚伯拉罕·弗莱克斯纳:《现代大学论——美英德大学研究》，徐辉、陈晓菲译，浙江教育出版社 2001 年版，第 266 页。

与伦比的；在探索新知识方面是无与伦比的；在整个历史上的所有高等学校中间，在服务于先进文明的如此众多的部分方面也是无与伦比的。作为一个机构，它的内部虽然并不一致，但它却始终如一地产生效益。”[①]我们必须清楚，大学相比其他社会组织的这些比较优势，既在于它是一个学者云集从事知识生产的组织，更重要的，大学是独立而自由地进行知识创新和传承的场所。独立性是其生命之源。人才不是计划与命令的产物，人才成长需要宽松的学习环境；知识的创造也需要自由想象的空间。大学和学术的这种特性要求其只能以真理为首要和最高的原则，而不能受权力或金钱的支配和扭曲。因此，大学组织也必然内在地要求具备与其目标和职能相匹配的高度的独立性。

拿破仑时期的法国大学为我们提供了一个以行政权力支配教育从而导致教育质量下降的负面例证。拿破仑上台后开创了一种集权型教育体制，由国家垄断并支配教育事业，按照统一的模式来进行职业导向的教育。这种体制下，法国大学失去自主性和活力，致使其学术水平和教育质量严重下滑，失去往日在欧洲的声誉。直到19世纪后期经过一系列改革，法国大学的自治传统与集权体制获得某种平衡后，法国的高等教育才得以复兴。类似的境况也出现在中国，从而出现了“钱学森之问”：这么多年培养的学生，还没有哪一个的学术成就，能够跟民国时期培养的大师相比——为什么我们的学校总是培养不出杰出人才?!

从上述意义来说，现代大学制度是在一定的社会环境中为引导和约束大学组织内部和外部各种势力按照大学的社会职能的要求来行动的各种规范和原则的总称。就外部而言，大学必须处理好与政府和社会或企业的关系，独立性和非营利性应是现代大学制度的主要特征；就内部而言，现代大学的巨型化也带来行政权力的强化，这就要求大学必须处理好校长代表的行政权力与教授代表的学术权力的关系。只有理顺这两方面的权力关系，建立良好的治理结构，大学才能更有效地承担起应有的社会使命。

二、大学章程

大学章程是现代大学制度的程式化或纲领性的文本载体。一般而言，大学章程应该是一所大学的“宪制性”文件。但是大学章程并不仅仅是一种大学内部的规定举办者、管理者、教师、学生等利益相关者的权利义务的契约性文本，它首先是有关大学与政府各自权力界限的约定。

大学体制是处于国家或政府的宏观制度背景之下的组织形态，它的存在形

---

① [美]克拉克·克尔：《大学的功用》，陈学飞等译，江西教育出版社1993年版，第29页。

式尤其是独立性状态并不由其自身决定，而在很大程度上取决于和依赖于政治权力对它的态度。因此，一国的大学章程乃是一国政治体制的产物。西方大学的自治传统弱化了政治的影响，往往使人忽略大学章程的这一特点，而中国则不能不对此予以优先而慎重的对待。

在此意义上，大学章程之设立和成立必然意味着政府权力的涉入。它的有效性并非单纯来自于大学内部，而是首先取决于政府对其合法性的认可，并承诺——公开地或默认地——将以此为依据处理政府与大学之间的关系。可以说，政府的认可或确权正是大学章程法律效力的重要来源。

当然，我们所谈的大学章程是从大学的独立性这个角度出发的。政府支配下的大学是不需要章程来规定各项事务的。政府既是学校的举办者，又是学校的管理者，这种情况下的大学章程发挥不了实质性作用。这也无怪乎 1995 年的《教育法》规定设立学校必须具备章程并按章程自主管理以后的很长一段时间里，中国两千多所高校中只有吉林大学于 2005 年才率先进行制定大学章程的“科学探索”，从而具有“里程碑意义”。①

如开篇所言，近几年政府对于大学的自主性表现出更为积极的态度，在不同的法律文件中强调和肯定高校的自主权。以我们提到的三个文件为例：《纲要》提出要“落实和扩大学校的办学自主权”；《办法》明确规定“章程是高等学校依法自主办学、实施管理和履行公共职能的基本准则”；《规程》则提出“尊重并支持学术委员会独立行使职权”。不过从《纲要》的具体内容看，过于细致的指导仍然体现着行政主导的鲜明倾向。

行文至此，细心者可能发现，我们一直在运用独立性或自主性这样的字眼，而避免使用“大学自治”。就中国的国情和高等教育体制的历史和现实而言，“大学自治”在很大程度上是一种妄谈或者是一种需要具体对待的事情。大学自治有赖于多种条件的支撑，而当下我国并不具备。比如，蔡元培时期大学集聚着当时中国甚至世界一流的学者群体，他们往往受过古典正统教育，多有留学背景，又深受德国大学理念的影响。尤其重要的是，当时政局的不稳定给大学带来自由发展的空间，这些因素使他们足以形成与政府和大学的行政权力相抗衡的学术权威，而当下中国的大学并不具备这些条件。政府突然放手让大学“自治”只可能带来更大的问题。完全由父母包办抚养的孩子是不可能一夜之间成为自理自立的大人的。“我国公立大学直接采取学校自治模式的可能性目前几乎为

① 参见张文显、周其凤：《大学章程：现代大学制度的载体》，《中国高等教育》2006 年第 20 期。

零。”[①]当然,对一些发展比较不错的高校,在自治方面作出一些探索是可行的试验。就整体而言,政府分类管理下的高校相对自主不失为最可取的路径。

尽管我们不可能一下子走得很远,但是整个国家和社会毕竟在“大学应该有自主性”这一点上达成共识,所以仍然可以审慎而勇敢地采取一些措施推动这一进程。

比如可以考虑取消对于大学的行政级别的区分。行政级别的划分当然有其方便管理方面的考虑,不过,它的意义主要体现在资源分配的不均等上。一定的级别意味着一定的资源占有,这带来诸多问题。一方面,一些财大气粗的高校的发展瓶颈已不是“钱”的问题,即使没有财政支持,它们也可以从其他渠道获得足够的经费。相反,中低层级的高校常常受制于经费的短缺,而它们却承担着为中国最大数量的学生群体提供公共服务的职能。另一方面,财政的投入与其产出之比并没有呈正比例关系。2013 年,新华网转载的一篇报道指称,山东 13 所大学 9.4 亿元科研经费不知去向,科研投入巨大而科研效率低。[②] 实际上,这些现象是政府角色错位的必然结果。政府试图承担无限的责任,但其能力的有限性必然导致无效率。为获取较高的回报率,政府不得不以效率牺牲公平,将教育资源按精英化原则有重点地投入高校,由此忽略了公共服务均等化、公平化的问题。而政府自身由于资源和能力的限制,又不可能对学校的运行全面掌控,经费乱用及其他管理混乱现象在所难免。

取消以行政等级为标准的资源配置模式,可以使政府更加着力于公共服务的公平性问题。这在一定程度上也为高校群体引入了竞争机制,促使它们不得不通过提高效率的途径,来获取政府和社会对它们的资源投入和支持。资源来源的多样化也有利于高校自主地位的维护和巩固。

当然,随之而来的是政府必须对大学的谋利行为作出法律指导和规范,以避免其异化为营利性组织。就职业化高等教育而言,当然可以面向市场培育人才,而大多数研究型高校则应该与市场保持一定的距离。知识和真理不能受政治权力的操控,同样也不能被经济利益迷惑心智。

究竟该给大学多少自主权?这个问题不应该是个学术问题,必须通过法律制度的设计来解决。比如是否所有的大学都要赋予独立的法人地位?以美国的大学为例:私立大学具有独立的法人地位,拥有较多的自主权;公立大学是否具

---

① 龚怡祖:《大学治理结构:建立大学变化中的力量平衡——从理论思考到政策行动》,《高等教育研究》2010 年第 12 期。

② 新京报记者:《13 所大学 9.4 亿科研经费不知去向　科研投入巨大而科研效率低》,http://news.xinhuanet.com/fortune/2013-10/14/c_125528635.htm,2013 年 10 月 14 日。

有法人地位以其设立所依据的法律决定。“凡是依州宪法或州教育法而设立的大学，具有公法人性质，拥有自治地位；凡依州教育法律设立的大学，其性质是公营受托人，不具法人地位，而属于州政府的一部分。”[①]中国也可以予以借鉴，制定相关的法律，并根据各高校的具体情况决定其法律地位和自主权的大小。

三、去行政化问题

现代大学制度的建立，一方面取决于政治权力是否愿意赋予并维护大学一定程度的独立性和自主性；另一方面，大学能否学会自己走路也有赖于它是否具备一种完善的、有效的组织架构。

在改革过程中，政府和大学必须认识到，现代大学制度的建立是对各方权力结构的整体性调整。特别是，给予大学自主权不应该简单理解为是把原属于政府的权项交给大学校长。这样做的话，只是将权力从高层金字塔尖放到次级金字塔尖而已，并没有使大学摆脱受政府行政权力掌控的命运。而且，中国的大学校长虽然多有一定的学术地位，但他们本质上更像一个官员，惯于用行政化思维去认识和解决教学和科研问题，这就带来大学的“行政化”问题。

行政化一般意指行政权力过度膨胀导致的过度科层化。“但当前我国大学的行政化含义绝不仅限于此，而是包含了行政权力化、行政级别化以及行政文化主导三层含义。我国大学的行政化的真正所指根本不是科层化或过度科层化，而是严重的官本位或官僚化。”这种行政化倾向带来大学本质的异化及其功能的错位。大学“已从‘知识共同体’演变为‘经济共同体’（各校都办公司）、‘利益共同体’（各院都创收，教师都兼职）、‘社会共同体’（医疗、养老等公共服务职能由大学承担）”[②]。

行政化问题根源于行政权力的过度自信。行政权力带有世俗化、功利化、工具化或技术化的特点，加上本身所具有的强制性的推动，这些负面特点将无限放大，自然带来大学的异化。比如在衡量教学成果上，行政化思维习惯于将质量问题变为可操作的数量问题，以考试通过率、就业率等指标予以量化；在衡量教师科研水平上，则以文章发表的数量为标准。这种体制之下的教学和科研自然无法保证实际质量的提高。

因此，大学必须有某种结构性或制度性力量来抗衡行政权力的异化，这就需要调整大学的权力结构，将单一的金字塔式科层体制转变为各方力量共同参与

---

① 周光礼：《问题重估与理论重构——大学“学术权力”与“行政权力”二元对立质疑》，《现代大学教育》2004年第4期。

② 徐显明：《大学理念论纲》，《中国社会科学》2010年第6期。

的、具有一定制衡关系的治理结构，这就是我们所说的“去行政化”。

目前，我国高校全面实行党委领导下的校长负责制。校长一般被看作是行政权力的代表，党委的领导在一定程度上对其具有约束力。不过，基于党政权力的同构性，党委权力和校长为代表的行政权力在实际上应被视为同属行政权力的范畴。重要的是在大学权力结构中引入其他势力或团体的权力并赋予相应的法律地位，这其中主要就是教师或教授的权力。

我们看到，《纲要》中除了强调公办高校要坚持和完善党委领导的校长负责制外，还明确规定要“充分发挥学术委员会在学科建设、学术评价、学术发展中的重要作用。探索教授治学的有效途径，充分发挥教授在教学、学术研究和学校管理中的作用”。这可以看作是在一定程度上认可了教授权力的合法性。“如果一方面想建立一个能够帮助大学摆脱当前危机的决策权结构，另一方面却不愿保证以教授为代表的学术系统在人才培养、科学研究、参与决策三个方面都享有确切的权利与义务，那不但构不成具有实质意义的‘教授治学’局面，还会从制度上根本取消学术力量对大学事务发挥影响的任何渠道。”①

因此，理顺大学内部治理结构的关键就在于制度设计过程中能妥善处理“校长治校”与“教授治学”之间的合作与制衡关系。比如，新颁布的《高等学校学术委员会规程》中规定：“担任学校及职能部门党政领导职务的委员，不超过委员总人数的1/4；不担任党政领导职务及院系主要负责人的专任教授，不少于委员总人数的1/2。”这些规定体现了立法者在立法时对教授治学权力的有意识的倾斜和保障。不过仅仅做到这一点是远远不足的。例如，可以设想，当大学校长出现学术腐败问题的时候，学术委员会能否具备足够的权力和力量对此作出应有的反应？目前，实践中的做法是行政领导实行学术利益回避。但是行政领导尤其是校长退出学术委员会的做法是否就带来此问题的根本解决？似乎也不能如此武断。如果制度安排使行政领导对学术委员会委员的利益甚至命运和前途具有决定性影响，那么学术委员会仍将不得不屈从甚至逢迎行政权力。我们知道，许多高校早已设立学术委员会制度，但其功能却未曾正常地发挥，往往成为一种摆设，这说明我们在制度设计中仍存在许多问题，尤其是一些细节性问题未曾考虑。制度设计必须注意细节，否则只是徒增一些无用的文件。不重细节正是当下大学章程制定千篇一律、模式单一的主要原因。

但是在一些问题上也不能操之过急、矫枉过正，必须具备高明的智慧。有的学者提出“教授治校”的主张，认为大学校长应该由教师群体尤其是教授群体遴

① 龚怡祖：《大学治理结构：建立大学变化中的力量平衡——从理论思考到政策行动》，《高等教育研究》2010年第12期。

选，这当然可以在一些条件成熟的高校进行试验。但是“去行政化”从根本上只是意味着高校内部权力结构的调整，使其达到某种平衡，只要具备这种制衡结构，校长的产生方式并不具有决定性影响。“教授治校”并非现代大学制度的本质要求，相反，学术委员会的产生方式则是不容忽视的重要问题，更应该引起我们的注意。如果委员的产生操控于行政权力之手，那么学术委员会将不可能与校长权力形成良性的合作、制衡关系，也必然沦落为一种摆设。

总之，现代大学制度的建立从根本上是高校治理结构的调整，必须围绕大学职能的要求来理顺各种权力关系。这其中的关键，一方面要从外部梳理好大学与政府的关系，作为主导方的政府应该尽可能地运用法律手段赋予高校更多的自主权，并能自觉约束自身权力的冲动，以确保大学的自主地位；另一方面则要梳理好大学内部党、政、教、学等各方面之间的权力关系，尤其要实现校长治校权与教授治学权的平衡，这一过程必然充满挑战。不过，我们应该注意到，在大学自主性问题上，政府、大学和社会已然具备高度的共识，这一点足以令人心生喜悦。我们今后要做的，是如何使其落实为具体而有效的制度安排，这将是一项考验我们智慧和勇气的伟大事业。

参考文献

[1]张文显、周其凤：《大学章程：现代大学制度的载体》，《中国高等教育》2006 年第 20 期。

[2]龚怡祖：《大学治理结构：建立大学变化中的力量平衡——从理论思考到政策行动》，《高等教育研究》2010 年第 12 期。

[3]周光礼：《问题重估与理论重构——大学“学术权力”与“行政权力”二元对立质疑》，《现代大学教育》2004 年第 4 期。

[4]徐显明：《大学理念论纲》，《中国社会科学》2010 年第 6 期。

[5]金耀基：《大学之理念》，三联书店 2008 年版。

[6][美]亚伯拉罕·弗莱克斯纳：《现代大学论——美英德大学研究》，徐辉、陈晓菲译，浙江教育出版社 2001 年版。

[7][美]克拉克·克尔：《大学的功用》，陈学飞等译，江西教育出版社 1993 年版。

[8][英]约翰·亨利纽曼：《大学的理念》，高师宁等译，贵州教育出版社 2003 年版。

[9][美]德里克博克：《走出象牙塔——现代大学的社会责任》，徐小洲等译，浙江教育出版社 2001 年版。

（作者单位：山东政法学院公共管理学院）

论现代大学制度的主题建设

——兼及现代大学制度涉及的几个基本问题

宋　健

当前，学界对于现代大学制度的代表性观点主要有以下几种：第一种是“德国柏林大学制度”说，该制度认为“现代大学制度是由1810年在洪堡主导下建立的德国柏林大学奠定的”[①]。强调大学的作用是使知识由以保存和解释为主转向以发展为主。第二种观点是“我国近代建立的大学制度”说，支持该观点的多数中国高教史研究者都认同：中国第一所现代大学是成立于1895年的现天津大学前身——“北洋公学”，紧接着“南洋公学”（现西安交通大学和上海交通大学前身）于次年建立，又于1898年建成“京师大学堂”（现北京大学前身）等，这些“公学”“学堂”的建立实质上宣告了传统意义上高等教育体制的灭亡。该观点认为，这种有别于旧式学堂的、主要从西方引进移植的并由此而建立的大学制度即是现代大学制度。[②] 第三种观点是“走向社会中心的大学制度”说，该观点以克拉克·克尔《大学的功用》为其理论支撑，认为“现代大学是一种多元的机构”，大学以其一系列内外在优势打破了以往的自我封闭状态，使得现代大学作为社会经济发展的智库和社会工业文明的产业孵化器作用日益显著。[③] 第四种观点是“高等教育改革和发展中的现代大学制度”说，该制度认为，建设现代大学制度的核心是“在政府的宏观调控下，大学面向社会依法自主办学，实行民主管理”。同时认为，现代大学制度就是要全面理解和把握“大学作为法人实体和办学主体”的实质意义。[④] 此外，还有“多元化巨型大学制度”说、“世界一流大学制度”说等观点。

通观上述几种观点，都是从不同角度阐释了现代大学制度的某些侧面，作为概念的表述尚不够完善。我们认为，现代大学制度应是建立在社会发展逐步依

---

① 韩水法：《大学制度与学科发展》，《中国社会科学》2002年第3期。

② 参见刘铁：《我国现行大学制度的历史演进及特征》，《黑龙江高教研究》2003年第2期。

③ 参见[美]伯顿·R·克拉克：《高等教育系统》，王承绪等译，浙江教育出版社1994年版，第125页。

④ 参见袁贵仁：《建立现代大学制度，推进高等教育改革》，《中国高等教育》2000年第3期。

靠以知识为生产力的历史进程基础上，为适应社会发展和高等教育全面可持续发展双重要求，而形成的能够维护并促进大学组织健康发展、大学管理务实高效、大学运行机制完善的规则体系。

一、现代大学制度的主题建设

《国家中长期教育改革和发展规划纲要（2010～2020年）》（以下简称《纲要》）曾指出，要“建设依法办学、自主管理、民主监督、社会参与的现代学校制度”。党的十八届三中全会通过的《中共中央关于全面深化改革若干重大问题的决定》（以下简称《决定》）也明确提出，要将“深入推进管办评分离”、扩大“学校办学自主权，完善学校内部治理结构”作为重要改革目标。在此大背景下，加强现代大学制度建设就成为大学内外社会广泛关注的重大议题，且这一课题身兼现实和学术双重意义。鉴于此，加之基于现代大学制度的上述界定，可以作如下归纳——现代大学制度应是建立在知识生产力背景下的大学制度；现代大学制度应符合社会发展和高等教育全面可持续发展双重要求；现代大学制度应促进大学组织、大学管理、大学运行效能；如果说前两点是强调大学与时代、社会的联系，那么第三点是在论述大学与大学以及大学内部的关系。一言以蔽之，现代大学制度的主题就应是如何有效处理好大学与社会、大学内部和谐自治等的内外在关系。

现代大学制度应是建立在知识生产力背景下的大学制度。知识生产力是以信息化为前提、在全球内运行的、建立在发达经济基础上的将人类的知识运用于生产过程而产生的生产力。此概念的提出使得传统生产力观念发生变革，知识生产力虽不直接产生物质财富，但它通过劳动者文化知识素养产生精神财富，最终间接对物质生产产生作用。例如，建筑施工图纸设计、品牌LOGO设计、新型材料发明运用、研发机器生产线、基于信息技术与互联网技术的智能化工具等都能从不同层面促进物质财富生产，这些都是知识生产力的现实写照。而随着社会知识经济的进一步发展，整个人类社会越来越趋向、依靠于知识生产力建设，因此作为高等教育基地的现代大学有义务更有责任肩负起知识生产力建设的重担，建立一个新型的知识生产力背景下的现代大学制度亦是责无旁贷。

现代大学制度应符合社会发展和高等教育全面可持续发展双重要求。“大学与社会需要的有效结合，从严格意义上来说是从工业革命开始的。”[①]工业革命以来，社会及社会发展对知识的诉求日趋加重，知识的掌握者与运用者在推动

---

① 张俊宗：《现代大学制度：内涵、主题及主要内容》，《江苏高教》2004年第4期。

社会经济文明进程的过程中，起到了举足轻重的作用，这主要体现在一系列的知识生产部门中。由于现代大学本身占据广泛的知识与智力资源、较为严谨完整的学科结构以及较强教学科研互动与转化体系，使得现代大学快速晋升为“知识产业的核心部分”，因此现代大学制度的建设务必应紧跟社会发展需要。此外，作为高等教育的客观载体，现代大学其重要职责就是承担人才的全面培养任务。《纲要》指出：“树立全面发展观念，努力造就德智体美全面发展的高素质人才。树立人人成才观念，面向全体学生，促进学生成长成才。树立多样化人才观念，尊重个人选择，鼓励个性发展，不拘一格培养人才。”这是现代大学人才培养体制改革的关键，同样也是现代大学制度建设与改革的重要部分，唯有如此，才能全面可持续地推动我国高等教育的发展。

现代大学制度应促进大学组织、大学管理、大学运行效能。《纲要》指出，“公办高等学校要坚持和完善党委领导下的校长负责制”，要求“健全议事规则与决策程序”、积极“探索教授治学的有效途径，充分发挥教授在教学、学术研究和学校管理中的作用”，在大学组织、大学管理等方面进行了重要阐述。从教师个人方面，计划经济体制下，高校教师为单位所有，大学对教师形成绝对管理，较少发生师资流动现象。现代大学制度创造了高校教师相对自由流动格局，教师通常能够按照个人能力和个人意愿自主选择高校；而高校亦拥有对教师的聘任和解聘权，师资流动较之以往颇为频繁，综观整个大学的运行效能较之以往是有长足进步。

二、现代大学制度建设涉及的基本问题

在对现代大学制度的主题进行系统梳理后不难发现，建立现代大学制度，是新时期我国高等教育建设的必然要求，也是我国高等教育改革的前进方向。当然，在全面进行我国现代大学制度建设过程中，仍然面临着诸多微观层面的实际问题：

（一）大学和政府、社会的关系问题

《纲要》指出，要“以简政放权和转变政府职能为重点，深化教育管理体制改革”。这一问题其实质就是如何正确梳理大学和政府之间的关系。在计划经济时代，我国高校的创办者、管理者之间往往界限模糊，或者说二者本质上是同一主体——政府。这种模式下，政府将社会资源计划性地分配给学校，学校按照政府要求培养大学生，然后将培养人才全盘推给政府接收，整个过程中高校只是充当了托管部门，并未有效地充分进行高等教育资源的合理运用。当下的实际早已是市场经济时代，显然与之前计划经济时代有显著差异，主要体现在，当下政

府对于高校仅仅起到宏观管理职责，严格遵循“政府向学校放权”的要求，力主“政府要切实履行统筹规划、政策引导、监督管理和提供公共教育服务的职责，建立健全公共教育服务体系，逐步实现基本公共教育服务均等化，维护教育公平和教育秩序”。此外，政府还要“规范学校办学行为，促进管办评分离，形成政事分开、权责明确、统筹协调、规范有序的教育管理体制”。

至于大学和社会的关系，两者颇为有趣。先是自工业革命以来，社会需求逐渐朝学术靠拢，社会需要大学提供诸多知识服务。此时大学作为知识生产部门开始参与到社会经济生活中来，且逐步融入社会之中。随着社会的逐步发展，在我国社会主义市场经济条件下，因为多种所有制结构并存，形成了复杂多样的劳动力需求状况，劳动力市场的开放进一步促使劳动力资源的解放，高校仅仅提供优质、合格的人力资源，市场可以按照需求和学生个人进行双向自主选择。此时高校对于社会更多的是一种服务功能，为社会对人才的需求提供合理生源服务。

（二）大学和教师、学生的关系问题

《纲要》指出，高校对外应“加强国际交流与合作”，开展多层次、多领域教育、科研合作，充分利用和调动国外师资充实本土教学队伍；对内则应“加强教师队伍建设”，从高素质教师队伍、师德建设、教师业务水平、教师地位待遇、教师管理制度等方面展开建设。高校应当围绕教师进行全方位的培养，使得教师个人在业务（教学和科研）能力、个人素养、个人发展等方面得以全面提升，如此，才可能留住师资人才资源，进而为大学的师资队伍注入不竭动力。如若不然，在当下高校和教师的“聘任制”关系面前，极容易形成教师资源的流失，长此以往是不利于大学发展的。

大学和学生的关系是值得认真梳理的重要问题。大学要以学生为本，在入学机会、授课制度、学籍管理、学分赋予、考试评价等多方面进行全面深入的改革，大学的管理方式应逐步适应学生群体的成长、发展与成才，而不是相反。现代大学制度应当转变“以教师为中心”的观念，真正树立起以学生为主体的地位。学校的宗旨应当以为学生提供更优质教学服务为出发点，毕竟大学其中一个主要任务就是要为社会输送合格的毕业生，而如何使高校的“产品”——学生真正满足社会发展的需要，使学生在全面掌握专业领域内容的基础上，成为富有爱国心、责任感、使命感的综合素质人才，这才是现代大学制度应该涵盖的重要议题。

（三）大学和大学之间的关系问题

加强大学之间的合作，是提高国家高等教育实力、建设高等教育强国的重要途径。应当清醒地认识到，在知识经济化的今天，社会对于大学的需求日益呈现多元化、多样化特点，这其中既有学科类别上的差别，也有学历层次上的差异。满足社会及其发展的这些需求，仅仅依靠个别大学显然是远远不够的，也不是某些大学能单独胜任的，这就为大学之间的合作提供了买方需求。社会多元化、多样化需求，实质上为大学之间的分化与分工、加强大学之间的协调与合作提供了契机。近年来，国内各兄弟院校的合作形势呈蓬勃发展之态，学校之间、学科之间、师资之间基本达到了一种学术交流广泛、优良经验推广的良好局面。"在一种合理的结构中，不同价值的大学和学院不见得一定对立，不同价值可以获得结构性的统一，使其相互促进和储存，即所谓和而不同"①，这也是我国现有办学体制下的独特优势。

然而有合作就必然有竞争，当下我国大学之间的竞争也逐步呈现白热化状态，而首当其冲的就是人才市场的竞争。这里的人才包含两个含义：一方面因为不同高校办学实力、办学水平、办学特色不同，导致不同高校培养出的人才水平、人才特色各有不同，在全面推向社会就业市场之后，势必会发生不同学校生源质量的迥异，形成了不同学校之间学生人才质量的竞争；另一方面，师资人才竞争亦是呈愈演愈烈趋势，关于这方面前文已论及，此处不再赘述。面对当下我国高校之间的竞争关系，笔者以为可以"百花齐放"策略加以应对。比如，山东政法学院在总结之前教学经验的基础上，确定了独树一帜的办学定位——教学型院校办学类型定位、应用型人才培养目标定位和服务地方区域经济社会发展的服务面向定位。山东政法学院结合学校实际，认为学校的人才培养目标应当以应用型为主，这就合理避免了学校在"科研型人才"培养目标上的不足，使得全校师生确立了"错位竞争，特色发展"的发展战略，依托学校"法学"优势学科特色，深入进行相关领域的教学、教研、科研活动，最终得以坚持走科学发展、内涵发展、特色发展之路。

三、法治是建设现代大学制度的根本保障

党的十八届四中全会指出："中国特色社会主义道路、理论体系、制度是全面推进依法治国的根本遵循。"当然，法治也是建设现代大学制度的根本保障。会议要求"依法加强和规范公共服务，完善教育……等方面的法律法规"，进一步为现代大学制度的建设提供了法律遵循。

《国家中长期教育改革和发展规划纲要》指出，要加快推进"依法治教""依法治校"。《纲要》要求进一步完善教育法律体系，"按照全面实施依法治国基本方略的要求，加快教育法制建设进程"。要形成比较完善的中国特色社会主义教育法律体系，并非一朝一夕之事，但却是迫在眉睫之事。《纲要》要求，尽快提请全

① 杨移贻：《问题及其出路——高等教育理论研究与实践探讨》，中央文献出版社 2000 年版，第 78 页。

国人大及其常委会修订相关教育法、学位条例等法律法规，切实将完善教育法律体系工作落实到位。《纲要》还要求“全面推进依法行政”，对于违反教育法律法规、侵害教育者受教育权利、扰乱妨碍正常教育教学秩序等行为要依法查处，切实维护学校、学生、教师合法权益。完善教育信息公开制度，是对政府依法履行教育职责的有效监督，如此方可保障公众对教育的知情权、参与权和监督权。此外，《纲要》还要求“大力推进依法治校”“完善督导制度和监督问责机制”。“依法治校”就是要将学校管理方式规章化、制度化，依照学校章程和制度履行教育教学和管理职责，“完善督导制度和监督问责机制”，方可彻底实现坚持督政与督学并重、监督与指导并重的要义。如上种种，都是对我国高等教育办学体制、管理体制、高校师生利益有效的法律依据。我们要坚决贯彻执行国家教育法律法规，不断加强依法治教、依法治校建设，切实在法治框架下进行现代大学制度的建设，我们深切认识到，唯有法治才是建设现代大学制度的有力保障、根本保障。

参考文献

[1]袁贵仁:《建立现代大学制度，推进高等教育改革》,《中国高等教育》2000年第3期。

[2]张俊宗:《现代大学制度:内涵、主题及主要内容》,《江苏高教》2004年第4期。

[3]杨移贻:《问题及其出路——高等教育理论研究与实践探讨》,中央文献出版社2000年版。

（作者单位:山东政法学院传媒学院）

论建设现代大学制度的基本原则

陈　暄

我国高等教育正处于快速发展时期,体制改革和结构布局调整取得了历史性的重大突破,初步形成了以政府举办为主、社会各界积极参与的多元举办格局;国家和省级政府两级管理、分工负责,国家宏观政策指导、省级政府统筹协调的体制初见成效;高等教育的规模不断扩大,办学效益进一步提高。这些改革成就为21世纪中国高等教育持续、健康发展奠定了良好的基础。但是,随着高等教育的突飞猛进、入学率的极大增长,各种各样的学术腐败事件、大学生就业困难等问题都出现了。由此可见,当前高等教育的制度创新跟不上形势发展的需要,构建和完善现代大学制度,实现高等教育可持续发展,是社会主义市场经济条件下教育国际化大趋势下高等院校必然的选择。

《国家中长期教育改革和发展规划纲要(2010～2020年)》明确提出,高等教育的发展任务是:全面提高高等教育质量,提高人才培养质量,提高科学研究水平,增强社会服务能力,优化结构办出特色。而要实现这个任务,关键是看我们对此持什么样的态度,是否有勇气超越现实大学制度中裹挟的利益追求,坚持以下的基本原则。

一、本真原则

现代大学制度建设的第一原则,就是要让大学像大学,而不是目前人们所诟病的像市场、商场、官场。

(一)明确大学的定性

大学活动的基本价值取向和精神主旨是追求学术、文化、知识的进步,是培养人格健全、富有智慧和责任感的优秀人才,要保证大学在本质上是培养人才和发展文化的机构,是以学术或知识为核心活动的机构。大学中的价值及活动目标虽然是多元的,但其活动的基础和前提必须是知识的原则和逻辑,知识、学术、文化是大学"万变不离其宗"的宗。但在我们以往的大学观念中,大学的定性却是扑朔迷离的甚至是互相矛盾的。在此处承认大学为学术机构,应该遵循学术的逻辑活动；在彼处则强调大学为意识形态的一部分，应该成为服务于政治、经济的工具。所以，关于大学的定性问题，是我们进行现代大学制度建设应该解决的前提性问题。众所周知，包括蔡元培、克拉克、布鲁贝克在内的教育家们都认为，大学是研究高深学问和培养学生健全人格的机构，而我国的主流意识则长期坚持大学是应该服务于政治和经济需要的机构。由于大学的定性问题及大学的制度安排与“利益相关者”息息相关，因而在我国的教育理论研究中，人们一直感到大学的定性问题是一个现实的难题，因为对大学性质看法的改变，就意味着社会的制度结构需要调整，“利益相关者”的利益水平将发生变化。所以，“天不变道亦不变”，在与教育体制密切相关的政治制度未进行改革的情况下，人们还普遍缺乏进行大学体制改革的勇气和自觉性。而要进行现代大学制度建设，大学的决策者、管理者、研究者就应该在大学的定性问题上达成共识，避免在大学的理论研究及制度设计时出现自说白话、所持理念及设计思路南辕北辙的现象。

(二)倡导学术自由

为了保证让大学像大学，我们在进行现代大学制度建设的时候，必须具备这样的前提性观念：大学在本质上应该是一个培育人才、发展文化的组织，大学的思想应该是自由和开放的，大学的价值取向及活动目标应该是多元的，大学在法律和机构的层面上应该是独立的，大学在具体的活动中应该是富有个性特色的。换句话说，由于大学是一个具有独立身份的人才培养和知识活动机构，所以才能够远离世俗社会，在风起云涌的社会变化中卓而群立，成为人类历史中被长期维护的机构。由于大学是一个自由、独立的文化和知识活动机构，所以才有能力和条件创造新知识、新思想、新文化、新制度，才能够承担起培养人才、发展文化、引领社会进步等多元化的神圣使命。大学在促进社会进步的过程中，既要满足社会稳定和发展的需要，又要满足社会对人才、文化、道德、技术等资源的需求。大学对社会需要的满足既表现为目前的、权宜的、直接性的服务，又表现为长远的、意义的、根本性的服务。大学对社会的促进不仅表现在生产和技术方面，而且表现在文化、思想、道德、人口素质等各个方面。而大学如果不像大学，上述的意义和价值就无从产生。

(三)以人为本

要保证大学具备培养人才、发展文化、引领社会文明和进步的特质，就必须在大学的思想和制度方面充分地保护大学中的学术权力，张扬学术原则和逻辑，凸显教师及学者们学术活动的教育价值和文化创造意义，使大学成为文化和知识活动的场所，使大学成为教师和学者们人格、权利、尊严、荣誉被充分尊重和保护的地方，成为知识和文化的胜地及教师理想和追求栖息的精神家园。同时，高校的发展也离不开包括学术人员、行政管理人员和后勤服务人员等所有教职员工的通力合作，学校理应尊重所有人的发展需要，充分发挥他们的才能和特长，积极创造条件促进所有人的充分发展。唯其如此，才能激发他们的工作主动性、积极性和创造性。

（四）兼顾世界性与中国特色

现代大学制度建设的内容，既要参照国外优秀大学的现成制度，使其符合世界大学的标准，又要参照国内著名大学历史上的先进制度及优良传统，使现代大学制度合乎逻辑地生长于传统的教育和文化土壤之中。因为世界上没有任何一所大学是脱离了本国文化气息的纯粹的“国际大学”，她们都与母体国在精神和文化方面保持着密切的联系。但是，任何大学的国家特色都应该与“世界大学通例”的精神主旨是一致的。人们对于大学的国家特色的维护，不能以损害大学本质或宗旨为条件，亦即大学首先应该是大学，应该具备大学普遍性的基本内涵和特征，其次才是某国特色的大学。因为如果没有大学本身，那就根本谈不上某国特色大学了。因此，不能为了强调中国特色而使中国大学的内在品质游离于世界大学的标准之外，影响中国大学的国际评价和国际比较，影响中国大学按照世界优秀大学的标准进行制度和文化建设。同时，不能为了追求“世界一流”，就使大学变成逐名的机器，一味地追求所谓的“一流大学”的技术指标，把大学的制度和文化建设看成是漂亮建筑、先进设施、巨额经费、众多名流以及豪言壮语的简单化堆积，而忽视“桃李不言，下自成蹊”的规律，以致使有些大学虽为名校，但却缺乏名校的境界、胸怀和气节，缺乏令人赞赏的高雅风气和惊世作为，时而显露的却是小丑般的喧哗和“富家子弟”似的张狂，从而招致世人的指责。

二、系统性及整体性原则

大学作为人类历史上延续时间排名第二的社会组织，一方面表明其性质、宗旨、功能与社会发展的趋势和逻辑具有极大的一致性，另一方面表明大学组织具有顽强的自我发展、自我完善的自觉性和能力。而在一千多年的发展过程中，大学的思想、制度、文化越来越成熟，大学对社会的影响越来越深刻，大学与社会的关系越来越密切，已经从社会边缘进入到社会的中心，成为社会发展的策源地、加油站及国家的软实力。大学在其功能增加的过程中，也自然地发展成为一种与社会许多方面密切相关的复杂组织，人们已经不能从任何单一的方面或角度来理解或评价大学，从任何单一的角度来思考大学的制度改革或文化建设。大学的复杂性特征要求人们在思考大学问题的时候，必须秉持系统性、整体性的观念和方法。而依据系统性、整体性的思维原则来思考现代大学制度建设，要注意以下问题。

1. 我国现代大学的历史虽然只有一百多年，但其发展历程却跌宕起伏、曲折复杂。目前，大学中的问题，从横向组织的角度看，有大学与政府、大学与社会之间的关系问题；从横向观念的角度看，有大学与政治、经济、文化、科技等方面的关系问题；从国内外大学比较的角度看，有我国大学与国外优秀大学的差距问题。从纵向角度看，有过去大学与现在大学相比的优劣势及如何对待自己传统和习惯的问题。因为我国大学虽然历史不长，但其形态却非常丰富。有清朝时期的大学，北洋军阀时期的大学，民国时期的大学，解放区和根据地时期的大学及新中国成立后的大学等。新中国成立后的大学，又可以分为“文革”前的大学与“文革”后的大学两种形态。而在大学的纵向关系中，新中国成立后“一律公办”的政策，虽然有现实的社会及历史原因，但其完全“官办”“一统天下”的国家政策及观念倾向，使大学的理性观念和制度资源严重缺乏。又由于我国大学在建立初期就承担了艰巨的救亡图存使命，因而其初始的“中体西用”方针就存在着轻视大学逻辑和规律的国家功利主义及工具主义意识，使大学没有能够按照“世界大学通例”建立以“3A 原则”(学术独立、学术自由、学术中立)为基础的大学制度，进而没有形成为知识而知识的教育和文化传统，以及保护大学教师知识与文化创造权利、尊严的组织和习惯，造成我们今天的建设现代大学制度的工作，要与普及大学基本理念的工作同时进行。所以，我国大学的历史中既有财富，也有包袱，需要我们以整体性的观念和系统性的方法，解析和评价大学的现状及问题，以理性的态度建设现代大学制度。

2. 由于现代大学制度建设的构想，来源于现代大学的理念，因而现代大学制度建设的关键，并不是具体的制度本身，而是作为制度思想基础及精神主旨的现代大学观念。因为在现代大学制度建设的逻辑体系中，大学理念是上位概念，具体制度是下位概念，大学理念是大学制度的理论前提和思想基础，大学制度则是大学理念的具体体现，大学理念的价值取向及价值水平决定了大学制度的价值向度和思想层次。可以说，有什么样的大学理念，才会有什么样的大学制度。相对于大学制度的内涵而言，大学理念的水平最为重要。在现代大学制度建设的过程中，虽然需要制定出体现大学规律的显性的大学制度体系内容，但是更需要创造出一种境界更高、精神更通达、能够为各方面人士所接受的教育思想和大学理念，作为现代大学制度建设的精神支柱和文化土壤，既保证现代大学制度能正常发挥作用，又保证现代大学制度能够被理解、尊重及进行与时俱进的修正。所以，进行现代大学制度建设的前提，是通过深入的现代大学制度理论研究，创造出先进的大学制度理论，以此作为大学制度建设的思想依据。如果没有科学、深刻的大学制度理论，大学制度的建设极可能就是盲目的、权宜性的，是无法支持大学的长远发展和真正进步的。

3. 就大学制度的层次而言，宏观的亦即国家层面的大学制度是上位的，微观的亦即具体学校的办学及管理制度是下位的；一般而言，微观的大学制度要以宏观的大学制度为前提，以其提供的原则和价值取向来确定自己的制度内容。所以在大学制度建设的顺序上，宏观的大学制度在先，微观的大学制度在后。这种顺序可以说主要是欧洲国家大学制度的形成模式。世界各国大学的制度虽然存在分权和集权的差异，但在凡是大学皆拥有学术自由、大学自治、教授治校等基本特征方面则是没有差异的。在集权型的法国、德国、日本等国，一是大学校长是大学的独立法人和绝对责任人，拥有对大学发展和决策的绝对权力，不像我国的大学校长仅仅是学校的行政负责人，其对学校发展和决策的影响是有限的。二是这些国家大学校长的选拔和聘任，政府只有批准权，而没有选拔权，主要的权力属于大学中的教授会或评议会。由于选拔校长的组织本质上是一种学术组织，集合了校内师生的意愿及社会各方面的要求，因而对校长的要求偏重于学术成就及社会影响力，保证了校长选拔的学术性标准，从而保证大学不会滑向行政机构或准行政机构的方向。而我国目前的大学，本质上还是一个行政机构。这种体制中的大学缺乏一个集中的办学或治校理念，大学校长很难成为大学实质性的灵魂，大学中的发展规划、干部选拔与大学中的行政管理权力从逻辑上讲是分离的，大学中的学生知识教育与思想教育也是分离的，不同系统根据不同的标准组织活动，极可能造成大学中“自行其是”的中心状态。由此，大学可以说很难形成由校长教育思想支配和引导的个性特色。对此我们必须要有清醒的认识，以免陷入简单化的误区。我们在进行现代大学制度建设的时候，对中外大学制度的长处及优点，要进行综合性的评价和理性的吸收，避免简单、虚无、功利等倾向，使拟议中的现代大学制度科学合理、文明、先进，真正成为我国大学发展的基石。

三、突破及超越原则

现代大学制度建设作为新时期大学制度的发展目标，必须具备突破和超越两个特征。如果没有突破和超越，现代大学制度的建设就没有意义。现代大学制度对现在大学制度突破和超越的内容是多方面、全方位甚至是基础性的。其中既有思想理论方面的内容，也有组织制度方面的内容，还有传统、习惯、风气方面的内容。其主要内容包括：

1. 由于我国的现在大学制度在很大程度上还延续着“政教合一”的传统，与“中体西用”的办学观念还存在着深厚的传承关系，封建社会中的政治功利主义传统还深刻地影响着我国大学的制度和文化，因而现代大学制度建设不仅要承担消除大学中现实制度积弊的任务，而且要承担消除历史积弊的使命。在此有必要重申，在我国历史悠久但并未受到理论清算和解构的政教合一制度，以官办的形式将教育完全纳入政治的活动系统，并将教育确定为必须为政治服务的工具及附庸，这样的制度原则使作为教育组织之一的大学也无疑成为政府机构的“下级”或附属，所以建设现代大学制度必须进行的突破和超越的重要工作，就是消除由政教合一传统遗留在现实大学制度中的行政化思想和意识，消除将大学确定为政治附庸的观念和意识，确立大学是研究高深学问的机关的观念，确立大学为依据知识和文化逻辑活动的学术和文化机构的观念，在大学的定性问题上实现突破，为借鉴和吸收世界先进大学制度破除障碍。而对大学思想和制度的历史性突破和超越，就是对我国大学长期继承的政教合一传统体制的超越，就是对我国大学从创办时就确定的工具性功能观念的超越。显而易见，对前者的超越是应该建立现代国家的教育及大学法律制度，以法制的原则确定教育与政治及其他社会要素的关系。对后者的超越是应该变单一的工具性需要为意义性与工具性有机结合的大学功能观念，使大学的地位由被动性的附庸地位，上升到能够自主决定自己活动的主体位置，真正地获得法律赋予的独立地位、权利、尊严及责任。

2.我国现在大学制度的思想来源大约有两个方面：一是中国历史上的政教合一及解放初期从苏联移植来的党政不分思想，二是改革开放以后从西方输入的经济管理思想。这两种思想的交互作用，衍生出现实大学中的两种显著的现象，一是以政治意志和需要为主导的行政化现象，二是以功利和工具意识为主旨的技术化现象。这两种现象的共同特点和作用，就是消解大学中优秀教师的作用和权威，抑制大学中的高深学问研究，忽视大学的真善美人格追求，使大学活动平庸化，使大学的价值和意义虚无化。对其超越必须涉及两个方面：一是必然要触及大学与政治的关系，因为这是进行大学制度改革最核心也是最为严峻的问题。由于我国在建国后并未打破绵延上千年的政教合一制度，一直将教育看成是社会的上层建筑，使教育对政治的依附关系不断得到强化，大学组织在很大程度上成为行政机构的延伸。对于这种不正常的大学形态，国家虽然数次立法（教育法、高等教育法等），试图改变这种状态，但都收效甚微。而世界大学通例则显示，自由、自主是大学思想和制度的根基，大学若舍此则不成其为大学。所以，我们如果不能突破大学对政治的附庸性质，现代大学制度的建设将无疑成为空谈。二是“官办”作为举办大学的一种形式本是无可非议的，然而当这种形式成为唯一的形式，以及转变为带有垄断性质的形式时，其功能便包含了压迫性。而我国传统观念中的政府办大学，实际上是政府代替纳税人办大学。政府为大学投入的经费，并非是政府自己的资金，而是纳税人的资金。政府并非是大学投入资金的终极所有人，而只是纳税人的代理。纳税人的意志并非是政府的意志，更不是政府主管官员个人的意志。在没有得到纳税人委托的情况下，政府及政府官员无权将自己的意志强加于大学。主导教育活动的人应该是那些理解和敬畏教育规律、本质、宗旨的教育家及广大教师。所以，要相信广大师生和教育家们能够承担大学进步和发展的使命和责任，实行大学自治只能促进大学的发展和进步，而不会影响大学的功能和意义。政府与大学关系的立足点，应该是促进和保证大学的发展，而不是为了保证或扩张自己的利益。所以，政府应该以大学的进步为主旨，学习和借鉴国内外先进的大学制度，支持大学身份和地位的独立和自由，帮助大学尽快地形成自我发展、自我完善的自主办学制度体系，让大学成为真正的文化和知识活动机构，发挥文化和知识机构应有的影响和作用。

四、逻辑一致性原则

在我国现代化建设的过程中，曾经流行过一种权宜性的思维和行为方式，这种权宜性思维和行为方式的典型特点，就是不认真研究社会的发展变化规律，不正视和面对社会现实及自身的问题，把复杂的问题简单化，对社会发展和进步持简单化及得过且过的态度。这种权宜性的思维和行为方式，在我国改革开放的进程中依然时隐时现，诱导人们见难题就绕，只注重短期效益，致使实用主义观念盛行。其对我国大学发展的影响，就是在大学发展的决策上，不愿意花费心思进行深入细致的理论研究，不敢直面大学本质与社会其他方面组织的“结构性矛盾”，无意用艰苦的劳动建立符合教育规律的大学制度，而是秉持头痛医头、脚痛医脚的短期对策，致使大学在改革活动中常常出现具体制度与大学原则不一致、以前的改革措施与以后的改革措施不一致、同时期的教育政策与教育法律内容不一致等现象。尤其是一些重大决策往往缺乏“左顾右盼、瞻前顾后”的全面效应，缺乏保证大学“长治久安、宁静致远”的高远境界，无法使大学的改革“毕其功于一役”。这些问题致使人们虽然不断地研究改革，但大学中的旧问题并没有解决，新问题又成批地滋生出来，使大学这个昔日被社会分外敬重和神往的知识和文化重镇，成为被社会倍加指责和诟病的机构，甚至被称为“计划经济的最后一块堡垒”。所以，我们进行现代大学制度建设，应该注意大学制度内容的逻辑一致性，其对大学内外关系处理的合理性，积极克服权宜性思维和行为习惯，深入地研究大学组织的本质及规律，虚心地吸收教育家们的有益理论和方法，在大学性质、治校原则等重要问题上达成共识，以拨乱反正的气派制定出具有深远意义的新的大学制度。

在我国的教育理论研究中，一直存在着这样的问题：当大学现实行为背离大学规律时,我们是服从教育规律而修正教育行为呢,还是为了维护政策及制度权威而漠视教育规律呢?诉诸实践,可知我们的选择往往是后者而不是前者。这样的选择虽然有许多社会或历史原因,但其结果却是以牺牲大学的发展机会及品质提高为代价的,其对大学进步的阻碍作用是显而易见的。与此相联系,在目前的大学制度理论研究中,主要有两种明显不同的观点:一种是立足我国大学实际,对现代大学制度建设持谨慎而渐进的态度;一种是立足世界大学通例,对现代大学制度建设持积极而大胆的态度。前一种观点认为,对现行的大学制度无须进行大的修改或变动,只需运用"加法"的方式,对大学的教育和管理内容进行添加。比如,在现行的大学管理机构中增加教授会,对大学教师实行"非升即走"的制度,对教师的教学和科研实行分类管理等。这种观点与我国高等教育的改革实践同步,在改革的过程中没有风险或风险很小,容易为各方面所接受。后一种观点是立足大学的本质回归,从学术逻辑入手,强调大学的"3A 原则",期望大学思想、精神、制度的根本性改变。这种观点的核心是强调在大学中确立学术自由原则。而要保障学术自由,又必然需要建立保障学术自由的大学自治、教授治校制度,从而与世界大学通例同义。这种观点由于具有革新性和颠覆性,含有完全否定现行制度的风险,因而其观点的表达者们一般都是"理智地"点到为止。然而,依据本文上述的基本原则,后一种观点无疑值得肯定和推崇。当然,由于该观点强调对大学制度进行彻底的革新,因而其实施的代价可能比较高,工作难度比较大,或许正因为如此,实践该观点的意义更重大、更深远,这才是我国大学制度改革应该的选择。

参考文献

[1]徐少华、章兢:《中国特色现代大学制度的内涵与要素》,《大学教育科学》2012 年第 1 期。

[2]马东海:《论我国现代大学制度的建设》,《教书育人》2012 年第 6 期。

[3]陈静:《建立我国现代大学制度研究》,华中科技大学硕士学位论文,2008 年。

[4]王洪才:《现代大学制度的内涵及其规定性》,《教育发展研究》2005 年第 21 期。

[5]李建:《我国现代大学制度建设的历史发展与现实选择》,兰州大学硕士学位论文,2012 年。

(作者单位:山东政法学院信息学院)

浅析现代大学制度的建立

李秀丽

探索建立我国现代大学制度研究是《国家中长期教育改革与发展规划纲要》提出的一项重要的教育体制改革任务。教育是传授知识、培养人才的场所，而高等教育是在完成中等教育的基础上进行的专业教育，是培养高级专门人才的主要社会活动，是社会主义事业的重要组成部分。现代大学的本质是传承、研究、融合和创新高深学问的高等学府，为国家培养各种专业人才，为经济社会发展提供有力的精神动力和智力支持。而要吸引一流的师资，留得住，用得优，需要好的制度；要吸引优秀的生源，因材施教，各展其长，要靠好的制度；要将有限的经费用在最能促进学习发展的地方，靠的还是好的制度。在我国，大学的重要性日趋显现，大学被关注的程度日益提高，但这并不意味着大学的生存与发展环境得到改善，高等教育质量也并未得到同步提升，社会和公众对高等教育的满意度更未得以相应的提高。建立现代大学制度是解决大学在发展过程中的困境的途径之一，是社会各界密切关注的热点问题。如何以新的理念、新的角度构建中国特色的现代大学制度，促进大学健康发展，这些都是值得深究的问题。

一、现代大学制度概念

大教育家夸美纽斯讲，制度是学校一切工作的灵魂，哪里制度稳定，哪里便一切稳定；哪里制度动摇，哪里便一切动摇；哪里制度松垮，哪里便一切松垮和混乱。构建现代大学制度是大学发展的关键问题。

大学制度就是协调、规范大学组织的各种行为，使其成为一个有机体，以有效地适应环境的一系列制度安排及运行机制。什么是现代大学制度？目前理论界对此命题尚无明确共识，对于现代大学制度的概念也没有统一的界定，对现代大学制度的认同还不尽相同，有待更深层次的研究和论述。

（一）从定义上看现代大学制度

一般意义上来说，所谓的现代大学制度，是指在社会主义初级阶段条件下，与社会市场经济体制、民主政治体制和高等教育发展需要相适应的大学内外部关系和内部组织结构及大学成员行为规范的完整内容体系的总和。其中,大学的外部关系是指大学与社会、大学与政府、大学与大学及大学与市场之间的关系;大学的内部关系是指大学内部的管理体制和领导体制。

(二)从要素结构上看现代大学制度

从要素结构上看,现代学校制度包含了大学与政府、社会之间的相互需求的关系以及大学自身内部治理结构。因此,现代大学制度可以分为宏观和微观两个角度。宏观上的现代大学制度主要指大学自身与政府、社会系统之间外部关系的一系列组织构架及其法律规范体系;微观上的现代大学制度主要指自身的内部管理架构及其运作规范。

(三)从学校自身看现代大学制度

就学校自身而言,现代学校制度应该包含以下几个方面:一是学校内部的规章制度,严格的民主议事程序;二是建立大学董事会制度,民主管理,使社会各利益相关者共同参与大学管理;三是健全的学术自由机制,教师能够自觉发展,学生能自由而全面地发展;四是科学的现代学科专业,完善的资源配置机制;五是公平公正的教师聘用制度和人事制度;六是公开透明的大学信息发布制度,让社会广泛了解并监督大学的运作过程和运作效益。

关于现代大学制度有多种定义和理解,本研究认为现代大学制度应该从学校自身出发,结合学校和地方特色,建设有中国特色的现代大学制度。

二、研究现代大学制度的价值意义

(一)理论价值

研究现代大学制度在高等教育研究中拥有基础性和综合性的理论价值。一是有利于呼吁整个社会包括政府以及大学自身充分地认识到构建现代大学制度的重要性、必要性和迫切性。二是有利于从思想上、理论上认识什么是现代大学制度、为什么要建立现代大学制度、建立什么样的现代大学制度以及怎样建立现代大学制度等有关现代大学制度的根本性的问题,以推动现代大学制度的进一步发展。三是有利于现代大学制度理论研究和发展。大学制度涉及国家关于高等教育的管理体制、大学理念以及一系列相关认识问题,尤其是对大学内部管理制度的探讨、关于如何构建现代大学制度问题丰富了大学制度研究,具有一定的理论价值。

(二)实践价值

现代大学制度是随着我国高等教育改革和发展的不断深化而提出的一个重大问题,本身就是一个实践性强的问题,因此研究现代大学制度具有很强的实践意义。从现实角度来看,我国大学与世界发展水平较高的大学相比有很大的差距,大学的办学水平不高,自我发展能力低,适应社会与市场的能力有限,国际竞争力不强。尽快改变这一现状,是新时期中国大学迫切需要解决的问题。研究现代大学制度还具有可操作性的实践意义:有利于促进政府、社会、大学从整体与全局的角度来分析认识其相互之间的关系,找准自己的位置,认识各自的功能作用;有利于减少政府、社会与大学之间矛盾冲突,现代大学制度建设好了,得到大家的认可,大家就能自觉遵守、自觉实施了;有利于建立一套适应现代大学制度的大学管理运行机制。

三、现代大学制度构建需研究和解决的基本问题

从以上分析可以比较全面和深刻地理解现代大学制度的概念。那么归结起来,现代大学制度构建需要研究和解决的基本问题主要集中在以下几个方面。

(一)大学与政府的关系需要互相协调

政府在大学中扮演两种角色:一个是公共事务的管理者,一个是大学的举办者。作为举办者,举办学校的目的在于为其服务,政府的投入当然希望得到高效率的回报;作为公共事务的管理者,大学必然受到政府的控制和管理。近年来,大学对于社会的重要性不断加强,政府对大学的重视程度越来越高,大学的地位得到提升,而且获得了比较充足的教育经费。但同时,政府对大学的自由发展也形成了干预。政府应该要做的是保证大学依法办学,让大学拥有办学自主权,尽可能地满足大学的政策与投资要求;大学要服从政府的宏观调控,完成政府交给的任务。

(二)大学与社会的关系需要互相适应

在知识经济条件下,大学与社会的关系不再是一种若即若离的关系。社会对知识的依赖性越来越大,学校赖以生存和发展的经费除了来自政府,社会的经费支持也是其重要的来源。与政府和大学之间的利益关系相比,大学与社会的直接利益关系要复杂得多。

首先是价值思维取向的冲突。大学活动是以学科或知识的内在逻辑系统为基础发展的,而利益活动是以实用为原则的。在大学,过分强调功利性研究往往没有多少学术价值,而社会认为远离现实的大学学术是缺乏实用性的。其次是价值追求的冲突。对于公司、基金会或者个人捐赠者,如果他们为大学捐钱,而发现钱只能按照大学的意愿来花的话,他们都不乐意给予捐赠。这种附加的条件可能会限制大学自身的发展。三是不同机构性质间的冲突。社会团体所要的只涉及某一学科,而大学每一门学科都有其存在的理由。

在这些矛盾冲突中，如何协调大学与社会的关系，如何才能探寻一条保持大学与社会间的这种密切联系的道路，这些需要相应的制度加以确定和保障。

(三)大学与大学间的关系需要规范

在知识经济飞速发展的今天，社会对大学的需求变得多样化，既要求有类别上的差别，也希望有层次上的差别。多样化的需求，加强了大学与大学间的分工，也必然加强大学间的联系与协作。但是由于制度上的不平衡，处于高等教育边缘的大学，它们的设施总体上不能满足需要，缺乏优秀的教师队伍，没有多少支持其办学的条件，没有达到一流学术水平的起点。由于政府和社会在选择服务对象时，把所有的目光投射到尖子大学，这就导致了好的大学越好，差的大学越差。为了获得与尖子大学同样的待遇，许多大学放弃了各自的特点和优势，一切向尖子大学看齐，不太有名望的大学模仿较有名望的大学，较有名望的大学模仿最有名的大学，这种现象的直接后果就是大学趋同化，对任何一类大学都是不利的。如何使大学得到平等的发展空间，如何使大学按自身的特点发展，这是我们构建现代大学制度需要考虑的问题。

(四)大学的内部关系需要明晰

明晰现代大学制度内部关系一方面是通过建构确定大学行政权力和学术权力的关系，体现学术自由，实现大学组织内部的民主管理；另一方面是规范大学组织及个体的行为，提高大学管理的运行效率。学术权力和行政权力是大学内部最主要的两大权力，学校最主要的权力关系是这两者之间的关系。大学行政权力的行使是为了保证学术活动更好的进行，它们的联系是广泛的，冲突也是不可避免的，主要表现为越权行为。例如，行政权力对学术过多的干预，学术事务对行政权力过多的介入。解决冲突的主要办法是通过合理的制度明确行政权力与学术权力各自的界限，原则是保证学术自由。

四、总　结

目前，理论界对现代大学制度的命题尚无明确共识，构建我国现代大学制度主要是为了解决中国高等教育改革中存在的深层次的问题，为中国大学的发展提供灵魂支撑，提升大学的内在品质。因此，对现代大学制度内涵的理解显得极富意义。本研究倾向于从学校自身出发，主要从大学与政府的关系需要互相协调、大学与社会的关系需要互相适应、大学与大学间的关系需要规范、大学的内部关系需要明晰这几个方面提出了现代大学制度需解决的主要问题，为进一步研究探讨现代大学制度建设问题提供借鉴。

参考文献

[1]别敦荣:《我国现代大学制度探析》,《江苏高教》2004 年第 3 期。

[2]邓和平:《论现代大学》,武汉大学出版社 2010 年版。

[3]邓和平:《现代大学的现代性》,《中国教育报(高等教育版)》2005 年第 23 期。

[4]董云川:《论中国大学与政府和社会的关系》,云南大学出版社 2004 年版。

[5]高桂娟:《论建立现代大学制度的时机与紧迫性》,《教育与现代化》2003 年第 2 期。

[6]黄方、蒋来:《现代大学制度研究综述》,《复旦教育》2002 年第 4 期。

[7]李巧林、王章豹、龙巨东:《试论现代大学制度的构建》,《合肥工业大学学报(社会科学版)》2005 年第 4 期。

[8]王长乐:《现代大学制度建设的基本原则》,《清华大学教育研究》2007 年第 6 期。

[9]王冀生:《现代大学制度的基本特征》,《高教探索》2002 年第 1 期。

[10]赵彦云、宋东霞:《提升大学竞争力,建立现代大学制度》,《中国高等教育》2003 年第 18 期。

(作者单位:山东政法学院外国语学院)

现代大学制度刍议

李宜娟

自20世纪六七十年代以来，高等教育研究在世界范围内广泛展开，从80年代开始，我国的高等教育研究及高等教育学科得到了突飞猛进的发展，众多学者从多种角度出发，运用多学科的方法对我国高等教育进行研究，这其中现代大学制度问题成为2000年以来研究的一个重要方向。北京大学教授、经济学家张维迎在2006年《财富》论坛“世界500强”的讨论中谈到：“国际竞争的核心不是资金和人才的竞争，资金和人是可以国际流动的；也不是技术的竞争，而是制度的竞争。从中国长远来看，应该学习的是制度改造。”对此学者关注较多，并进行了大量研究。经过大量论证，专家认为，不对我国现代大学制度建设的历史进行研究，不了解我们今天大学制度的来龙去脉，就不可能对我国现行大学制度的现状有真正清楚的把握。因此文章着眼于对我国现代大学制度建设进行历史梳理，从而探索问题的由来与未来路径的选择。

一、现代大学制度的理念

（一）现代大学制度建设的先导

专家学者们普遍认为，理念和制度是不可分割的，现代大学制度建设必须以现代大学理念为先导。邬大光认为，大学制度的选择和建立，在更深层次意义上，是对大学理念的一种选择，任何一种大学制度构建的背后，都有一定的大学理念作支撑。在我国现阶段，在对现代大学制度诉求的背后，隐含着深刻的对现代大学理念的诉求。张德祥认为，构建现代大学制度缺不了现代大学理念，没有理念，这个制度是缺乏根基的，现代大学制度就是在现代大学理念的支配下，建立起来的新型大学治理制度。李少华也认为，大学理念是构建现代大学制度的先导，只有先进的大学理念才能催生先进的大学制度。王长乐则认为，现代大学制度建设的关键，并不是具体的制度本身，而是作为制度思想基础及精神主旨的现代大学理念。有什么样的大学理念，才会有什么样的大学制度。马廷奇则更进一步地指出，现代大学制度更多的是一种大学制度建设的理念，代表了大学制度设计的目标理想和价值取向。

关于我国现代大学制度建设应该选择什么理念作为先导和支撑的问题，邬大光认为，现代大学制度建设应坚持大学自治和学术自由两个基本理念。他指出，大学自治和学术自由理念是现代大学制度建设的根基，大学是一个“按照自身规律发展的独立的有机体”，缺乏大学自治和学术自由的根基，现代大学制度就失去了存在的土壤和发展的空间。周光礼也认为，作为内在制度的核心，学术自由是现代大学制度得以建立的基础。马廷奇则认为，在现代社会环境下，大学制度建设必须坚持两个基本理念：一是以追求大学功能的充分发挥、实现大学办学自主权利为目的，把大学当作自我发展的主体；二是要以激发大学学术生产力为依托，消除大学内部学术与行政、教学与科研、个体与群体之间的对立，创立有利于学术发展的环境。李少华指出，用现代大学理念引导变革现代大学制度，主要应遵循“自主自治”“服务性”和“开放性”三个基本理念。王建华则从第三部门的视野出发指出，现代大学制度建设必须紧紧围绕自治、非营利性与非政府三个核心观念展开。还有论者认为，“以人为本”的理念是现代大学制度构建的基本出发点。现代大学制度的建立需要在三大理念的引导下进行：高等教育的针对性、高等教育的质量观和高等教育的国际化。要用大众化高等教育观念、终身教育观念和以人为本的观念等新的思想观念构建现代大学制度。

(二)现代大学制度建设的核心

突破现行大学制度的缺陷和困境是建立我国现代大学制度的内在动因。换言之，我国现代大学制度建设必须突破现行大学制度的缺陷和困境。对此，研究者们形成了较普遍的认识。别敦荣认为，我们今天所要建立的现代大学制度，是针对我国大学所承担的现实使命，在解决数十年来大学制度存在积弊的基础上，建立起来的新大学制度。王洪才指出，对现代大学制度的探讨是基于人们对现存大学的批判性认识，人们认识到现实中的大学组织架构存在着诸多不合理或不尽如人意的地方，认为这些不合理部分都需要革除，需要用一种新型的或全新的制度模式来替代。更有论者明确提出，现代大学制度建设作为新时期大学制度的发展目标，必须具备突破和超越两个特征。如果没有突破和超越，现代大学制度的建设就没有意义。

那么，我国现代大学制度建设应该突破哪些现实的缺陷和困境呢？研究者们主要从两个方面进行了探讨：一方面，一些研究者分析了我国现行大学制度存在的主要缺陷，认为这些缺陷正是现代大学制度建设应该突破的。比如，邬大光认为，我国现代大学制度无论是宏观和微观层面都表现出与社会转型的不适应，都面临着重新构建的问题。在宏观层面，目前暴露出来的主要是办学体制和投资体制的制度建设，微观层面的大学制度也面临着双重构建，市场经济体制引发的矛盾在一定层面上掩盖了基于学术自由的现代大学制度建设。另一方面,一些研究者指出了我国现代大学制度建设过程中面临的问题和障碍,要建立起现代大学制度必须突破这些问题和障碍。周光礼认为,中国建立现代大学制度的最大障碍是:政府干预过多,大学缺乏自主性,学术自由精神不彰,学术自由价值贬损,致使大学自主与政府干预之间失去“必要的张力”,无法实现两者的冲突整合。还有研究者指出,构建现代大学制度,必须破解行政权力越位、学术权力式微、学术道德滑坡这“三个难题”。建设现代大学制度必须进行突破和超越的重要工作,就是在大学的定性问题上实现突破,为借鉴和吸收世界先进大学制度破除障碍。

(三)现代大学制度建设的根本

一些研究者认为,我国现代大学制度建设必须是构建中国特色的现代大学制度,提出了建设“有中国特色的现代大学制度”“社会主义现代大学制度”“与社会主义市场经济体制相适应的现代大学制度”等观点。王冀生认为,我国是社会主义国家,应当实行在政府的宏观管理和学校党委的领导下以“学校自治,教授治学,校长治校,科学管理”为基本特征的有中国特色的现代大学制度。邬大光更明确指出,我国高等教育实践与国情的特殊性,决定建立现代大学制度这一命题的特殊性——现代大学制度建设中的中国特色。我国的政治制度和文化传统决定了我国大学制度建设必须坚持“中国特色”,我国高等教育的发展水平也决定了我国大学制度建设的“中国特色”。研究者们进一步探讨了我国现代大学制度建设中如何构建“中国特色”的问题。王冀生认为,建立有中国特色的现代大学制度,关键是必须坚持社会主义的办学方向与现代大学制度的基本特征的有机结合。社会主义的办学方向,从大学制度上说,就是必须坚持政府通过现代大学对整个高等教育系统运作的宏观管理和学校党委对现代大学的领导制度。陈敏德认为,建立具有中国特色的现代大学制度在实践中应注意把握大学教育观念、大学管理体制、大学运行机制、大学创新机制与服务机制等的现代化问题,应当在政府教育主管部门的指导下,积极稳妥、有计划地分步进行。

二、现代大学制度建设的内涵

现代大学制度不仅需要借鉴国外大学发展的经验,也需要充分考虑中国特色。我们今天所要建立的现代大学制度,是要针对我国大学目前所承担的现实使命,在解决有关问题的基础上,建立起来的能够贯彻党的教育方针、有助于学术创新和学生健康成长的制度。

2000年,袁贵仁就指出,现代大学制度的核心是在政府的宏观调控下,大学面向社会，依法自主办学，实行民主管理；北京师范大学王英杰教授认为，现代大学在几百年漫长的发展历程中形成了自己鲜明的特色，或说本质特征：国际性、公开性、批判性、包容性，贯穿这几个价值的核心是学术自治与学术自由。学术人员和行政人员之间必须合作，这样才有可能使大学在变化的时代，保持其独特的传统——学术自治与学术自由，履行其独特的功能——追求真理，与此同时满足变化中的社会需求。

可见，现代大学制度的建立，有赖于一种科学的政府与学校关系，需要一种法治意义上的大学章程对学校内外部的各种关系予以规制，还需要分类管理建设一流的高等教育体系，最终目的是创建出让广大教师醉心于学术工作、优秀人才脱颖而出的机制，使大学的人才培养和科研极大地满足社会。

三、对当前我国现代大学制度建设的几点思考

（一）立足于我国大学制度的历史与现状

我国现代大学制度建设必须立足于我国大学制度的历史与现状。我国现代大学制度建设的迫切性既源于对大学的理想的追求，更源于对我国现行大学制度状况的不满。不论宏观还是微观层面，我国现行大学制度积弊甚多。在我国现代大学制度建设的实践探索和理论研究中，都需要客观地正视这些问题，以系统性的观念和方法解析和评价我国大学制度的现状及问题，以理性的态度建设现代大学制度。在这一过程中，尤为需要关注的是我国大学制度的政治化的影响和去政治化改革的问题，这是我国现代大学制度建设中的重点问题，也是难点问题。当然，必须认识到，在我国现代大学制度建设进程的某一阶段，对我国大学制度历史与现状的认识可能不够全面、深入，因此，改革必须循序渐进地开展，从部分到整体，从局部到全面，从增量到存量逐步实现突破和超越。

（二）需要把科学理念转化为治理结构

现代大学制度建设虽有理念，但缺治理结构，理念没有真正转化为制度。比如，多年来我们循环不断地放权与收权、办学模式趋同、高校内部人们对权力的追逐等问题，不是源于认识上的不到位，而是由于治理结构的不完善。这不利于创新，而创新需要以制度来保证。现代大学制度建设之所以备受重视和关注，就是因为创新意义的凸显，而不是为了制度而制度。

高等教育的改革最终要建立让广大教师醉心于学术工作的机制，满足社会和人的发展需求，创建有助于学术创新和学生健康成长的环境，而这些需要治理结构予以保障。因此，我们不能光讲意义，而要有明确的治理结构。通过治理结构解决热点、难点问题，推动学校科学发展，保证特色、质量和创新。

(三)章程是现代大学制度建设成果的结晶

目前教育部已要求各高校制定自己的章程。我们需要充分认识章程“在完善现代大学制度,推动高等学校依法治校、科学发展中的基础性地位和重要作用”,借机推动高校依法自主和按章办学,不因人而异,使之成为学校依法自主办学的基础。

参考文献

[1]邬大光:《现代大学制度的根基》,《现代大学教育》2001 年第 1 期。

[2]周光礼:《大学的自主性与现代大学制度》,《大学教育科学》2003 年第 4 期。

[3]别敦荣:《我国现代大学制度探析》,《江苏高教》2004 年第 3 期。

[4]张德祥:《关于“现代大学制度研究”的几点思考》,《辽宁教育研究》2005 年第 8 期。

[5]李少华:《大学理念与现代大学制度》,《北京大学教育评论》2005 年第 8 期。

[6]赵凤娟:《我国现代大学制度建设研究综述》,《山东社会科学》2009 年第 6 期。

[7]王真真:《加快我国现代大学制度建设的几点思考》,《中国成人教育》2010 年第 2 期。

(作者单位:山东政法学院外国语学院)

中日现代大学制度浅析

——以校园文化为中心

李银兰

国务院办公厅于 2010 年 15 日印发了《关于开展国家教育体制改革试点的通知》。《通知》指出，大学培养杰出人才关键在于建立真正的现代大学制度，并认为中国特色现代大学制度应包括六大要素，即“党委领导、校长负责、教授治学、民主管理、自主办学、学生参与”。2013 年，国家教育部高教司把建设高校现代学校制度作为一项主要工作，经过高等教育者的不懈努力，高等教育事业发展迅速，校园文化建设的热潮渐渐兴起。国内各校领导决策机构也进行思考，如何在实践上更加重视校园文化建设。校园文化是一项长期的工作，不能一蹴而就，需要全校上下形成正确的认识和导向。

大学文化是指大学人在大学里的一切活动形式、活动过程及其活动成果，有精神的、制度的等多种形式。[①] 制度属于物质文化的范畴，是大学发展的物质基础，如招生考试制度、就业指导制度等。此外，社团活动作为一种精神文化，是大学在长期的办学实践和发展建设中的关键部分，在一定程度上影响着在校师生的行为、理想等。

对于中国而言，校园文化建设在具体实施过程中面临着很多亟待解决的问题。因此，比较不同国家的校园文化建设，对于我国现代大学制度建设具有重大的意义。

一、日本的大学的招生考试制度

二战到今天的半个多世纪当中，日本进行了高等教育体制改革，其大学招生考试制度经历了四次重大变革。第一次改革发生于 1947～1954 年。在美国第一次教育使团的劝告下，日本采纳了统一测试。1963～1969 年的第二次改革形成了全国统一的高考。1979～1989 年的第三次改革形成了两次考试的制度。

---

① 参见王少安、周玉清：《大爱精神与大学文化建设》，人民出版社 2008 年版，第 62 页。

1990 年日本再次进行改革,“大学入学考试中心考试”代替了“第一次的统一考试”。[①] 两者的区别在于打破第一次考试科目固定 5 科的形式,考生可以选考 1～6科,此外还允许大学自行组织形式多样的考试或选拔,最终形成由大学入试中心举办的“大学入试中心考试”与各大学自主举办的“个别能力考试”并用的“二次考试”模式。而各高校根据自己的特色和需要实施的“个别能力考试”从多方面考察了学生的综合能力。这种“第一次考试”和“个别能力考试”的形式,促进了招生个性化、特色化的发展。

(一)大学入学考试中心考试

日本全国性的统一考试由日本文部科学省的直属机构命制试题和组织实施,主要以考核学生高中所学知识为目的。考生报考的学科、科目,可通过各大学的招生简章进行了解并参加考试。考试的成绩由大学入学考试中心向各大学提供。日本的大学一般要求考生提供 5 科成绩单即可。主要的考试学科有国语、公民、地理、历史、数学、理科、外语等。考生根据所报考的大学的要求选择相应的考试科目参加即可。各大学自行决定选用方案及所选用的科目的数量,各科成绩在总分中的比重也由各大学自主决定。

(二)个别能力考试

各大学组织的“个别能力考试”又称为“第二次考试”。该考试包括综合能力检查等,针对职业高中和综合学科毕业生的特别选拔等多种方式。考试形式由各大学自行决定,可采用笔试、面试、小论文写作、实际操作等。

日本的大学招生考试制度,坚持统一性、灵活性、多样性的原则,考察学生的学历、能力等综合素质。

二、日本的就业指导的制度化

20 世纪 90 年代以来,日本经济持续不景气,大学生就业问题逐步凸显,而作为邻邦的中国同样面临着逐年增长的毕业生数量与高失业率的考验。面对就业难的情况,日本的一些大学将学生就业指导工作纳入学生教学过程,并作为学生毕业环节的重要组成部分,使其制度化,得到了显著的效果,对我国大学生就业理念和模式的改革与发展提供了一些新的思路。

(一)就业引导

每年 4 月是日本新学年的开始,大学四年级的学生开学之初,有的甚至从大学三年级下半学期就接受长达一学年之久的就业引导课。通过就业引导课能帮

① 参见魏晓阳:《日本大学招生考试制度及其对中国的启示》,《贵州社会科学》2010 年第 9 期。

学生确立职业观，并向学生通报该学年度的本校相关专业的就业情况。同时组织就业指导讲座和业界说明会，包括邀请校外专家介绍企业发展的动向、就业环境、企业的雇佣要求、大中型企业的具体介绍以及相应的就业对策等。学校专门开设就业指导选修课，就如何准备个人就业材料、如何进行自我分析、如何选理想的职业、如何参加就业面谈、如何准备就业过程中所需要的各种考试、如何与自己希望就业的公司或企业进行联系等方面进行详细辅导。

(二)高校就业指导中心

高校就业率的高低已成为影响学生报考学校的一项标准之一。对于各大高校，做好毕业生就业工作已成为重中之重。

在日本几乎所有高校都设有“就业指导课”，从事学生就业指导的具体工作。在就业指导过程中，首先要求毕业生进行就业登陆，即向学校就业课注册，然后学校帮助学生建立健全规范的个人就业档案，全面反映学生的各种情况。[①] 同时，为了更好地帮助学生就业，日本各高校都有自己的就业信息网站，供学生浏览一些就业需求信息和企业基本情况。另外，日本高校就业指导部门还有一项大任务：就业指导部门的工作人员要主动上门走访企业，向用人单位大力宣传学校和推销自己的学生，加强与用人单位的联系，积极扩大就业渠道，建立学校就业网络。学校就业指导中心在与用人单位进行联系的同时，能及时了解到社会对人才的需求及毕业生的工作表现，便于学校进行教学改革，为学生开设与其志向及就业愿望相关的课程，提高教学质量，提高毕业生的竞争力。最后，在就业活动开始前，学校会模拟用人单位的录用考试，让学生在这种模拟环境中掌握就业技巧，积累应对经验。

过去日本大学只注重知识的传授，而现在随着就业指导的实施，学生们在学校中学会认识自己，认识社会，培养走向社会的自信心，注重各方面能力的培养，以便于适应飞速发展的社会。

三、日本社团活动的特色

当前，高校学生社团因其共同的兴趣爱好产生巨大凝聚力，日益受到学生的青睐和好评。日本高校非常重视学生社团相对独立的主体地位，特别重视学生在社团中自主能动性的发挥。日本文部科学省指出，开展社团活动的目标是期望通过集体活动使学生身心调和并发展个性，学生作为集体或社会的一员，自发地使自己更好地生活和构建积极的人际关系，培养实践的态度，感悟到作为一个

① 参见鲍健强：《日本大学学生就业指导特点的研究》，《比较教育研究》2000 年第 S1 期。

人的存在和对生存方式有更深刻的体会，培养自己生存的能力。[①] 日本的大学的社团文化个性鲜明，持久稳定，更具开放性，校园文化活动由学生主宰，自主性强，注重自娱自乐。

(一)社团活动的自主型

日本大学开展校园文化活动主要是一切由学生做主。校园文化活动包括两个方面：一是学生社团开展的各种活动，也就是各种俱乐部活动；二是“学园祭”。当然这两类活动有很多是重合的。学生社团(各种名目的俱乐部)基本由学生自治会负责，校方不插手，只派一两名教师协助学生开展工作。每个学生社团都有自己的活动计划，他们在校园张贴各种活动广告，新学年开始时展开宣传攻势，吸纳新会员，双休日和节假日组织会员旅行或到海外短期修学。日本大学举行的校园文化节统称为“祭”，一般也都由学生自发组织，学校领导不指示，教师不参与，学生自娱自乐，内容精彩纷呈。[②]

(二)社团活动的多样化

日本学生社团种类琳琅满目，开展的活动也是各种各样，涉及学术、科技、文化、体育、经济、艺术、实践等诸多方面。日本的大学社团丰富的优势在于学校把自己的职责从“管理学生”转变为“服务学生”，这一转变的直接影响是，只要学生在社团建设方面有需求，学校就会非常支持和重视。学校会在社会上聘请有相关从业经验的权威人物对学生进行专业训练和指导，并且有专门的时间、地点和经费对学生社团活动提供全面的支持。这样，学生们就能在数量庞大的社团中自由选择自己感兴趣的社团，如同在社会工作中选择一个职务那样给自己定位，在活动时经过专业的训练和大大小小的聚会活动，不仅掌握了专业知识，还了解了社会活动，培养了将来能够立足社会的能力。[③]

四、日本校园文化方面的借鉴价值

虽然中国与日本在国情和体制上有所差异，但是日本在招生考试制度、就业指导制度和社团活动方面上的经验仍对中国有借鉴作用，通过借鉴和创新绽放“中国之花”。

(一)招生考试方面

日本目前采用国家统一考试与高校自主选拔相结合的招生模式，既确保了

① 参见王俏：《日本九州大学校园文化的特色及借鉴价值》，东北师范大学硕士学位论文，2013 年。

② 参见杜海清：《中日大学校园文化异同论》，《高教发展与评估》2013 年第 4 期。

③ 参见王俏：《日本九州大学校园文化的特色及借鉴价值》，东北师范大学硕士学位论文，2013 年。

国家统一考试的地位，同时又充分尊重高校的招生自主权，这对解决目前我国高考改革的困境具有一定的借鉴意义。① 日本大部分考生都跟中国的学生一样参加国家统一考试，只有通过公平的考试、公开的选拔，才能实现公正的录取。但值得借鉴的是，日本在 20 世纪 90 年代初形成了尊重高校招生自主权的做法。大学可以根据自身的教育理念及培养目标，自主确定考试科目，考生也可以根据自己的兴趣和特长选择考试科目。这体现了大学拥有高度的招生自主权，符合高等教育大众化背景下人才选拔多样化的趋势，为高校充分体现自身办学特色提供了平台，同时也充分体现出以学生为本的教育理念。②

（二）就业指导方面

日本大学已把就业指导作为提高学生基本素质、个性和能力的一个有效载体。每一阶段都会针对不同年级的人群进行不同的就业指导，从自我分析阶段到就业实战阶段，每一阶段的就业指导都体现出不同的效果，显得有条不紊。我国也有必要把学生的职业指导工作纳入学生的培养计划之中，成为大学生素质教育的组成部分，使学生学会认识自己，认识社会，树立科学的就业观念，适应新的发展形势。③ 这就需要我们提高认识，转变观念，积极探索具有中国特色的学生就业指导工作。把学生的职业指导工作纳入学生的培养计划之中，成为大学生素质教育的组成部分，使学生学会认识自己，认识社会，树立科学的就业观念，适应新的发展形势。特别是就业指导部门的工作人员要主动上门走访企业，向用人单位大力宣传学校和推销自己的学生，加强与用人单位的联系，积极扩大就业渠道。此外，学校应根据市场对人才需求的变化，调整专业布局，改造老专业，开辟新专业，既要有超前性，又应有务实性。

（三）社团活动方面

我国大学社团建设的突出问题表现在，虽然重视组织学生活动，但是融入社会技能的、学生真正需要且喜欢的社团较少，整体层次偏低，流于形式，同时指导教师参与不积极，任凭学生自己活动的现象比较严重。我国高校应向日本高校学习，变“管理学生”为“服务学生”，在全方位支持学生组建内容丰富的社团的同时，也应鼓励大学生在社团活动中开发就业和创业项目，鼓励学生敢想、敢拼，促使大学生社团成为为就业创业服务的一个专业性新平台，缓解我国大学生就业压力问题。④

---

① 参见高升：《日本大学招生考试制度及其对中国高考制度改革的借鉴》，《考试研究》2011 年第 4 期。

② 参见高升：《日本大学招生考试制度及其对中国高考制度改革的借鉴》，《考试研究》2011 年第 4 期。

③ 参见鲍健强：《日本大学学生就业指导特点的研究》，《比较教育研究》2000 年第 S1 期。

④ 参见王俏：《日本九州大学校园文化的特色及借鉴价值》，东北师范大学硕士学位论文，2013 年。

总之，日本高等教育适应了高等教育与学生多样化的发展需要，实现了学生与学校之间合理有效的双向选择，避免了“一试定终身”的应试教育，为我国的高考制度改革提供了许多有益的参考和借鉴。同时日本高校就业指导课在多年的就业指导中积累下了相当丰富的经验，并从经验中总结了不少制度化、规范化的东西。其就业指导的内容也在不断地丰富与充实，就业指导讨论与业界说明会的内容也将随之发生改变，就业指导部门也将从宏观到微观、从理论到实践、从抽象到具体对学生提供详细的指导服务①，为我国如何更好地开展学生的就业指导工作提供了一些参考。校内外的各种社团活动，不仅使大学生活丰富多彩，而且可以发展兴趣、培养教育、磨炼领导才能，促进大学的整体教育功能。这些都在一定程度上引导大学生更快更好地适应社会发展，在促进大学生就业等诸多方面起着不可替代的作用。② 在开展社团活动时应利用社团活动较之课堂活动更加自由的特性实施因材施教，发挥每个学生的特长，让学生充分认识到自己的长处和短处，增长学生的智慧。我们还应充分发挥学生社团活动的隐性教育作用，使学生社团活动为加强我国大学生思想政治教育工作发挥更大的作用。

参考文献

[1]魏晓阳:《日本大学招生考试制度及其对中国的启示》,《贵州社会科学》2010 年第 9 期。

[2]鲍健强:《日本大学学生就业指导特点的研究》,《比较教育研究》2000 年第 S1 期。

[3]王俏:《日本九州大学校园文化的特色及借鉴价值》,东北师范大学硕士学位论文,2013 年。

[4]刘炳赫:《日本高校学生就业指导理论实践研究——兼谈对我国的启示》,东北师范大学硕士学位论文,2013 年。

[5]高升:《日本大学招生考试制度及其对中国高考制度改革的借鉴》,《考试研究》2011 年第 4 期。

[6]赖明谷:《日本大学的治理经验对建设和完善我国现代大学制度的启示》,《上饶师范学院学报》2013 年第 2 期。

（作者单位：山东政法学院外国语学院）

① 参见刘炳赫:《日本商校学生就业指导理论实践研究——兼谈对我国的启示》,东北师范大学硕士学位论文,2013 年。

② 参见吕燕霖:《大陆与港台高校学生社团比较研究》,华侨大学硕士学位论文,2014 年。

论现代大学制度建设

——以权力结构与组织结构为切入点

魏　丽

一、大学制度建设的基本内涵

按照《辞海》的定义，制度是一种“规程”或“准则”，同时也是一种“体系”，一种由众多关系与准则构成的“体系”。大学制度是关于大学管理与运行的规则体系，是以大学的学术性本质为依据、确定大学生存与发展的规则体系。大学制度建设包括两个层面的含义：第一，大学的外部制度建设，指政府对大学的管理制度和社会的参与制度的建设和实施。第二，大学的内部制度建设，大学自身通过制度构建符合大学发展规律的内部结构运行规则、管制体制、组织行为的规范体系，并保障这些制度得到实施，促进现代大学制度的建立。狭义上的大学制度建设仅指内部制度建设，制度供给主体是大学自身，通过大学自身的制度构建促使现代大学制度的建立。一般意义上的大学制度建设都是指狭义的大学制度建设，即大学内部制度建设。本文的分析也主要以大学内部制度建设为对象。

现代大学制度起源于 1810 年德国洪堡在创建柏林大学时提出的“学术自由”“大学自治”“教授治校”“教学与科研统一”的办学思想，其被视为大学共性的基本价值和制度特征。结合我国高等教育实际，现代大学制度的主要内容包括如下几个方面。

(一)领导和决策制度

1.坚持贯彻落实好党委领导下的校长负责制。根据《高等教育法》的规定，我国高等学校实行党委领导下的校长负责制，党的领导主要体现在政治领导、思想领导和组织领导，保证党的路线、方针、政策在大学得以贯彻落实，保证大学办学的社会主义方向。高等学校的校长全面负责本校的教学、科研和其他行政管理工作。实际工作中，大学需要通过科学制定内部的议事决策制度对党委与校长的责任和权限做进一步划分。同时，学校改革发展的重大问题应当更多地由党领导班子共同研究、集体决策。

2.坚持教学治学，对行政权力与学术权力进行科学划分。大学是一个体现学术自由、民主的知识密集型团体，学术性是大学的本质特征，学术本位是大学办学中应当坚持的基本原则。大学内部管理机构的设置、运作都应该与此相衔接。应当对行政权力与学术权力进行划分，行政权力不得干预学术权力，学术领域相对独立和自治。要坚持学术本位的原则，建立健全学术组织，树立行政权力的服务观念。同时重视学术权力与行政权力的互补功能，增强大学管理的民主性和科学性。

3.发挥教代会等组织在学校管理、决策中的积极作用。《高等教育法》明确规定："高等学校通过以老师为主体的教职工代表大会等组织形式，依法保障教职工参与民主管理和监督，维护教职工合法权益。"可见，教代会是大学实行民主制度的重要组成部分。除了教代会等组织的民主作用外，大学的决策程序还必须遵循群众路线，充分吸取和吸收师生员工的意见建议，保证决策的科学性与民主性。用一句话概括我国现代大学的领导和决策制度就是"党委领导、校长负责、教授治学、民主管理"。

(二)管理和工作制度

大学的管理和工作制度是关于大学内部各管理事项的规范和工作规程，一般认为应当包括以下制度：

1.校、院、系的分级管理制度。大学的管理层级一般分为校、院、系(所)三级，对三级管理层次及组织结构的权力进行合理配置是充分发挥大学各个层次积极性的重要制度保障。从管理的科学性来看，应当科学设立校、院、系的职能分工与组织框架，校级的部分权力需要向学院一级转移，赋予学院更多的学术权力，增加学院的活力。

2.人事、考核与分配制度。推行大学管理人员与教师的聘任制、合同制，破除职称、职务终身制，由身份管理转向岗位管理。教师队伍专兼结合，能进能出，使学校具有生机和活力。建立合理、科学的工作考核机制与公平的分配制度，充分发挥教职工的积极性与创造性。

3.科研管理体制。在科研组织、科研项目承接、管理等方面都必须注重将大学学科综合优势与国家的地方产业发展、社会需求相结合，充分吸纳校内外的科技力量，组建管理机制灵活、全方位开放的综合性研究机构。

4.教学质量管理制度。逐步建立健全现代大学内部的教学质量保障制度，在面对大众化高等教育迅速发展的今天，应当以现代高等教育质量观为指导，提高课程质量与教学质量，保证大学人才的培养适应社会的需要。

5.学生管理制度。真正确立学生的主体地位，改变学校与学生之间管理与被管理的关系，确定大学与学生的教育与受教育关系，同时改变大学对学生全方位负责的状态，将学生的衣食住行等纳入社会化的管理中。在培养目标方面，应当着眼于学生的个性发展、全面发展与长远发展。

二、目前大学制度建设存在的问题及原因分析

总的来说，大学制度建设存在以下几个问题：

(一)制度建设的民主性问题

主要表现在教职工代表大会、学生代表大会发挥的作用不够、师生员工参与管理的程度较低、决策的民主程序不完善等。虽然《高等教育法》规定了高等学校应当依法自主办学，实行民主管理，通过教职工代表大会等组织形式，依法保障教职工参与民主管理和监督，但缺少相关配套政策和实施细则，教代会等组织往往只是流于形式，难以真正发挥参政议政作用。从实际情况看，大学管理的主观随意性大，未能形成“民主治理”，甚至存在“精英治理”或“一把手治理”现象。

(二)制度建设的科学性问题

科学性问题突出表现在现行大学内部管理控制机制的不合理，不适应现代大学的要求。大学内部管理控制机制实质上是关于大学内部学术权力与行政权力、层级管理与组织结构的配置问题，是影响整个大学制度建设与大学发展的重要内容。同时，制度建设的科学性问题也与民主性问题密切相关：缺乏民主基础的制度建构往往缺乏科学性，科学的制度本身恰恰要求体现大学治理过程中的教师自我管理与教授治学。

(三)制度创新问题

制度创新是指在人们现有的生产和生活环境条件下，通过创设新的、更能有效激励人们行为的制度、规范体系来实现社会的持续发展和变革的创新。制度创新在转型时期的中国非常重要，是提高我国竞争力的必经途径。在中国现代大学制度的建设过程中，制度创新的欠缺也成为一个制约大学发展的瓶颈。因为从中国近代的历史来看，大学制度变化的动力多来自于大学之外。每当国家政治、经济形势发生变化，大学制度随之改变，导致大学使命政治化、功能工具化、管理行政化。在这样的环境之下，大学没有动力去进行制度创新，现代性大学制度的建设也就一直没有实质性的进展。

(四)制度的实施问题

制度实施是指制度规范在社会生活中被人们实际贯彻与施行。它是将制度规范的抽象行为模式转化为人们的具体行为的过程；是使制度从纸面上的规则变成行动中的规则，从应然状态进入到实然状态的过程；是由制度规范的抽象的可能性转为具体的现实性的过程。制度的实施欠佳几乎是中国制度建设普遍存在的问题，大学的制度建设由于缺乏行政强制力保障，制度的实施更加困难，制度得不到执行已经成为与制度制定本身同样重要的问题。上述问题是大学制度

建设存在的普遍现象，而造成大学制度建设存在上述问题的关键原因主要包括两方面：

一是大学的行政权力与学术权力不相协调，行政权力干预学术权力甚至替代学术权力现象严重。目前大学组织官僚化和行政本位，导致行政权力高于学术权力，在职称评定、院系设置、专业人员引进等众多学术活动中也主要以行政权力为主。这种现象严重限制了大学的学术发展，也导致大学内部行政权力与学术权力的对抗。

二是大学的组织结构与管理层级的不协调、不科学。目前，我国大学校、院、系的直线职能式组织结构，基本上沿用了科层式管理体制，导致学校领导陷入大量具体、琐碎、繁重的行政管理事务中，难以集中精力考虑涉及大学长远发展的重大事情。同时，院系权力小、责任大，违背权责对等的管理原则，不利于调动院系及广大教职工参与大学管理的积极性。此外，由于管理链条过长，在纵向信息的传递过程中容易导致信息传递过程受阻、内容扭曲。

三、大学制度建设的完善措施

由于目前制约大学制度建设的瓶颈在于学术权力与行政权力的不协调、组织结构与管理层级的不协调，因此，要完善大学制度建设必须首先从上述两个关键原因的消除入手。换言之，大学制度建设的完善必须围绕教授治学与院系自治改革两方面进行。

(一)努力推行教授治学，防止行政权力干预学术权力

教师是大学的主体，教授则是教师中的优秀群体，是一所大学学术成就的代表及智慧的象征。由于工作在教学科研一线，教授对教学及学术研究的方法、学科发展的规律和具体要求、人才梯队的建设等问题有更深入的了解和认识。因此，在人才培养、教学水平提高、学术发展、学科及梯队建设等方面，应该赋予教授更多的决策权。这正是高校科学决策的客观要求，也是体现教授主体地位、实现民主管理的需要。同时，从大学的属性来看，学术性是大学的本质属性，学术自由是大学独立存在与发展的价值和动力源泉，而宽松、自由、民主的学术环境是保证大学学术性与学术自由的重要条件。

(二)大学应当推行院系改革，增强院系的自主权，完善大学的组织结构

从大学目前的管理层级和组织结构来看，管理层级过多、组织结构不合理、不科学是其中的重要问题。为了增强大学的制度创新动力，应当根据学校的办学特点和实际情况，明确校、院、系(所)的管理职能，降低管理重心，调整管理跨度，规范管理行为，以激发各级组织的活力。从发达国家的大学组织结构经验来看，美国、日本和德国都是将大学学术管理的重心放在基层（院或系一级）。以美国为例，美国大学内部管理的特点之一是权力分配上分散，校、院、系三级在学校事务中都有各自的权力重点和范围。一般来说，系一级的权力多集中在教学和科研领域，校一级的权力则集中在教学和科研之外的其他领域，院一级的权力介于两者之间。

这种将管理重心放在基层的做法比较符合大学内部自治的要求，也符合现代大学的发展趋势。因为院系一级比校级更加了解自身学科建设、专业设置、人才队伍建设等具体情况，而且院系一级自治也有利于真正实现教师自治、教授治学，避免外行管理内行现象的蔓延。

与美国、日本和德国相反的是，我国很多大学之中，本来应该是为基层院系服务的校部机关的职能部门，却成了院系和学校之间的一个管理层次。这种完全复制行政系统科层制的管理方法不适应对学术自由、学术自治的大学的管理需求，造成了高校行政化现象严重、学术氛围不够宽松的问题。当今大学为了更好地履行人才培养、科技创新和社会服务三大职能，必须根据学校发展和社会需求的变化，及时对其基层学术组织进行调整和改革，并实现机制的创新。应当借鉴发达国家的经验，从校一级向院、系一级放权，使学院、系所成为学校发展的重要创新主体，激发院系的积极性，最终有助于完善大学制度建设，提高大学的现代化水平。

当然，鉴于各高等学校处于不同的发展阶段，不同的科技和教学任务需要采用不同的基层学术组织形式，即使是同一学校的学术组织形式也可以是复合型的、多元化的，并且应该是动态的。有的大学可以推行以院一级作为自治的主要主体，有的则可以推行以系所作为自治的主要主体。

除了完善上述两个方面之外，大学制度建设还离不开以下几方面的努力：

第一，科学制定大学章程。《教育法》第二十六条规定："设立学校及其他教育机构，必须要有组织机构和章程。"教育部《关于实施〈中华人民共和国高等教育法〉若干问题的意见》规定："在《高等教育法》施行前设立的高等学校，未制定章程的，其章程补报备案工作由其教育主管部门制定规定逐步进行。"大学章程就是对办学活动中重大、基本问题作出全面规范而形成的基本文件，其地位相当于一个国家的宪法。大学章程应当明确规定学校的宗旨、权力配置、主要机构设置、议事规则等学校管理中的重大问题，是对大学制度体系的顶层设计，在促进现代大学制度建设中具有积极的作用，有助于从根本上解决目前我国大学存在的制度建设的民主性、科学性等问题。

第二，及时清理和修订各项具体制度。根据《高等教育法》的有关规定，大学有权就管理事项制定内部规章制度，规定学校的科研、教学、财务、学生管理等具体事项。但从实际情况来看，大学内部规章制度的立、改、废工作往往滞后，有些问题缺乏有效的制度约束，有些早期的规章制度已经不适合现在的形势，有的规章制度之间相互冲突，还有的甚至与国家法律法规不一致，导致大学管理水平和效率低下。从现实需要的角度考虑，有必要及时对大学内部的规章制度进行清理、完善，以使大学的规章制度规范化、体系化。

第三，强化制度执行与保障师生效益并重。制度执行可以通过建立有效的校内监督渠道与责任追究机制来强化。教职工有权对规章制度的执行情况及学校、学院领导进行监督，通过教师代表的提案、教授会的决议等方式来制约行政权力、监督规章制度的执行。责任追究机制则着眼于违反规章制度的惩罚措施，对违反规定造成学校损失的行为应当追究主要责任人员的责任。同时，还应当注重教师、学生权益的保护，建立教师、学生权利申诉机构，争取将纠纷解决在内部。

参考文献

[1]辛鸣:《制度论》，人民出版社 2005 年版。

[2]周绪红:《大学制度创新与科学发展新论》，《中国高教研究》2009 年第 4 期。

[3]陈治亚:《略析大学内部权力结构的平衡》，《中国高教研究》2009 年第 4 期。

[4]曲耀华:《重建我国现代大学制度》，《陕西职业技术学院学报》2008 年第 3 期。

[5]史宁中:《教授治学:大学科学发展的基本理念》，2009 年 9 月 7 日《中国教育报》。

[6]张晓鹏:《学院建制与管理分权——从国外名牌大学经验得到的启示》，《全球教育展望》2001 年第 2 期。

（作者单位:山东政法学院传媒学院）

现代大学制度内涵核心与内外在冲突

朱迪康　高宏

我国大学制度确立是以蔡元培远赴重洋后将兼容并包、思想自由和教授治学等思想用于北京大学改革为起点，在充分吸收借鉴西方大学制度并将其植根于中国国情的基础上，建立了中国特色大学制度。改革开放后，我国逐渐认识到现代化大学制度对于社会经济发展的突出贡献，政策目标开始转变，在“科学是第一生产力”理念的指导下，我国高等教育从精英走向大众，现代大学教育建设得到前所未有的发展。在这个过程中，与高等教育相配套的现代大学制度建设却滞后于整体发展步伐，对大学教育制度内涵的认识不充分，已经成为制约我国高等教育发展的重要因素。

一、现代大学制度的内涵及基本特征

(一)现代大学制度的内涵

现阶段我国学术界对于大学制度的内涵并没有形成统一的判定标准，学术界和教育界大致分为五个方面：

1.时间区分法。现代大学制度的内涵最先提出并予以建立的是1810年德国教育学家洪堡创立的德国柏林大学，从这个时间节点称之前为“传统大学制度”。

2.功能规模区分法。进入知识推动经济发展的时代后，大学的功能也随之发生变化，服务于知识经济的大学制度称之为“现代大学制度”。

3.西方移植区分法。该法是指我国近代社会从西方大学移植的大学制度。

4.教育改革区分法。主要针对我国高等教育体制中存在的问题，认为现代大学制度应去行政化，大学在依法独立办学的基础上面向社会独立招生。

5.社会地位区分法。知识经济对大学提出了更为苛刻的要求，培养人才、教育和科研等方面的作用使大学逐步从社会边缘地带向社会中心地带演变。

综合上述观点，大学制度之所以称之为“现代”，不仅仅是与传统教育理念相区分，而且是先进性、适应性等特点的集合产物，是大学制度设计者思考重心和价值追求发生的根本性转变，以经济学注重效果、收益和限制逐步演变为多元化的、激励式的、以人为本的思维方式，重在解决当前大学制度与社会发展不协调等问题，意在提升高等教育的内在品质和文化传播价值。

（二）现代大学制度的基本特征

1.大学制度起源于西方发达国家，但是大学制度的安排与演变已经深受不同国家和文化传统的影响，形成多元化的制度，同时不同国家对于现代大学传播知识、推动社会发展的理念趋于统一，因此现代大学制度应遵循的是所在地域的社会特征和文化取向，才能实现普适性与多样性的紧密结合。

2.现代大学制度与现代文明之间是共生关系，既是现代文明发展的产物，又能推动现代文明的向前发展，都具有使未来发展不确定性趋于可确定状态的倾向，都是在不断变化以适应多样化社会需求，因此两者之间任何一方面的脱离都不利于长久的发展。

3.现代文明的社会复杂度较高，现代大学制度必定受到外部和内部因素的制约，因此适应现代社会关系尤为重要。

基于以上论述将现代大学制度基本特征主要概括为宏观和微观两个层面：(1)宏观特征，主要涉及的是四个关系与两个适应。四个关系主要是指大学与政府的关系、大学与社会的关系、大学与大学的关系和大学与制度的关系；两个适应是指能否适应现代大学发展的客观需要和是否适应当今社会发展、经济发展与文化建设等发展要求。(2)微观特征是指：大学自身层面的结构治理、学术与行政之间的界限和结合、人才自我认知、价值取向和目标追求的基本诉求。

二、学术自由是现代大学制度的核心价值

（一）以人为本是现代大学制度的逻辑起点

“以人为本”最早起源于管仲对齐桓公建立霸业的劝诫之言，这里的“人”泛指为“人民”，“本”多指人民实际的生活生产需要。现代科学对以人为本已经有了更为深刻的理解和认知，“人”更多的是现代社会的行为主体，“本”意指除基本物质需求外，还包括人的现实结构和规定性、人在其对象性关系和行为中的“为我”倾向、人的主动自为性和自律与他律等多个方面，是以人为主体的现代文明社会的重要价值体现。价值的表现形式通常以活动作为传播媒介，不仅包含主体对客体的理解、感知、选择和构造，同时涉及客体对于主体的反馈、认可和服从。从制度角度来看，制度本身指成文的法律和不成文的道德风俗对人行为和社会关系的约束，因此制度确立和实施是建立在以人为主体的基础之上。现代大学制度宏观意义上主体是人，客体是外部环境，同样遵循上述逻辑关系，因此

现代意义的“人”“本”是现代大学制度的逻辑起点。

(二)学术自由是以人为本理念的核心价值

以人为本是现代大学制度的逻辑起点,其本质上就是把人作为制度建设的价值核心。人由于本身的差异性和面临社会环境不同等内外部因素的影响,对于“本”的基本诉求同样存在差异,因此现代大学制度必须具备多元化的价值理念体系。在构建的现代大学制度中同样因为差异性的存在,相互之间的冲突必然存在,因此如何协调相互之间的关系将是整个制度的核心问题。

大学作为现代文明中用以传递知识、探索未知和人才培养的“学术型社会”,人在其中产生的作用远远大于单纯的知识,因此人才的培养才是大学发展与进步的最终推动力。在这种传播知识和研究探索的纯粹环境中的人,只有尽可能地排除外部的干扰因素,摒弃学术是换取金钱、权力和地位筹码的外部思想,才能使知识、思想、创造和探索充分自由地交流,实现思维方式内在的自由,其他的价值理念必须要遵循学术自由这一核心价值才能最大限度地解决“人”在追求“本”的过程中的冲突。

在柏林大学的大学制度中,已经把教学自由、思想自由和研究自由奉为圭臬,尽可能地保证教授学者在研究学术问题上的纯粹性。20 世纪美国大学教授协会在定义学术自由时,在有限的范围内进行了拓展,将社会评论纳入学术自由的范围内,同时将思想自由作为其唯一的限制条件。现阶段学术自由已经被广泛地认可和接纳,已经成为保证现代大学制度独立性的重要保障,对现代大学制度的建设具有重要的现实意义。

三、我国现代大学制度的内外在冲突

在对现代大学制度有了较为充分的理解后,如何结合社会发展的实际情况构建符合时代发展的大学,是我们必须面临的最实际、最迫切的需求。在此之前分析解决两种不同诉求碰撞后的冲突点,对寻求两者结合点、如何相互促进发展有着不可替代的作用。

(一)自由与责任的冲突

大学的长久发展离不开社会的鼎力支持,同时也应承担相应的责任,因此现实情况下学术自由也称之为“外部性学术自由”。美国著名的哲学家胡克认为,学术自由是指“在专业上够资格的人享有自由去探讨、发现、出版他们在各自专业领域内所看到的真理。这种自由不受任何限制,也不听任何权威指挥”。在特定环境中,责任是组织和制度为完成使命必须要遵守的行为准则,大学的最终追求与目标并不存在完全意义上的自由。随着知识时代的来临,大学正逐步从边缘地带成为社会发展的重要推动力，在一定程度上已经能够决定一个国家长久的兴衰。这就要求大学在接受社会给予的支持时，将推动当代文明的发展功能融入到高等教育的血液之中。现代大学制度的制定也必须要处理自由与职责之间的关系，调节自由与责任的冲突。

(二)自制与控制的冲突

自制与控制的冲突说明了高等教育的存在状态，运行机制与社会组织、政府机构等之间的关系和影响机理，也表明其在社会环境中所处的位置及独立的能力。自制是在学术自由与社会责任的基础上自定相应的规则，拒绝外部因素而独立处理自身事务的能力。中世纪后大学自制逐步被接受，但自制与控制的关系，如黑瑟·林顿指出的是“相对存在的，并非是绝对存在的”，综观大学制度的发展史，从来没有完全独立于国家控制之外的大学。现代政府对于大学此类的公共事务的控制都是客观存在的，因此现代大学制度中的自制仅仅是学术自由单方面的客观诉求，也是国家政治对高等教育的主观要求，是广大教育工作者的理想需求。综上所述，现代大学制度无论从时间、物质、诉求和目标等方面都无法脱离与政府之间的关系，尤其是在资源依赖政府的前提下，理想化的自制是不存在的，所以现代大学制度中存在的自制与控制的冲突，短时间内是无法脱离分化的。

(三)价值与社会的冲突

当我们对自由与责任、自制与控制有了一定的理解后，就知道大学和社会之间需保持相对独立且适度融合的关系。随着社会发展与转型，经济结构、社会结构和思维方式面临重大的转变，就个人而言，基本诉求和追求目标也会随着整个社会变迁的进程发生潜移默化的改变，是继续保持纯粹的学术自由还是参与到社会服务中来是必须面临的问题，也在一定程度上决定了现代大学制度所维护的价值取向。大学本身的价值取向与社会对于大学的期望之间尽管存在冲突，但其最终的目标都是推动社会整体的进步与发展，因此现代大学制度必须将两者有机结合，才能在独立与依赖中寻求统一，在冲突与矛盾中寻找共同点，在学术与行政之间建立平衡。

四、现代大学制度的构建与实现途径

(一)完善保护学术自由的外在制度

外部制度通常是指由一国政府制定的关于规范高等教育发展的相关法律法规，1980 年德国制定“法兰克福宪法”是近现代史上第一部规范学术自由的法律，现阶段各国已广泛认可并确立其地位。源于 1891 年出台的“卡斯巴赦令”将对大学的监管变为日常运营的重要组成部分,“政府代表人”是监督制度的主要实施者,具有对大学教师的任免权利,由此掀开了对学术自由的新篇章,同样也说明外部制度对于现代大学制度的建设的重要性。除根本性宪法外,西方还辅之配套的规范确保学术自由的贯彻与落实,如德国《高等教育总法》、日本的《教育基本法》和美国 1915 年“大学教授协会”发表的“原则宣言”等,这些法律都是在保障资源支持的同时确立学术自由,消除物质匮乏对学术研究的干扰。

我国现阶段对于学术自由的保障性工作已经取得一定的成绩,在宪法中将“社会主义科学文化建设事业方针”上升到法律层面,并且从宪法层面给予了充分的肯定。但是我国宪法中的条文仅仅是一种原则上的保障,缺乏具体的保障措施,并不能限制政府对大学的干预,对确保学术自由的措施力度仍有待加强。

(二)建立以学术自由为核心的内在制度

内在制度是指在经验与时间双重作用下,人类社会无意识形成的趋势,是潜在选择的结果,由此可以获悉内在制度的确立是以选择为基础,经验为方向,实践为改进的过程,并从小范围逐步向外扩大实行范围。由此归纳出四个方面用于建立以学术自由为核心的内在制度。

1.培养独立的学术意识。一方面是培养教授学者追求真理的超然品行,另一方面需要社会建立宽容和尊重学术的氛围。

2.规范学术道德问题。不仅要杜绝学术作假、抄袭等不正之风,还要要求学者严以自律。

3.发挥学术批评的导向作用。要求学者具有质疑的精神,而并非以批判作为目标,实现学术平等交流,在民主的氛围内实现畅所欲言,确保学术自由。

4.营造有利于学术自由的社会氛围。允许科研失败,面对未知时勇于开拓,将创新与探索的精神用于真正的学术研究。

参考文献

[1]张祖英、许积年:《对建立我国现代大学制度的探讨》,《清华大学学报(社会科学版)》2002 年第 4 期。

[2]张继明:《学术本位:现代大学制度的基本内涵》,《大学教育科学》2013 年第 137 期。

[3]黄永忠:《学术自由:现代大学制度的核心价值追求》,《现代教育科学》2014 年第 5 期。

[4]赵俊芳:《现代大学制度的内在冲突及路径选择》,《高等教育研究》2011 年第 9 期。

(作者单位:山东政法学院学生工作处)

对我国现代大学制度构建的现实思考

王永伟

一、现代大学制度的理论内涵

现代大学是相对于中世纪大学而言的称谓。“现代”不是按历史分期来划分的，主要是价值性或意义性的概念，即大学制度所依据及体现的大学理论、思想、观念的价值水平。与传统大学的不同主要体现在：现代大学有了充分的自治权，教师在学术上有了自由权；现代大学的知识性格由“信仰”转变为“理性”，科学研究成为大学的重要内容；现代大学的核心是明确了大学的功能：教学、科研为社会发展服务。

大学制度是处理大学与国家、社会以及大学内部关系的制度。大学制度起源于中世纪，在不同的历史时期，与不同的政治、社会相结合，衍生出了不同的发展模式。不同的国情、不同的时代、不同的学校，大学制度建设的重点是不同的。

现代大学制度包括两个基本方面：一是大学的外部制度安排，涉及大学与政府、大学与社会、大学与大学之间的关系，表现为大学的管理体制、投资体制和办学体制等；二是大学的内部治理结构，即一所大学内部的组织结构和运行机制，包括组织结构的分层、内部权利体系的构成等，反映大学的办学意志和学术特点。

对于现代大学制度建设的内涵，教育部部长袁贵仁认为：“现代大学制度的核心是在政府的宏观调控下，大学面向社会，依法自主办学，实行民主管理。”华中科技大学教育科学研究院院长张应强认为：“现代大学制度的本质意义在于：通过协调、规范大学组织的外部关系，以保证大学的文化地位，从而使大学更好地履行其文化传承及文化创造的职责。”同济大学章仁彪教授在谈到现代大学制度时指出：“一方面，建设有中国特色现代大学制度要正确处理好现代大学制度与大学文化、大学精神之间的关系；另一方面，在对西方大学制度进行引进时要充分考虑到时空的影响，正确处理好西方理论与本土化之间的关系。”

二、构建现代大学制度的现实内涵

《国家中长期教育改革和发展规划纲要(2010～2020年)》指出:“我国教育还不完全适应国家经济社会发展和人民群众接受良好教育的要求。教育观念相对落后,内容方法比较陈旧……学生适应社会和就业创业能力不强,创新型、实用型、复合型人才紧缺;教育体制机制不完善,学校办学活力不足……教育投入不足,教育优先发展的战略地位尚未得到完全落实。”笔者认为,高校在发展过程中面临的具体问题,要通过具体的措施进行解决,但是在解决这些具体问题的过程中,要不断地加强制度建设。我国构建的现代大学制度,相比现行大学制度,应该包容更多的“现代元素”,主要体现在如下几方面。

(一)现代大学制度应更多地体现“创新”

制度创新,理念必须先行。现代大学制度相比现行大学制度,其办学理念更先进、更高效。仔细审视我国高校内外部管理体制与机制,很容易发现,我国大学的人才培养、科学研究和社会服务方面的创新意识、创新能力和方式有待进步,创新不足已经成为大学发展的核心矛盾。我国现代大学制度的构建应该体现创新创业的要求,将创新意识和理念融入制度之中。在吸取世界各国高等教育新理念的基础上,结合我国大学实际再创造的成果。当然理念并不是制度,我们在强调教授治学等现代理念的同时,应通过制度的固化,将教授治学理念通过组织机构、原则、程序和技术定型变为规则和行为准则。通过鼓励制度创新,进一步推动发展体制机制的健全与完善。

(二)现代大学制度应更多地体现“包容”

现代大学制度作为大学的上层建筑,要更加全面深刻地反映现代大学的发展目标和新要求,要将大学更多的新的发展目标包含在内。现代大学制度更充分地体现大学的文化传承和创新功能,将促进文化传承和创新观念、行为和方式制度化,并为大学充分发挥文化传承和创新功能提供制度保障;现代大学制度应不仅涉及提高教育质量,还包括优化办学结构,提高专业建设和科技创新与我国经济社会发展的契合度,扩大改革开放等;现代大学制度能更全面地保障大学相关利益者的基本权益,尤其是确保教师和学生成为大学的真正主人;现代大学制度在系统科学、决策科学、管理科学和技术的基础上,能更充分利用现代信息技术,实现校内外全周期的信息化管理等。

(三)现代大学制度应更多地体现“自由”

现代大学制度将毫无疑问地赋予大学更多的办学自主权,促使大学更加开放、更加自信地面向社会自主办学。现代大学制度将赋予大学中的教师以更大的发展空间，他们可以更加自由地流动，更加方便地从事教学和科研活动，有更多的时间和精力从事科学的探究工作。努力减少管理层级，推行管理扁平化，克服官本位，发挥自主管理，加快教授治学的步伐，实现更高层次上的公平和民主。现代大学制度应赋予学生更大的自由的全面发展空间，他们可以更多地依据自身发展的实际需要，更加自主地利用大学的教育资源和文化资源，更好地促进自身的全面发展。

三、完善和改革现代大学制度的路径

建设有中国特色的现代大学制度是建设高等教育强国的根本途径。高等教育改革与发展、高等教育质量的提高与现代大学制度建设紧密地联系在一起，因此加快推进我国现代大学制度建设对于建设高等教育强国、加快推进教育治理体系和治理能力现代化具有重要的意义与作用。

(一)现代大学制度外部完善和改革

1.正确处理大学与政府的关系。在外部管理体制建设上，大学要坚持依法自我管理，积极推进政府管理职能转变，妥善理顺大学与政府的关系。实现大学依法自治，首先要求政府转变教育管理职能，明确政府与大学之间的职责权限，下放办学自主权。《纲要》强调要“推进政校分开、管办分离”，“落实和扩大高校办学自主权”，“完善中国特色现代大学制度”，并提出要“统筹有力、权责明确的教育管理体制”，“加强省级政府教育统筹”，“转变政府教育管理职能”。这些举措为进一步理顺大学与政府的关系指明了原则和方向。其次要加强法制建设，通过完善相应法规和章程进一步明确政府与大学之间的职责权限，培育大学的法理精神和公共关怀意识，从制度上保障大学自主权。

2.正确处理大学与社会的关系。大学的发展离不开政府和社会的支持和资助。这要求大学一方面要与社会和政府保持一定距离，超越社会上的功利主义和社会主义，保持一方求知育人的净土，成为社会主流文化及道德的建设力量和榜样；另一方面，随着社会经济的发展，大学与社会的关系日益密切，大学发展需要从社会获取更多办学资源，也要求大学要不断深化服务社会的功能，在进行人才培养和科学研究时要充分考虑市场需求，将社会元素吸纳到人才培养和管理决策过程中，为社会经济发展提供智力支持和技术服务，使大学发展与服务社会有机统一起来。新型的大学制度应将大学自主与政府管理和社会调节适度结合起来，在大学与政府和社会之间建立一种良性循环机制。只有如此，大学才能释放出巨大潜能，焕发出办学活力。

3.正确处理大学与大学之间的关系。各大学在办学宗旨、教育方针、工作的出发点和落脚点上是一致的，有着互相合作的经济基础、政治基础和文化基础。因此，在加强大学与地方教育、科研机构和企业合作的同时，加强大学间的合作是提高国家教育综合实力、建设教育强国的重要途径。但是各大学作为不同的办学者，又有着自身的特殊利益，首先，在市场经济的条件下，社会对大学的需求越来越多样化，多样化的要求，加强了大学与大学间的分化与分工，也必然加强大学间的联系与协作。在一种合理的结构中，不同价值的大学和学院不见得一定对立，不同价值可以获得结构性的统一，使其相互促进，即所谓和而不同。如何使大学在各不相同的领域里平等地得到发展空间，如何使各类大学在自身领域里都“有利可图”，如何使大学能按照自身的特点平衡发展，这是现代大学制度必须努力解决的问题。其次，现代大学制度是建立在市场基础上的，竞争是市场的第一法则，进入市场的大学，如何在既有利于自身的健康持续发展，又有利于大学间相互依存的要求中发展，迫切需要相应制度的规范。

（二）现代大学制度内部完善和改革

现代大学制度的构建除了应理顺大学与政府、大学与社会、大学与大学的外部关系外，还应重点关注大学自身内部治理的健全与完善。从现代大学内部治理和完善的角度，应处理好以下几对关系：

1. 自主办学与依法治校的关系。自主办学与依法治校在本质上是统一的。自主办学和依法治校都是为了更好地适应高等教育改革发展的需要，提高高校活力和竞争力。依法治校为自主办学保驾护航。自主办学必须在法律的框架内才能做到规范有序。袁贵仁部长在2014年全国教育工作会议上的讲话就指出：“要把依法治校的能力和成效作为评价学校领导管理水平、治校水平的重要内容，切实推动学校管理观念的转变。”

2. 党委领导与校长负责的关系。袁部长指出，对公办普通高校，党委领导下的校长负责制是根本制度，要进一步健全和落实党委常委会、校长办公会议事范围和规则。党委享有“决策权”，负有重大问题和事项的决策责任和学校全局工作的领导责任。校长享有“实施权”，对党委的决议负有实施责任，对党委领导负有行政落实责任。要把党委领导和行政负责有机结合起来，建立和完善现代大学管理制度。

3. 管理部门与二级院系的关系。学校的职能管理部门是在学校党政领导下，承担着学校政策制定、组织、协调、控制计划实施等重要职能，保证着学校工作的有序进行。院（系）是大学按学科、专业性质所设置的具有教学、科研、社会服务三项基本功能的基层组织。实现学校发展的最主要依托在于院（系）。院系的教学质量、学科建设、科研力量等直接反映了一所大学的整体办学水平。

校机关管理部门要注重实现管理职能的转变，对于自身管理职权应当进行调整，简政放权，提高管理效益。进行适度的分权，使得学院拥有自主教学、自主管理和院内资源适当配置等权力，实现学校管理的重点下移与权力导向的下移。在管理和服务中，必须树立院系为主的理念，想问题、出决策向院系一线倾斜，注重听取院系师生的意见。

4.行政权力与学术权力的关系。学术权力是由专家学者拥有的影响他人或组织行为的一种权力形式，其权力的来源是科学真理和专业知识，主体是教学科研人员，主要是代表高校最高学术水平的教授及由他们构成的学术团体。从学校的宗旨来看，在高校组织的权利系统中，学术权力应居于核心地位。行政权力应服从和服务于学术权力，为学术提供服务和保障。两种权力在高校中都具有重要的作用，缺一不可。既要让行政权力服务于学术权力，又要在行政上保证学术权威的充分行使。

5.校长治校与教授治学的关系。注意发挥教师特别是教授在办学中的重要地位，依照法律法规，明晰学术委员会、学位委员会、学部委员会、教授委员会等学术组织的职能和权利。注意防止以管理人员的决定来代替学术机构的决议。明确规定大学的所有学术业务问题都必须由学术机构通过充分论证作出决定。管理人员应坚持服务理念，落实好各学术机构的决议，这是克服大学行政化的重要制度保证。

构建制度是为了让制度更有效地发挥作用，从而为管理服务。中国大学制度的构建，在实践中应根据大学自身的特点，通过制度满足管理和发展的需要，实现外在大学制度内生化。唯有此，中国现代大学建设才有意义，实现高等教育强国梦亦将指日可待。

参考文献

[1]邬大光:《现代大学制度的根基》,《现代大学教育》2001 年第 1 期。

[2]赵俊芳:《现代大学制度的内在冲突及路径选择》,《高等教育研究》2011 年第 9 期。

[3]唐世纲:《现代大学制度建设的整合逻辑》,《江苏高教》2014 年第 1 期。

（作者单位：山东政法学院纪检监察与审计办公室）

现代大学制度理念、内涵及制度建设研究

潘士卫

一、关于现代大学制度概念

在我国现代大学制度研究中，对现代大学制度概念界定并不一致，存在多种研究视角，有着多种不同看法，也有的研究者并没有严格界定所使用的概念。

在教育理论界，吴松曾指出："具有中国特色的现代大学制度，应该是指在社会主义初级阶段条件下，与市场经济体制和高等教育发展的要求相适应的大学外部关系、内部组织结构及大学组成人员行为规范所构成的体系。其基本特征是：政府宏观调控、大学自主办学、校长依法治校、民主管理学术、社会评估监督；举办者、办学者、管理者、教育者、学习者职、责、权、利分明。同时，现代大学制度应该是规范性与自主性相统一、统一性与多样性相结合的制度。"①

宋旭红则提出："现代大学制度具体指现代大学与现代大学制度，现代社会与现代大学制度，现行大学制度与现代大学制度，制度与现代大学制度等。"②现代大学制度是"以有效地把握大学的学术自由、大学自治和社会各方面关系为核心，遵循和体现学术自治、学术自由和学术责任等基本原则，涵盖大学与政府、大学与社会、大学与大学之间关系规则，体现大学精神特质，大学自身活动的行为规则，以及大学作为独立法人实体，自我发展、自我约束的基本运行机制等内容"③。

还有学者如潘一山和王秀丽则提出："所谓现代大学制度，就是在政府的宏观调控下，面向社会依法自主办学，民主管理，明确大学举办者、管理者和办学者之间的关系和义务，全面把握和落实大学作为法人实体和办学主体所应具有的权力和责任的一种管理制度。大学制度可以从宏观和微观两个层面来界定：宏

---

① 吴松：《我们离现代大学制度有多远？》，《中国大学教学》2005 年第 1 期。

② 宋旭红：《"现代大学制度"概念综述》，《江苏高教》2005 年第 3 期。

③ 宋旭红：《我国现代大学制度建构的三个层次》，《辽宁教育研究》2004 年第 10 期。

观的大学制度是指一个国家或地区的高等教育系统，包括大学的管理体制、投资体制和办学体制等；微观的大学制度是指一所大学内部的组织结构和运行机制，包括组织结构的分层、内部权力体系的构成等。”①

由以上可看出，学者对现代大学制度的研究和探讨都是基于一定的理论基础，分别从不同的角度来阐述提出自己的观点。到目前为止，学术界就究竟什么是现代大学制度这个问题还处于争论之中。

二、关于现代大学制度理念

理念，作为文化的一种应用和浓缩，其和制度的关系亦进入研究者的研究视野之中。理念和制度，二者的关系可以用这一表述得以呈现，即前者为后者提供先导，后者为前者提供保障。②

吴松认为：“现代大学制度的理念，实际上是一个在政治、经济、文化等社会各种背景下的本真的人文价值关怀的理念。这一理念的核心，就是突破来自行政的、社会的、文化的、传统习惯的种种障碍，最终达到单纯地、无条件地追求真理的目标。”③

李少华认为：“只有先进的教育理念才能催生先进的教育制度。先进的大学教育理念是指大学的针对性、质量观、国际化和以人为本。先进的大学制度体现在自主自治、开放性、服务性和质量评鉴。教育理念是教育活动的先导。有什么样的教育理念，就会有什么样的教育活动。从现代大学发展的历史来看，最经典的大学理念是德国洪堡倡导的学术自由、学术自治、教授治校和教学与科研统一。”④

从某种意义而言，高等教育发展的历史，既是大学理念的演进史，也是大学教育制度的变革史。建立具有先进性的大学制度，就是要以制度的形式去维护和体现先进的大学理念，从而影响和导引大学发展的变革与实践。⑤

三、关于现代大学制度内涵

对于现代大学制度内涵的认识一直是一个思想交锋的区域。现代大学制度

① 潘一山、王秀丽：《关于现代大学制度的思考》，《辽宁教育研究》2006 年第 10 期。

② 参见刘楠：《21 世纪初我国现代大学制度研究：进展与趋势》，《大学（学术版）》2011 年第 1 期。

③ 吴松：《我们离现代大学制度有多远？》，《中国大学教学》2005 年第 1 期。

④ 李少华：《大学理念与现代大学制度》，《北京大学教育评论》2006 年第 3 期。

⑤ 参见黄方、蒋来：《现代大学制度研究综述》，《复旦教育》2002 年第 4 期。

涉及内容的丰富性和复杂性，使得学者对其进行较为科学、合理的界定存在很大难度。

王祚桥认为，根据我国高等教育的特点，中国特色的现代大学制度应该包括六方面主要内容，也就是六大要素，即“党委领导、校长负责、教授治学、民主管理、自主办学、学生参与”，并同时处理好五大关系，即高校党委与行政、高校行政权力与学术权力、高校内部管理与教职工民主参与、高校与政府、高校与学生等关系。[①]

王长乐认为，从概念标准的角度出发，现代大学制度因其概念的标准不同而存在着两类不同的观点：一类主张者以教育学者为主，认为相对于我国目前的大学制度而言，现代大学制度应该是一种新型的大学制度。其理论的基本立足点为具有普世特征的“世界大学通例”，其制度模型为发源于西方国家的、以“3A”原则（学术独立、学术自由、学术中立）为基础的、以“学术自由、教授治校、大学自治”为特征的西方大学制度。另一类则认为，该概念的精神主旨是无须讨论的，因为我国现实的大学制度已经是现代大学制度。[②]

别敦荣认为，从规则的角度出发，现代大学制度是在社会发展逐步依赖知识生产的历史进程中，借以促进大学高度社会化并维护大学组织健康发展的结构功能规则体系。现代大学制度无论在时空背景上还是在制度本身的内涵上，都与19世纪德国大学制度有一些不同之处。五四运动前后，以蔡元培先生为代表的一批大学校长担负起了创建我国现代大学制度的使命。他们历尽艰辛，终于不辱使命，使我国大学完成了从封建的大学制度向现代大学制度的转型，解决了我国大学一贯被作为政府附属机构的地位问题，大学获得了相对独立的办学自主权，大学的学术呈现出前所未有的繁荣景象。从发展的角度出发，我们今天所要建立的现代大学制度，既不是19世纪的德国大学制度，也不是20世纪的美国大学制度，更不是我国20世纪二三十年代的大学制度，而是针对我国大学所承担的现实使命，在解决数十年来大学制度存在积弊的基础上建立起来的大学制度。[③]

上述观点说明，对于现代大学制度的内涵认识是一个不断发展的过程。现代大学制度内涵凸显未完成性，即它所涉及的内容很多，既有理论层面的知识，亦有实践层面的知识，从而导致了含义界定上的困难。由于其自身的特性，从某种程度上讲，现代大学制度尚是一个正在探索和实践的问题。

---

① 参见王祚桥：《浅议中国特色的现代大学制度》，2012年10月31日《光明日报》。

② 参见王长乐：《现代大学制度建设：现在进行时抑或还只是梦想》，《清华大学教育研究》2008年第2期。

③ 参见别敦荣：《我国现代大学制度探析》，《江苏高教》2004年第3期。

四、关于我国现代大学制度建设

建立和完善我国现代大学制度必须采用“问题导向型”策略，以是否有利于发挥高等学校的三大职能——人才培养、科学研究和社会服务为准绳来识别我国大学中所存有的制度性问题，并相应地提出建立我国现代大学制度的对策。陈静指出，我国大学存在的制度性问题表现为五个方面，具体为：第一，政府的职责落实不到位，职能转变不够；第二，中介组织和中介机构不完善，机制不健全；第三，高等教育法律、法规滞后，法制程序不完善；第四，高校的章程建设较为落后；第五，教师和学生的权力没有完全落实。[①] 针对现代大学制度目前存在的问题，研究者纷纷提出自己的建议。

陈静认为，可以从以下五个方面加强现代大学制度建设。[②]

第一，进一步转变政府的职能和管理方式，切实落实大学的办学自主权问题。面向社会自主办学，是现代大学制度要解决的问题之一，其关键是建立大学主动适应经济和社会发展需要的有效机制。首先大学必须转变观念，牢固树立自主办学的意识，摆脱完全依赖政府供给的“等、靠、要”的惰性意识，而应该在政府的宏观调控下，根据《高等教育法》所赋予的办学自主权利，主动面向社会、面向市场，建立和健全自我约束的运行机制。充分享有自主调节系、科招生比例；自主制订教学计划、选编教材、组织实施教学活动；自主开展科学研究、技术开发和社会服务等。

第二，提倡社会参与和监督，完善中介组织和机构，在大学与政府中间发挥协调作用。我国的非政府组织的中介评估机构还处于刚刚起步的阶段，因此更应该积极发展受政府资助的半官方中介机构，保证其运作的独立性、权威性和公正性，使其评估的结果成为政府拨款的重要依据。尽快成立全国性的教育评估院，适时成立国家高等教育拨款委员会，逐步构建我国大学的基金拨款制度。积极培育依托于学术组织的中介评估机构，主要从事学科水平等单项评估，为重点学科遴选、重点研究基地建设等提供决策依据。支持非官方也非教育界的中介评估机构，积极提供信息资料，发挥其社会监督作用。

第三，尽快完善高等教育的法律和法规，健全我国的高等教育法制体系。我国高等教育的法制和法规不健全，而大学的自我维权意识日益加强，建议国家尽

① 参见陈静：《建立我国现代大学制度研究》，华中科技大学硕士学位论文，2008 年。

② 参见陈静：《建立我国现代大学制度研究》，华中科技大学硕士学位论文，2008 年。

快将“高等教育法”的修订列入议事日程，并且对相关的配套法律和法规也要加以完善，尤其要明确党政分工，切实对其中不适应高等教育发展的外部环境和内部动力变化的条款和内容进行全面修改和补充完善，强化程序立法，提高其严密性和可操作性。同时也要加快制定与“高等教育法”相配套的法律和法规，包括“学位法”“大学法”“大学章程的制定法”等；及时组织制定有关法律的实施细则，修改或废除过时的法律和法规。

第四，注重加强大学章程建设，切实明确大学内部的规章制度，明晰大学教师和学生的权利。明确大学章程在大学依法自主办学中的法律地位，明确大学章程的制定主体和内容要求，明确大学章程的制定程序和完成期限。大学依据有关法律法规以及教育行政部门的实施细则，结合学校的校情组织制定反映大学个性特征、体现全体教职员工和学生共同意志的大学章程，切实明确提出适合本校的大学内部规章制度并严格照章管理，以确保大学自身的稳定运行。

第五，坚持正当的程序原则，实施民主管理，完善决策机制，注重加强教师和学生参与决策。教师与学生的权力问题是关系大学稳定发展的因素，在大学内部，如果教师和学生群体的利益不能得以保证，那这个大学就很难得到发展。尤其是除了国家规定的法律和法规外，在体现大学内部具体的规则体系的大学章程中要注重明确规定教师和学生具体参与决策的权利，在制定章程的过程中要充分根据本校的实际情况通过正当的程序来坚持让教师和学生积极地参与章程的制定。学校要尽可能地提供多种途径和方式让教师和学生参与到学校的管理活动中去，积极听取师生的意见和建议，切实推进教师和学生民主参与学校的管理进程。另外，学校要积极具体地落实《高等教育法》中规定的学生权利，使“以人为本”的思想在加强对学生的教育和管理方面得到应有的体现。

吴松认为，创新制度，弥合差距，追赶现代大学制度，我们可以从理顺关系、转变机制、遵循“四 A”原则做起。[①]

第一，理顺政府、大学与社会之间的关系。政府、社会与大学的关系是高等教育哲学研究的基本问题。三者之间的矛盾是永恒的，因为大学为发展学术而要求自主，社会则需要大学具有更多的适应性和实用性，而政府则更关心大学为国家服务的效能。然而，尽管存在矛盾，大学还是不可能离开政府的支持而独立存在，政府也要用自己的权利和财政能力影响大学。政府、大学和社会这三方的合作伙伴关系与生俱来，现代大学制度的载体也不外是由知识使用的自由和权力，资金、设备、设施之类的基本条件以及办学的合法性、自主性等各种资源所共

① 参见吴松：《我们离现代大学制度有多远？》，《中国大学教学》2005 年第 1 期。

同构成的。因此，当前有必要通过政府宏观调控规范大学的发展，同时导入经营理念，引进灵活而高效的机制，激发大学的发展活力，使高校自主办学与政府宏观调控、市场调节统一起来。

第二，转变大学内部运行机制。追赶现代大学制度，必须积极转变大学内部的运行机制。在政府的宏观管理下，大学需要不断反省自身的权利与义务，需要面向社会，依法自主办学、自主管理、自我发展、自我约束。大学应该逐步由“行政型管理”改为“学术型管理”，建立“教授治校”“学者治学”的管理规则体系，建立以学术带头人为中心的教学和科研组织网络。

第三，遵循“四A”原则。首先是“学术自治”(Academic Autonomy)，就是指大学对自己的内部事务尤其是学术事务有最终决定权；其次是“学术自由”(Academic Freedom)，包括教授有权自由探索知识，自主执教并在法律许可的范围内以个人名义发表论著和演说的权力等；再次是“学术中立”(Academic Neutrality)，即在校外公众的争论中，教授、学者有权保持中立；最后是“学术责任”(Accountability)，即大学及其教职员工都要真正做到向纳税人和公众负责，高质量、高水平地履行高等教育的特殊职能，有效地使用社会提供的资源并依法运作。这四条原则充分体现了现代大学制度的理念，其核心是尊重人的自由，尊重人的个性，充分发挥大学组织内所有人员的最大潜力及创造力。

总之，一个缺少独立性和自我价值判断的大学不算是现代意义上的大学；而一个不能适应社会进步、面向社会自主发展的大学也不能算是现代意义上的大学。不能自主的大学，就不可能自立。而不能自立的大学，亦不可能自强，最终也不可能为人类社会的进步负起它特有的责任，更谈不上在竞争日趋激烈、发展日益迅速的现代高等教育体系中比肩于群雄。

参考文献

[1]唐世纲:《论现代大学制度的基本特征》,《重庆高教研究》2015年第1期。

[2]张锟:《三元动态制衡:现代大学制度的逻辑归属》,《河南大学学报(社会科学版)》2014年第6期。

[3]林杰、刘国瑞:《战略管理能力:大学扩大与履行办学自主权的基础——兼论大学战略管理能力的提升路径》,《现代教育管理》2014年第9期。

[4]叶本刚:《现代大学制度的民主精神及其实现》,《现代教育管理》2013年第10期。

[5]吴康宁:《中国现代大学制度建设的三个前提性条件》,《探索与争鸣》

2013 年第 8 期。

[6]陈伟:《现代大学制度建设方式的中国特色》,《高等教育研究》2013 年第 4 期。

[7]陈霜叶:《中国大学的学术逻辑与行政逻辑的互动类型》,《高校教育管理》2013 年第 2 期。

[8]蒋华林:《“去行政化”就能建成现代大学制度?》,《高教探索》2012 年第 6 期。

(作者单位:山东政法学院民商法学院)

从大学精神角度思考我国“现代大学制度”面临的问题与对策

马　娟

一、现代大学制度的建立背景

近来“现代大学制度”一词在党和国家各种重要政策、文件中频频出现，在学者论文中也是论述的热点问题，《国家中长期教育改革和发展规划纲要(2010～2020年)》(以下简称《教育规划纲要》)首次提出了要建设现代大学制度。

1917年，北大校长蔡元培先生在国立高等学校校务讨论会上，提出了大学改制议案，自此，大学介入当代社会变革，北京大学也很快成为了新文化运动的中心，这一大学改制议案的提出，兼及“高深学问”与“社会责任”的期许，也成为日后大学精神的重要部分。

1950年，教育部颁布的《高等学校暂行规程》规定：“大学及专门学校采取校(院)长负责制。”1961年，《教育部直属高等学校暂行工作条例》规定：“党委领导下的校务委员会负责制。”1989年，时任国家教委主任李铁映在《求实》杂志发表《高等教育必须坚持社会主义方向》的文章中指出，我国高校逐步从校长负责制走向党委领导下的校长负责制。这一制度也通过实践得到证明，党委领导下的校长负责制十分适合我国高校的实际情况和需要。

1998年，第九届全国人民代表大会常务委员会第四次会议通过的《中华人民共和国高等教育法》中第三十九条规定：“国家举办的高等学校实行中国共产党高等学校基层委员会领导下的校长负责制。”新中国成立以来，我国高校的领导体制几经变化后，最终通过立法确立为学校党委领导下的校长负责制。

高校领导体制确立后，开启了我国现代大学制度建设的新阶段。在《中国高教研究》第2期中，丛长福先生在《现代大学制度的办学原则和管理模式》文章中呼吁：“建设有中国特色的现代大学制度是十分重要的、迫在眉睫、利在当代、收益千秋的大事。”

改革开放以来，我国政府对经济体制进行了改革，而全面建成小康社会需要大批合格人才，学为政本，大学作为人才的思想库和培养中心，起到了至关重要的作用。改变世界的科学实验，在大学中悄然问世；改造社会的蓝图方案，在大学里潜心设计。由此，学术风气与社会思潮相互碰撞，影响极为深远。今天的现代大学制度建设，既有大学精神的发展，也源于紧迫的公众期待和巨大的社会需求。高校教育改革到底如何改，在 21 世纪初的当今中国提出的"现代大学制度"到底是什么样的制度，建设方向是什么，是不是完善的制度就一定会带来正面价值，种种问题成为我国高等教育理论界的热点。

二、现代大学制度的概念

对于"现代大学制度"，国内学者有着不同的见解，"现代大学制度"的概念也充满了争议和复杂性，学者们的研究方向不同，得出的结论也不同，总结起来主要有以下观点：

1. 现代大学的制度，是指反映我国现代大学本质与特点，规划现代大学运营的制度，也就是与现代大学相适应的制度，这种制度的具体特点为"大学自治"和"教授治校"。从全球来看，一般大学内学术事务都是由教授教师协商决定的，所以一所学校要想发展得更好，教授教师需拥有自主规划学术管理的权力，从实际出发，保证学术教育的顺利进行。

2. 现代的大学制度，是指与现代社会相适应的大学制度，这种制度是根据时代的特色，以促进大学高度社会化并维护大学组织健康发展而建立起来的一种结构功能规则体系。具体特点表现为"适应社会"和"大学自治"。其主要观点为大学是社会中的一部分，大学具有将知识转化为生产力的功能。

个人认为，"现代大学制度"是适应我国市场经济体制与我国高等教育发展的大学制度体系。在具体方面为对大学实行法治、民主、科学的管理，基本特征可概括为"大学自治，学术自由，校长治校，教授治学"。

三、"现代大学精神"的状况

古语有云："大学之道，在明明德，在亲民，在止于至善。"在《21 世纪的大学》一书中，美国密西根大学原校长詹姆斯·杜德斯达写道："大学作为我们文明中的一个社会机构保持了其辉煌而持久的地位。在一千多年中，大学不仅仅是知识的坚守人与传承者，曾经改变了它所在的社会，甚至成为变革中的巨大力量。"遗憾的是，现在来看总有一股浮躁之气笼罩在大学的上空，社会中有人说笑话，"当今大学，容不下一张安静的书桌"。深入研究后，个人认为，现代大学精神不似原先那样纯粹，是由各种原因综合造成的，有政府的原因，有社会的原因，有大学自身的原因，也有当今大学的受教者——大学生的原因。

（一）当今政府十分青睐大学，大学常被用作政府的“智库”

不可否认，大学具有服务社会的功能，要尽快把科研成果转化为生产力，同样大学也需要担负起文化辐射的功能。但教育行政机关的期待无疑给大学带来了巨大压力，各种考核、评奖、争项目对于从事学术研究非常不利。目前，我国大学都在进步，可欲速则不达，与原先大学精神相比，现代大学精神中多了一丝“匆忙”。因此，树立大学精神是一所大学传承、发展的重中之重，如果要快速完成这么多社会职责，并且明显看出成果，实在让大学很难“静”下来。

（二）社会中少部分人简单地把大学当作职业培养所

上大学就是为了谋求可靠的职业，上好大学也是为就业增加竞争资本，就学生、家庭而言，这样的职业生涯规划是很现实的。但是，当一所大学和职业功利挂钩，那社会对大学的要求、期望就扭曲了。“以人为本”，大学的根本任务是为了培养“人”，而当今社会要求大学的专业设置紧密和职场挂钩，也是浮躁的社会要求的反映。

（三）就大学自身而言，也有谋求快速发展的急躁症

迫于政府和社会资源的压力，也为适应于激烈竞争的大环境，许多大学不断的“扩地”“扩招”，为了提升综合排名，被各种评价指标搞得无法持续健康发展。当一所大学都患上了“急躁症”，这种大学精神也会侵入到大学的制度，从争着兴办新学科、新专业到教学科研、人才培养、职称评定，每个领域无不表现出这种急躁。从经验来看，大学的教学、科研以及一所大学的发展，都是有规律可循的。一门成熟的精品课程，需要一二十年的总结、锤炼，短时间内无法达到经典，而一项原创性的科研成果，更需要“十年磨一剑”的不懈努力，舍弃了脚踏实地的奋斗过程，大学质量的提高只能是一句空话。

（四）大学是文化思想的净土，应坚持对大学生“德”“智”的全面培养

为国家培育现代大学生的主流是好的，大学生热爱祖国，对党和政府正确的方针政策高度认同，对社会有着强烈的责任意识，总体来看，不论是眼界、理念，还是思想，他们相较于原来的大学生更加成熟、更加理性。美中不足的是，由于社会中存在一些非正能量的东西，导致人文道德的缺失越来越严重，使现代大学生比原来多沾染了一些社会中的消极因素。学生首先需要“成人”，具备健全的人格和心理，然后才谈得上成才。几年前，在社会上有很多声音呼吁反思“马加爵案”，以育人为己任的大学更应当反思。大学生是一所大学的传承，是未来和希望。大学有义务用大学精神对大学生熏陶，用完善的现代大学制度对他们指导、约束，帮助他们树立踏实求进、持之以恒、追求真理的信仰。

四、从大学精神角度思考我国现代大学制度所面临的问题与对策

建设现代大学制度，通过管理制度的创新来增强我国现代大学的自主创新能力，进而增强大学的综合实力，这是当前我国大学发展所面临的重大课题。改革开放至今，为适应我国市场经济体制与我国高等教育的发展，迫切需要建立适应当下大学管理、育人、传承大学精神的新制度，这要求对原先的理念进行一次脱胎换骨的改变，可以说，这样的制度建设不是一蹴而就的，而是长期的、艰巨工程，主要面临的问题和分步解决的对策如下：

（一）我国高校领导体制问题

国内许多学者认为，《中华人民共和国高等教育法》颁布至今，实行党委领导下的校长负责制主要是实践问题，现在来看，不仅在实践方面需要进一步完善，在精神层面也需要更加深入地理解。

我国高校实行党委领导下的校长负责制，这是中国特色的现代大学的领导制度，其目的简单来说是确立党对高校的领导。从法理角度来说，这一制度是与宪法相统一的。我国宪法规定，中国共产党是中国特色社会主义事业的领导核心，党对高校的领导必须深入贯彻落实。大学是个特殊的学术机构，它负担着为未来社会培养人才的职责，也担负着为经济发展和社会进步提供创新驱动力的任务。更重要的是，大学精神的熏陶会改变大学生的思想，所以大学存在着办学方向的问题。每一所大学都有校长，办学方向不能只依靠一两个人的决定，必须依靠党组织的领导。在当下中国，高校大部分为公立大学，所以办学方向必须体现国家意志。我国教育部的教育方针是："坚持教育为社会主义现代化建设服务，为人民服务，与生产劳动和社会实践相结合，培养德智体美全面发展的社会主义建设者和接班人。"

坚持并且完善党委领导下的校长负责制，可以分为以下几步：

首先，要把握育人方向。育人是大学最主要的任务，也是大学党组织任务的重中之重，当今我国大学能不能培养出担当起实现中华民族伟大复兴的重任、坚定不移走中国特色社会主义道路、具备领导素质和建设素质的大学生，全在我们如何培养。把以人为本放到高校办学第一位，是要教师们投入更多精力，以正确的价值观、良好的师德师风影响学生。

其次，适应改革开放的步伐。"教授治学"和"教授治校"是近来最具争议的问题，西方大学的大学精神为"教授治校"，而我国传统方向更倾向于"教授治学"。大学是以知识为中心的高等学术机构，专家教授是传授学术的主体，他们

对学术事务运行情况了如指掌，也最明白学术和学科的发展规律，因此，在学术方面理应由教授主治，学术评判、讨论理应由教授的共同意见来决定，学术事务也应由教师共同协商确定，如此来看，“教授治学”则有理有凭。

一所大学的管理是十分复杂，且需要巨大精力的事情，学术领域顶尖的教授不见得就深谙管理之道，让在学术领域顶尖的教授花费巨大精力介入行政管理事务并非是合理的。大学运营是一个庞大的工作，需要处理好各方面的利益，而能担负起协调好各方面任务的，只有学校党组织。所以不能脱离党的领导而空谈“教授治校”。

最后，把握树立大学精神的主导权。大学是社会思潮传播的主体，也是自古以来的兵家必争之地，历来处于社会动荡的最前沿，社会思想在校内对师生都会有影响，各种社会团体和政治组织常常利用大学扩大影响力。要把握树立大学精神的主导权，就必须要意识到高校党委维护的大学精神领域是最大的国家安全，大学精神的竞争领域涉及全世界，往往是学术性和政治性互相交叉，情形比较复杂，从历史经验看，坚持并且完善党委领导下的校长负责制是树立正能量大学精神的重要保障，党委领导下的校长负责制，是经过实践和探索的历史选择。

（二）大学章程制定问题

大学章程是大学的宪法性规定，是政府、社会和大学三者中的润滑剂，它具有限制大学权力、规范大学运营体系、指导大学树立踏实求进、持之以恒、追求真理的精神的重要功能，在国际上，大学章程源始于中世纪时期的大学特许状，经过数个世纪的演变，大学章程已成为西方大学行事的重要法则。尽管大学章程在西方备受尊崇，我国《高等教育法》中也明确规定设立大学须有大学章程，但迄今为止，我国许多高校尚无大学章程。

2010 年的《国家中长期教育改革和发展规划纲要（2010～2020 年）》再次明确提出，要完善现代大学制度，加强章程建设，各类高校应依法制定章程，依照章程规定管理学校。《国家教育事业发展第十二个五年规划》也提到，2015 年高等学校要完成“一校一章程”的目标，根据文件的要求，教育部一方面制定了《高等学校章程制定暂行办法》，另一方面又积极推进“推动建立健全大学章程，完善高等学校内部治理结构”改革试点工作。

在具体制定过程中要注意大学章程要与学校发展进程相适应，与改革措施相匹配，一部好的大学章程绝不是几个人一起拍拍脑袋编写出来的，而是实践发展到一定阶段后对大学办学过程中成功经验、失败教训的总结，对高校来说，大学章程的制定一定要做到慎重，要经过调研、立项、试点、起草、修改、论证、发布试行、修订、再发布等环节，每个环节都要从教学第一线的实际情况出发，从细处着手，而且制定过程中一定不要把本部门、本单位的利益牵涉进去。

不仅如此，章程是用来应用的，一项好的制度应该是“于法周延，于事简便”。条文不在乎数量，但一定要简明扼要、切实可行，只有这样制定出来的章程才能行得通、管得住、用得好。

（三）正确处理好我国政府与高校的关系

现代大学制度的基本特征可概括为“大学自治、学术自由、校长治校、教授治学”，大学自治是主要问题，新文件赋予大学更多的自主权，新的改革值得期盼，但如果将多年累积的弊病希望通过几项重大举措就能立即化解，也不太现实。换句话说，我国大学自治问题的瓶颈在政府与高校的关系如何处理，这些困境大致有三方面：平等基石还不坚固、管理模式的行政化、问责制度的虚化。

1. 新中国成立以来，我国政府虽然逐步调整了与高校的关系，高校也逐渐从政府的管辖中分离出来，然而受计划经济体制的长期影响，政府与高校的地位很难做到真正的平等。所以现代大学制度建设的关键之一，是让每所大学成为拥有相当自主权和活力的办学主体，将学术交给高校，作为一个办学主体，学术管理权力是首要权力，拥有了学术管理权力，高校可以根据学生的实际情况办学和进行科研。

2. “合法性危机”首先由德国哲学家哈贝马斯提出，高校为了获得合法性，往往会在管理模式上模仿政府部门的做法，按照韦伯提出的科层化来进行管理。高效管理行政化是指不顾育人规律和学术规范，依靠行政模式管理大学，给“大学”盖上了“行政化”的面纱。这种等级划分主要是因为建国后不久，我国政府开始建设重点大学，当时由于国家财力紧张，先发展了一批大学，改革开放后，便沿袭了这种制度，前后设立了“985 工程”“211 工程”高校，这种“身份壁垒”严重影响了我国高校的合理定位与资源流通，让当今的大学染上了一种“浮躁”的气氛，沾染了世俗的官僚气息，大大降低了当下我国高校的学术气氛。

3. “大学自治”既然赋予了大学自治的权利，就不可避免地也要承担责任，履行义务。当大学超越规定的权力范围时，就要进行问责，每年高考结束后高校招生成为社会关注的焦点，高校中“乱象”不可谓不多，在招生、学术、职称等方面出现了超越权力范围的违法现象。在现代大学制度建设过程中，我国政府和高校应进一步建立明确、严格的高校评价体系和监督体系，使制度做到权责分明、权力制约，起到相互监督的效果。

五、结　语

大学精神是一所大学在长期传承和沉淀中形成的有着鲜明时代特征和地域风貌的精神意识。古语说：“没有规矩，不成方圆。”完善的制度有着指导、约束的作用，面对当今大学担负的各种社会职能，我国“现代大学制度”的建设应具有指导大学摒弃急躁、浮华风气，起到踏实求进、持之以恒、追求真理的精神的作用。当然，现代大学制度内涵具有复杂性和多元性，它的建设是项十分复杂的系统工程，决不可急功近利，必须在理论探讨和试点改革的基础上稳步推进。结合当下，虽说建设有中国特色的现代大学制度的道路还很长，但当其真正建立起来时，必定能发挥出重要作用。

参考文献

[1]宋旭红：《“现代大学制度”概念综述》，《江苏高教》2005年第3期。

[2]杨琼：《论现代大学制度的内涵与外延》，《大学（学术版）》2013年第8期。

[3]杨旭辉：《我国高校领导体制的演变及思考》，《理工高校研究》2002年第5期。

[4]顾明远：《对教育定义的思考》，《北京大学教育评论》2003年第1期。

[5]陈平原：《大学有精神》，北京大学出版社2009年版。

[6]周江林：《政府与高校契约型关系研究》，上海交通大学出版社2013年版。

[7]刘琅、桂苓：《大学的精神》，中国友谊出版公司2004年版。

[8]张冀星：《大学之所以为大——高等教育纵横谈》，首都师范大学出版社2013年版。

[9]秦绍德：《大学之水》，商务印书馆2013年版。

（作者单位：山东政法学院经济贸易法学院）

浅谈青年教师在现代大学制度建设中的作用

金　菲

建设现代大学制度，是我国现代大学发展的必然方向，是中国高等教育体制改革的重要内容，也是各高等院校内部体制改革面临的基本任务。党中央、国务院颁布的《国家中长期教育改革和发展规划纲要（2010～2020年）》明确指出，要建设现代学校制度，完善中国特色现代大学制度。2011年，我国启动了中国特色现代大学制度建设的试点工作。近年来，各试点院校紧密结合国家改革发展实际，积极探索符合本校实际的现代大学制度实现形式。教师是现代大学制度建设的主力军，作为富有活力、具有创新性的一个群体，青年教师理应在现代大学制度的建设中发挥独特的作用。本文将探讨现代大学制度的内涵和基本特征，进而提出青年教师如何在现代大学制度的建设中发挥自身的力量。

一、现代大学制度的内涵

对于现代大学制度的定义，目前理论界尚未有一个明确、清晰的界定，但是大家普遍认同的观点是现代大学制度起源于欧美发达国家沿袭德国洪堡创立大学的思路，之后在此基础上进行改革发展。我国根据自身的国情和社会改革发展的需要，提出了具有中国特色的现代大学制度的内涵。我们可以从广义及狭义两个角度来理解现代大学制度的内涵。广义上的中国特色现代大学制度是指依据我国高等教育方针建立起来的，适应经济社会发展要求、符合现代大学特征、具有中国特色的关于高等学校的规范和秩序。其外延包括两个层面：在宏观层面上体现为外部制度，反映大学与政府以及大学与社会的关系；在微观层面上体现规范高校内部各种关系。而狭义上的中国特色现代大学制度是指高等学校内部权力关系的规范和秩序，如党委领导下的校长负责制、大学章程、教授委员会制度以及高校内部管理的其他制度。学术自由和大学自制是普遍认同的现代大学制度的构成基础，因此，现代大学制度的建立主要以这两个方面为主要内容。

同时,完善中国特色现代大学制度,在外部关系处理上就是要立足构建政府、大学、社会之间的新型关系,重点解决好政府怎么依法管理大学、社会怎么参与大学和监督大学,在内部关系处理上就是要形成良好的内部治理结构等,完善并贯彻落实"党委领导、校长负责、教授治学、民主管理"的理念。

二、现代大学制度的基本特征

在目前中国的情况下,我国高校实行的是党委领导下的校长负责制,这是《高等教育法》规定的,必须严格执行。而建设现代大学制度的核心在于大学自治和教授治学,基于这两方面,我国的现代大学制度具有其独特的特征。关于现代大学制度的特征,教育部前部长周济同志在中外大学校长论坛报告中的论述具有代表性,即"重视大学自我发展与自我约束机制的有机统一,强调大学办学自主与社会职责的相辅相成,追求大学学术权力和行政权力的平衡和谐,鼓励大学人才培养和科学研究的密切结合"。笔者认为,结合当前中国现代大学发展的方向,现代大学制度的基本特征如下:

(一)强化教授治学的理念,推动大学的"去行政化"

自改革开放以来,中国高等教育一直在飞速发展,特别是进入21世纪后,中国高等教育的发展迈上了一个新台阶。但是,在中国特色社会主义的进程中,高等学校的发展始终离不开政府的干预,导致多数高等学校的运作带有浓厚的"行政色彩"。针对这一问题,现代大学制度的建设就应着力推动教授治学的发展,使得学术力量成为推进高校发展的有效动力,而不是依靠政府的干预和指导进行发展。当然,不可否认的是,在高等学校的发展进程中,政府的力量有时候会起到有力的推动作用,如为高校提供丰厚的资金和技术的支持。但是,高等学校应该占取发展进程的主动权,争取处理好政府扶持与自身发展的关系,善于利用政府的指导,善于转化政府的干预,从而推动大学的学术自由和良性健康发展,直到逐渐去除大学的"行政化"。

(二)密切与社会的联系,提升大学的社会服务职能

高等教育的职能包括培养人才、科学研究和服务社会,高等学校的社会性决定了其必须履行好服务社会的职能。中国的高等教育已发展到一个崭新的阶段,高等学校与社会的联系也日益密切,所以在建设现代大学制度的过程中,高等学校仍然要保持与社会的密切联系,积极寻求与社会各界的合作,依靠社会的扶持获得资金保障,共同推进技术的研发和应用。同时,高等学校也应培养出更多合格的优秀人才,输出到社会上,为社会的建设发展贡献力量。

三、青年教师在现代大学制度建设中的作用

基于上述对现代大学制度的内涵和基本特征的探讨，我们可以发现，现代大学制度的建设是一个全方位的系统性工程，不同层次、不同角色的人在这项系统性的工程中扮演不同的角色、发挥不同的作用。作为现代大学的新生力量的青年教师将主要从以下几个方面为现代大学制度的建设贡献自己的力量。

（一）紧密团结在学术权威周围，提高自身学术水平

现代大学制度的核心是学术自治和教授治学，青年教师应该紧密团结在教授的周围，根据教授的科研方向，结合自身的研究兴趣和特长，努力提高自身的科研水平。学术水平是衡量大学教育质量的重要标准，教授作为科研学术的骨干力量，具有引领学术研究方向的导向作用。青年教师应该虚心向教授学习，加强与教授的沟通，积极参与教授的科研课题，为此课题贡献自己的力量。同时，青年教师要不断地学习，努力提高自身的学术水平，确定自己的研究方向，在学术骨干的帮助下，不断深化对该方向的研究，为高校整体科研水平的提高贡献力量。此外，青年教师要摆正心态，树立良好的科研态度，杜绝学术造假，不追求急功近利，要有脚踏实地、默默无闻的思想准备，更要有踏实肯干、积极进取的实际行动，在学术骨干的帮扶和自身的努力下提高自身的科研水平，为现代大学制度的建设贡献自己的力量。

（二）加强与社会各界的广泛合作，在赢取社会帮助的同时回馈社会

青年教师作为新生代，与社会各界有着密切的联系，所以青年教师应该充分发挥自身的各种社会关系的优势，加强与政府、企业等方面的合作，为高校的发展作出贡献。青年教师可以密切与政府部门的联系，转变以前“等靠要”项目和扶持资金的状态，改为主动联络、主动申报、积极准备、争取成功的思路。同时，青年教师要加强与企业的合作，将实践过程中获得的知识与自身教学的理论知识有机结合，更好地提高自身的教学水平。青年教师也可以争取企业对高校科研的资金支持，主动与相关企业沟通，获得自身科研项目的资金支持，然后加快将科研成果转变为生产力的步伐，与企业实现一种良性的有效互帮互助的状态。此外，青年教师在业余时间可以主动走访相关社会机构，了解现代社会对人才培养的需求，结合自身学习的特色，更好地为社会培养人才，加快为社会服务的步伐。

（三）密切与学生的沟通，引导学生参与现代大学制度的建设

作为高校里的主要力量，青年教师占据高校教师人数的多数。青年教师观点新颖、与时俱进、思想活跃，与学生之间没有“代沟”，沟通起来更加顺畅，所以

理应密切与学生的沟通，引导学生参与现代大学制度的建设。学生作为高等教育的教育对象，其质量的好坏直接体现了高校教育质量及教学水平的好坏，因此，学生应该参与到现代大学制度的建设中来。如何使学生更好地参与，青年教师应发挥独特的作用。在授课的过程中，青年教师要有意识地向学生渗透现代大学制度的理念，让学生深刻理解其内涵和特征，使学生意识到现代大学制度的建设对学生群体的积极作用，从而使学生能够主动参与现代大学制度的建设。此外，在课余时间，青年教师特别是青年辅导员教师要主动加强与学生的沟通，引导学生参与到自身的科研项目中来，在丰富自身科研力量的同时也会提高学生的学习兴趣和学习动力，从而使学生更加善于学习，进而提高学生的素质，为社会培养出更多的优秀人才。

四、结　语

现代大学制度的建设具有深远的现实意义，是国家教育发展改革的必然方向，其建设并非一日之功，需要高校及社会各界人士的广泛参与。青年教师应该在现代大学制度的建设中发挥自身优势，在尊重大学组织特性的基础上，配合组织领导，密切团结在教授周围，努力提高自身科研水平，协助高校加强与政府、企业及相关社会机构的联系，同时积极引导学生参与到现代大学制度的建设中来，加强在学生层面的宣传，为现代大学制度的早日建成贡献自己的力量。

参考文献

[1]徐少华、章兢:《中国特色现代大学制度的内涵与要素》,《大学教育科学》2012 年第 1 期。

[2]张力:《完善中国特色现代大学制度的政策含义》,《高教领导参考》2011 年第 12 期。

[3]方晓辉、姜超:《建设中国特色现代大学制度应把握的核心要素》,《绥化学院学报》2013 年第 3 期。

[4]张应强:《关于中国特色现代大学制度的理论认识》,《教育研究》2013 年第 11 期。

（作者单位：山东政法学院外国语学院）

心理测量在现代大学制度中的应用

蒋 琪

案例一:“2009 年 5 月,为落实中央 16 号文件精神,促进大学生心理健康教育工作再上新台阶,上海海洋大学依托上海市高校学生心理健康教育与咨询区域示范中心成立了大学生心理测量研究中心。”

案例二:“近年来,大学生的心理问题日益凸显,校园极端事件时有发生,学生中普遍存在不同程度的心理困惑或心理障碍。为了掌握我院(河北金融学院)学生心理健康状况,同时从心理学角度提出合理化建议,我院学生处采用 UPI 量表对全院大学新生进行心理健康测量及专业心理咨询回访。”(2009 年 6 月)

案例三:“随着我国大学生双向选择就业政策的逐步推行,在激烈的就业竞争中找准自己的位置,更好地发挥出特长和才能,是每一位大学生面临的挑战。为了帮助广大的大学生们更好地了解自己的综合素质,也便于他们在择业时供用人单位择优录用,我校(西安交通大学)心理测量与咨询中心心理测量室面向全体同学,特别是高年级同学推出‘人才素质综合测评’活动月。”(2005 年 11 月)

以上几个案例均为心理测量在现代大学教育中的应用,近年来这种趋势也在不断变大,分析心理测量在现代大学教育领导和管理中的应用意义重大。所谓心理测量,就是根据一定的心理学理论,使用一定的操作程序,给人的行为确定出一种数量区的价值,此处主要指以测验法为工具的测量。教育部长袁贵仁指出:“大学要以学生为本,采取积极主动的态度、灵活多样的做法,在入学机会和办学方式方面,在授课制度和学籍管理方面,在教学内容和方法方面,进行全面深入的改革。”而现代大学制度中的教育管理则是指国家各级教育行政管理部门和各级各类学校的管理人员,为实现国家的教育目标,对所属的管理客体的行为进行计划、组织、控制的活动。

一、心理测量在现代大学教育领导和管理研究中的应用

(一)心理测量与大学中的人际关系

教育领导和管理最多的是和人打交道,协调人际关系是教育管理的重要工

作。然而，这个领域的人际关系是很复杂的。例如，校领导与教师的关系、校领导之间的关系、教师之间的关系、班主任与任课教师的关系、教师与学生的关系、学生之间的关系等等，所以研究人际关系对领导者具有重大意义。

莫雷诺的“社会成员心理测量”是一种测量群体内部心理结构与心理距离的方法。这种方法采用问卷的形式确定群体中人们之间的交往关系，并用图表或数学公式表示。其目的是了解群体中人与人之间的心理关系和心理距离，并进行量化分析和评价，从而揭示学校成员在群体中的心理位置、适应性和影响力；学校内群体的心理特性、凝聚性、心理气氛及其与外界的关系；教育管理者的影响力及其在师生员工群体的实际位置等等。由此，教育管理者就能对症下药，矫正各种不良的待人关系，努力协调好群体中的人际关系，充分调动教育管理中的积极因素，全面提高教育管理质量。

(二)心理测验与“学困生”

“学困生”一般是指那些在知识、能力、品格、方法等要素及要素的融合方面存在结构性缺陷的学生。如果对这些“学困生”进行跟正常学生一样的“一刀切”式的教育，那么“学困生”的智力得不到正常的开发，不能达到教育大纲的基本要求。只有通过有针对性的教育和教学给予补偿，才能使“学困生”得到应有的发展。在中小学，甚至在大学，都存在一定数量的成因不同的“学困生”。对“学困生”成因、类型和对策的研究分析，具有现实意义。有人通过调查得知半数以上的“学困生”主要是由于动力不足。那么如何激发这类“学困生”的学习动机，就要进一步测量动力不足的程度和原因，以便有的放矢。同样，对智力型、学习不得法型和外因导致型的“学困生”也需要进一步测量和诊断，为制定补偿教育方案提供信息。

二、心理测量在现代大学教师领导和管理中的应用

发展教育需要建立一支规模宏大的有相当水准的教师队伍。根据教师的工作特点和心理特征，对教师合理地进行选任、考核和培训等人事管理工作，使人尽其才，才能充分发挥每个人的潜能。采用相应的心理测验可以鉴定其是否具备起码的教师人格和教学能力。

(一)MMPI 与教师人格

MMPI 是明尼苏达多相人格测验的简称，是用途广泛的著名人格测验，由效度量表和临床量表组成。其主要特征是设置了四个量表去识别不同的应试态度或反应心向。四个效度量表是说谎分数(L)、诈病分数(F)、校正分数(K)和疑问分数(?)。十个临床量表分别是：(1)疑病(HS)；(2)抑郁(D)；(3)癔症

(HY);(4)精神病态(PD);(5)男性化——女性化(MF);(6)妄想狂(PA);(7)精神衰弱(PT);(8)精神分裂(SC);(9)轻躁狂(MA);(10)社会内向。每个量表都可得到一个分数,即代表一种人格特质。如在L量表上得分低的,说明诚实、自信、富于自我批评精神,得高分则相反。依照美国人的研究,健全教师人格特征应为:适应能力、兴趣广泛、和蔼可亲、合作互助、切实可靠、坚定果断、判断中肯、身心健康、诚实正直、乐观旷达、襟怀坦白、自制力强。参照这个标准,教师的MMPI各项分数偏高,那他就不具备健全教师人格,应得到相应治疗,治疗无明显效果者则应离开教师岗位。如果其中某几个项目分数特别高,也应引起高度重视。因此,MMPI对于确定一名教师是否具备起码的教师的人格,具有指导作用。

(二)NTE与教学能力

最著名的教学能力测验是美国教育测验服务社编制的NTE(National Teacher Examination Program)。NTE包括两部分:(1)NTE核心测验:沟通技巧、普遍常识和专业知识;(2)NTE教学领域测验。目前,在美国对教师实施“教学能力测验”或“教学能力趋向测验”是很普遍的。1988年,美国有31个州制定新的教师招聘计划,通过“教学能力测验”,吸引有专长与经验但无教育院系学分的人任教;有46个州要求考核新教师的最低能力,有3个州对在职教师也进行了考核。在我国实施“教学能力测验”也具有重大的现实意义。其一,考核新教师,保证师资队伍质量;其二,考核在职教师,全面提高师资水平;其三,通过教师资格制度,解决广大农村地区师资力量严重不足的问题。在这里,不但要对普通教师实施相应测验,而且要对校长和班主任实施特别测验,以确定是否具备相应素质。因为校长和班主任不只是教师,其工作性质更为复杂,难度也更大,因而能力要求也不尽一样。

三、心理测量在现代大学教育评价中的应用

在教育领导和管理过程中,进行科学的教育评价对提高教育管理水平具有特殊意义和作用。大学教育评价的反馈信息具有调节功能和动机激励功能。大学教育评价方法多种多样,而测量评价法是重要方法之一,已广泛应用于职业指导和教育教学诊断、升学等诸多方面。

(一)测量理论与考试改革

考试是教育管理中的普遍现象和重要环节,其质量好坏直接影响评价的结果。要正确评估考试的质量,必须动用心理测量理论中的效度、信度、难度、区分度等评估指数,去检验考试的编制是否达到标准化,从而使考试的效度、信度、难

度、区分度等指数达到要求水平。心理测量对分数报告和解释有很高要求，如测验分数报告细化，解释分数谨慎，将测验分数转化为诊断信息，为制定教育方案提供参考信息等。同时为了丰富评价信息，考试分数报告要细化。如英语四六级考试成绩不只报告总分，还要进一步报告听力、阅读、语法与词汇、改错和写作等具体分数。考试中心还要把这些总分和部分分数转换成学校、地区、全国的常模分数提供给考试的使用者。这样通过分数报告单，人们不但可以了解到受试者在各具体学习领域中掌握的情况，还能将其与他人比较，从而更有针对性地改进教学。此外，分数报告还要将考试分数与其他背景材料的综合分数相结合，并准确解释分数。在进行考试的同时，考试的编制和使用人员根据需要，采用一些调查和问卷，对影响学生学习的一些因素(如学习态度、兴趣、教材教法等)进行调查分析，并将这些数据配合考试分数进行研究，提供客观的结果，报告给学生、教师、学校、教育当局以及人员录用部门，使他们据此进一步分析，得出评价结论和决策。

(二)智力测验与大学生智力评估

智力测验是为了科学地、客观地测定智力水平而制定出来的测量工具。它是由一系列难度不一的问题构成的。将这些问题在一定条件下，对被测者进行测试，并对其结果统计处理，将个人的智力水平放在某个常模上衡量。此处以WISC为例，WISC是韦克斯勒儿童智力测验的简称。它由包含着几个分测验的言语量表和操作量表组成。言语量表包括：(1)常识；(3)背数；(5)词汇；(7)算术；(9)理解；(11)类同。操作量表包括：(2)填图；(4)排列；(6)积木；(8)拼图；(10)译码；(12)迷津。WISC除综合智商、言语智商和操作智商外，还可以描述分测验的各标准分数的侧面。综合智商用以评定智力发展等级，言语智商用以评定语言思维能力的发展，操作智商用以评定技能的发展。WISC的重要特点是放弃智龄概念，用离差智商代替比率智商更具科学性。用离差智商评价儿童智力发展更准确，特别是在鉴别低能儿和超常儿时更有效和可靠。

(三)心理测验与大学生就业

近几年，心理测验被越来越多地应用于高校的就业指导工作，这一做法无论是对学校、学生，还是就业单位、人事部门，都具有十分重要的意义。通过心理测验，学生才能使自己的能力和心理素质与某种职业工作或专业学习相适应，减少不必要的工作损耗，是学生了解自我、专业定向和职业选择的客观依据。此外，对于就业单位和人事部门来说，心理测验在高校就业指导工作中的应用也是一项值得推广的工作。

四、心理测量在现代大学特殊教育中的应用

特殊教育是指为满足异常儿童的特殊要求而专门安排的教育，在我国师范类高校多设有特殊教育专业。它通常需要特殊的教材、教法、设备和特殊教师的工作，因为异常儿童只有得到特殊教育和有关服务才能充分发挥潜能。异常儿童虽比数小，但我国人口基数巨大，异常儿童的绝对数是相当大的，因而特殊教育管理的重要意义显而易见。

(一)心理测量与低常教育

低常儿童的情况是各种各样的，这里低常儿指三类儿童：弱智、学习障碍和行为失调。

1.弱智程度的测量。与大多数心理测验相比，《比奈——西蒙智力量表》和WISC最具可靠性和有效性，所以在鉴别弱智儿时被广泛使用，并且实践表明有可靠性和有效性。然而光用量表去鉴别远远不够，重要的是，特殊教师的家长要充分利用测验提供的诊断信息，改善弱智儿童的教育教学，发展其智力和生活自理能力。

2.学习障碍的测量。学习障碍是针对学习有困难的儿童而言的，尽管其智力可能不低于同班的“正常同学”，但在一个或几个技能方面存在困难(特别是阅读)，并有多动和注意力分散的症状。心理测量正是在学习障碍上对整个特殊教育进行测量。

3.行为失调的测量。行为失调儿童最明显的问题是无法与他人亲密相处，他们易激怒、爱挑衅、好嫉妒。与弱智和学习障碍相比，行为失调没有任何有效的和可靠的测验被广泛接受，因而测量行为失调的量表有待进一步发展。目前，行为失调的测量是行为综合评价，即直接的日常测量。

(二)心理测量与超常教育

我国心理学家的研究表明智力特别高的儿童约占3%，比例虽然低于日本和美国等发达国家，但因我国人口基数大得多，因而超常儿数量更为可观。美国的伦朱利等人在1975年提出了“超常学生行为特征等级量表”，用以鉴别超常儿童，并提出超常儿应具备三个特征：(1)能力强(包括智力超常)；(2)创造力强(提出新思想并将之用于解决问题的能力)；(3)工作责任感强(即主动性强，做事能善始善终)。这样，通过智力测验和学习成绩测验，可判定能力是否超常；通过创造力测验，可判定创造力是否超常；通过教师对孩子的特点进行观察，并根据某种标准评价其是否具有主动性。低常和超常儿的鉴别应是极其谨慎的，并且不应是为了鉴别而鉴别。心理测量必须着重于为制定教育方案提供有关信息，否

则它便毫无意义。因为测量和鉴别都不是目的,改进教育教学和发展潜能才是目的。

参考文献

[1]凌文辁:《心理测验法》,科学出版社 1998 年版。

[2]金含芬:《学校教育管理系统分析》,陕西人民出版社 1993 年版。

[3]李进:《教师教育概论》,北京大学出版社 2008 年版。

[4]郑日昌:《考试改革与标准参照性测验》,辽宁教育出版社 1992 年版。

[5]李新华、徐公理:《异常儿童特殊教育概论》,华夏出版社 1999 年版。

[6]袁贵仁:《建立现代大学制度,推进高教改革和发展》,《中国高等教育》2000 年第 3 期。

[7]雷学军:《心理测量与教育管理》,《开发研究》1997 年第 2 期。

(作者单位:山东政法学院警官学院)

大学章程与大学治理

论大学章程建设的意义及作用

杨瑞霞

一、建设大学章程的意义

大学章程是高校的宪法，是依法治校的重要基础，是建设中国特色现代大学制度的重要环节。章程承载着大学的精神、昭示着大学的使命，对于回归大学本位，完善现代大学制度，保障和推进学校事业科学发展具有重要意义。推进以章程为核心的现代大学制度体系建设可以成为高校管理体制改革的重要突破点。这是推动中国现代大学制度建设的一项重要成果，是中国高等教育发展史上一件极具里程碑意义的事件。近年来，各大高校大力推进章程建设，既是努力落实《教育法》《高等教育法》以及《国家中长期教育和改革发展规划纲要(2010～2020年)》要求的实际行动，也是基于章程是大学依法自主办学、实施管理和履行公共职能的基本准则，是对大学“宪章”的基本认识。我们希望通过章程的制定、发布和实施，推进和完善“党委领导、校长负责、教授治学、民主办学”的现代大学制度，促进学校治理体系的现代化，全面提升人才培养质量，推进大学建设。

高校章程作为现代大学制度建设的重要载体，对促进依法办学和构建现代大学制度，具有不同寻常的意义。同时，这是中国高校依法治校、依章办学的重要一步。章程是政府与学校在办学问题上的契约性和赋权性文件，将充分给予学校依照章程开展相关活动的权力，高校对内部事务依法具有独立裁量权。

现代大学制度的核心是在国家宏观调控政策的指导下，大学面向社会，依法自主办学，实行科学管理。现代大学制度涉及规范和理顺大学与政府、大学与社会的关系，涉及大学内部治理结构的完善和改革。章程对明晰大学与社会以及大学内部各种关系，明确大学的法律地位和办学自主权，规范学校行为，维护各方合法权益，提高办学水平具有重要的引导、规范和保障作用。大学章程是建设现代大学制度的制度保障，是建立和完善现代大学制度必不可少的一步。

具体而言，大学章程具有以下几方面的重要意义：

首先，章程是高校设立、运行、发展合法性的前提。依法制定学校章程并严格依照章程治理，既是法律对每一所高校的基本要求，也是大学设立、运行、发展合法性的前提。大学章程作为大学精神的集中体现和大学行为的总规范，实际上是法的治理模式、法的精神和法律条规在一所大学的进一步延伸和具体化、个性化。章程是指导和规范学校各项工作的“宪章”和“基本大法”。依法制定具有自身特色的大学章程，是依法治校在大学的具体化。

其次，章程是高校依法实施自主管理的基本依据，是落实高校办学自主权的重要保障。章程确定了高校基本的运行和管理制度，能够保障高校按照学术逻辑和教育规律办事，防止大学受到外界干扰，尤其减少行政权力的干预。此外，大学章程还有助于大学回归学术本位。大学是特殊的公共机构，其运行和管理有不同于行政管理的规律，只有建立自主办学、学术独立、民主管理的现代大学管理制度，制定大学自己的章程才能让大学摆脱行政化痼疾，回归到学术本位。章程作为学校的“根本大法”，一方面明确了学校与政府和社会的关系，各自在学校治理中的职责、权利及义务，促进管、办分离，保障高校进一步依法自主办学，促进高校更清楚地了解社会需求并不断调整办学行为，同时使社会力量参与办学制度化、规范化；另一方面确定了学校内部的治理结构，有助于保障师生员工的权益，让高校自主管理有“章”可依，形成自我发展、自我约束的机制，进而保障学校管理的民主化和科学化。章程明确了教职工和学生的权利及义务，高校师生对学校权力主体行使权力、进行民主监督有了更加完善的形式与程序，强化参与学校管理的主人翁意识，激发齐心协力、共同推进学校发展的积极性和创造性，落实“以人为本”的办学理念。因此，制定大学章程是促进高校完善治理结构、建设现代大学制度的关键环节，有助于高校加快内涵发展和特色发展。

再者，“制度是学校一切工作的灵魂”。制度建设具有全局性、根本性、稳定性和长期性。深化高校管理运行改革，建设中国特色现代大学制度，已成为促进学校内涵发展、提升办学质量的必要条件。而章程正是推进现代大学制度建设的切入点和突破口，大学治理的一般规律需要经过各利益相关方广泛参与、充分讨论达成共识，并通过章程使其稳定和规范下来。因此，章程作为学校的总宪章，是大学治理理念、治理结构的集中体现，是调节学校内外关系的基本准则，是学校接受监督、进行自律的基本依据，也是学校明确办学方向、凸显办学特色、巩固改革成果的重要保障。

二、章程制定的难点

章程是大学的“宪章”，在《章程》的制定和落实过程中，难题主要有以下几个方面：

(一)如何在章程中体现大学追求的核心价值和理念

大学是社会的良心,大学的核心价值和理念应当体现甚至引领社会的核心价值,这样就对学校章程的建设提出了非常高的要求;另一个是如何通过章程来体现和保障“回归大学本位、守护大学精神”。笔者认为,制定和落实大学章程,就是要确保学校真正按照教育规律办事,真正做到以学术为本,以师生为重,就是要真正把这种理念、精神和要求切实贯彻到各项日常工作当中。

与先有章程后有大学不同,我们学校是先有大学后补章程,所以在制定章程的过程中必须兼顾理想模式与现实状况,有许多问题也迫切需要紧密结合我校的实际深入研究,逐步明确和解决。例如,学术组织的建设和学术权力的履行问题,学术权力与行政权力的界定及其相互关系问题,如何防止学术组织的行政化问题等。为此,我校在章程制定的工作中,对于符合改革发展方向且成熟的东西写得比较详细一些,正在探索的、只能明确原则的就写得简约一些,不追求制定一个一劳永逸的章程,保持必要的弹性和预留修订的空间。

(二)制度体现的是治理的理论和理念

制度制定的过程就是一个统一思想认识的过程,首要任务是对依法治校、依章治校重要性、必要性和紧迫性的认识,“法治”优于“人治”是必须有的共识。制度制定只是万里长征走完了第一步,制度落实和执行中统一思想认识的任务依然艰巨,我们期望做到科学决策、民主决策、依法决策以及各项事务治理的制度化、规范化、程序化,这些都必须支付时间的成本,肯定没有领导个人“拍脑袋”的独断有效率,所以“法治必须支付协商和程序等时间成本”“磨刀不误砍柴工”也是必须有的共识。同时,章程只是学校治理的根本法,还必须建设和完善以章程为龙头的校内制度体系。

(三)章程如何凝聚办学共识、激发办学活力

章程作为“大学宪章”,对内部而言的首要意义,在于章程是学校内部经过观点博弈之后而达成的办学共识,对学校的治理结构以文本形式予以明确,从而以全校师生员工共同契约的形式规定学校内部每个个体都按此规则行事,激发共同奋斗的办学活力。在办学主体上,真正实现“学校坚持促进人的全面发展的理念,以学生和教职员工为本,以教学和科研为中心,尊重学术自由,鼓励学术创新”。大力推进人才培养模式改革、教学科研资源整合,由学校的规划主导发展转向师生的自我价值实现。

章程建设是一个庞杂的系统工程,困扰和难题是难免的。一个是思维惯性的问题,大家在没有章程的情况下,依靠经验惯性运行了很多年,因此,章程制定实施的过程就是从经验到法治的转换过程,这个过程的转变是比较难的,需要领导班子的高度重视,也需要全校师生的拥护支持;一个是章程特色的问题,“千校一面”的章程要极力避免，一定要体现办学特色，符合学校实情，凸显自身个性，这个也值得深入思考；一个是利益整合的问题，章程制定实施的过程也是充分体现协商民主和法治精神的过程。

三、大学章程怎样真正发挥作用

章程的制定是一个艰难的探索过程，而如何落实好章程要下更大的功夫，甚至更难。我们学校准备重点抓住两个环节：一是抓章程的配套，以章程为指导，进一步清理全校各类规章制度，健全以学校章程为核心的规章制度体系，这个体系一定是详尽的、全面的、具有高度可操作性的，是一套升级版的；二是抓章程的执行，章程制定得再好，不执行、不落实，就是空的。因此，要推进规章制度体系的执行和实施，不折不扣地一条条、一项项落实，推动学校内部治理结构和管理体制的改革，最终推动各项工作的开展和各项事业的科学发展。

大学章程要成为教育行政部门、高等学校和社会各方共同的观念和行为准则，尤其在校内要宣传、强化师生员工遵守章程以及运用章程维护自身权益的意识，提升学校管理者照章办事的自觉性，把大学章程内化为相关各方的行为准则。同时，我们必须围绕章程制定一系列相互衔接和配套的规章制度，具体细化章程的操作层面，形成完备的制度体系。章程制定不只是单纯地编制一个章程，章程不能孤立存在，而是要以章程制定为核心，牵引带动现代大学制度体系的建设。加强章程实施需要配套的制度建设，并重点推进学校的学术委员会等学术组织的章程修订工作。要切实接受教育部等大学举办者以及校内独立监督，将按照章程运行的具体规定纳入全校工作评价体系，并发挥自我约束、自我管理的作用。

章程要有执行力，要具备约束力，有三点是重中之重：一是权威性。要确立章程的宪章地位，这就要有一定的制约机制、监督机制，违背章程原则的规范要废除，违背章程原则的行为要终止。二是稳定性。一部好的章程，不仅要考虑现实，更要考虑长远，要为学校的改革发展留出足够的空间。三是可操作性。章程是学校大法，但也不应该是模糊的条文。涉及领导体制、运行机制、治理模式以及决策程序等内容必须要有明确的权力边界和操作程序。

使命感是人内在的永恒的核心动力。大学章程作为大学特定使命的制度载体，赋予每一位大学人以使命感，完成大学使命，是实现大学人人生的价值追求。大学章程确定大学办学活动的基本准则，是大学各项规章制度制定的前提和依据，建立与之相适应的学校规章制度体系，制定并实施符合大学章程规定的学校规章制度，保证大学办学自主权合法有效的行使，既是让大学章程真正发挥作用的前提，也是落实大学章程的有效途径。通过大学章程的贯彻实施，完善内部治理结构，建立大学规章制度体系，健全权力监督机制和师生权利保障机制，形成学术自由、管理科学、民主法治的文化氛围，保障大学依据章程自主办学。

"天下之事，不难于立法，而难于法之必行。"法律的权威在于必行，章程的生命力在于实践。我们要把章程宣传与学校教学、科研、管理、服务等各项工作相结合，使全体师生知章程、学章程、用章程、守章程。要加紧围绕章程对校内规章制度进行全面清理，建立以章程为基础的制度体系；更要加强执行监督，充分发挥纪委、审计、教代会、学代会、政府、家长、舆论等多元主体的监督作用，来推进章程的实施。

参考文献

[1]严文清:《中国大学治理结构研究》，人民出版社2011年版。

[2]周建松:《高等职业教育的逻辑》，浙江大学出版社2011年版。

[3]陈立鹏:《关于我国大学章程几个重要问题的探讨》，《中国高教研究》2008年第7期。

[4]徐元俊:《在高职院校建立现代大学制度的思考》，《科技成果管理与研究》2011年第9期。

[5]庞慧、罗继荣:《民国时期大学章程的特点分析》，《教育理论与实践》2010年第2期。

[6]陈立鹏、王洪波:《加拿大大学章程对我国大学章程建设的启示》，《高校教育管理》2011年第5期。

（作者单位：山东政法学院信息学院）

新形势下大学章程建设的思考与探索

李　妍

大学章程是伴随着欧洲中世纪大学的产生而出现的一种文件，可以视为大学这一特殊社会组织根据自身发展的需要，能够使组织内部关系协调并可以进行合理管理的规范性文件。现代大学章程一般由学校当局的机构和地方政府的政策和法规制定的总纲领，设立在学校项目的基础上，根据大学与社会、与大学内部的关系，结合办学规定，保护职工的合法权益，发挥规范和完善大学内各项秩序的作用。

西方大学将权威性高、可行度强等方面作为大学章程的重要条件，也是其他校规的根本基础。我国一些高校如清华大学、上海大学等建校时也曾制定过大量的大学章程，但这些章程并未获得很好的传承，而被渐渐废弃。自 1979 年起，我国开始逐渐重视大学章程的设置与建设，在 1995 年的《教育法》第 26 条中规定，设立学校必须有一个条件就是要具有“组织结构和大学章程”。《高等教育法》的第二十七条也明确规定了各高等院校需设立大学章程管理与监督的机构。但是，到目前为止，仅有如扬州大学、黑龙江大学、佳木斯大学等遵照我国高等教育法拟定了自身的大学章程。山东政法学院是山东省内唯一一所政法类普通高等院校，目前，在《高等教育法》和《高等学校章程制定暂行办法》等法律法规的指导下开展了“现代大学制度”研讨工作，在具体管理实施过程中严谨遵循有效章程建设管理学校。学校的组织结构进一步合理化，学校管理更加高效。随着法制建设的不断深入推动和办学范围的不断扩展，大学必然要求扩展自主性和自力性，等同于“宪法”的大学自治章程是帮助大学获得自主权和运行自力的根基。按照大学章程拟定的学生守则、学生管理条例等则确保了大学各项工作具体化、程序化、规范化，使大学管理机制有效运转，保证了大学各项工作得以贯彻实施。

一、大学章程建设的现状

据 2007 年的材料显示，有 563 所高校提交了大学的章程或章程草案，从已制定的章程中我们发现存在着诸多问题亟待解决。

(一)大学章程的法律地位不够明确,章程的法律效力得不到充分保障

从目前几所已制定大学章程的学校中我们可以看到,章程中并没有明确的法律渊源,实际操作过程中存在着诸多的法律纠纷问题。而现如今的大学章程大都缺乏一定的程序性,章程的起草、审议和通过的程序存在很大差别,没有庭议要求,没有一个合格的程序规则,章程自然不具备相应的法律效力,得不到公众的认可,也就无法实现其作为管理制度集中体现的功能。

(二)大学章程相似度大,没有凸显大学应有的特点

各类学校和其他教育机构在原则上应建立正规的章程,也可以说学校在制定章程的过程中应当充分彰显学校的办学个性和特色,主张从自身校情出发,选择合适的办学策略,走具有自身特色的发展之路。不同的大学都有其对应的成长历史和文化底蕴,在长期的办学中形成了具有本身独特特点的办学理念和方针定位。而现有的大学制度整体上具有了根本上的法定内容,但学校并没有结合自身实际对法定内容进行建设性的划定,章程在内容与格式上千校一面。

(三)大学章程的可操作性不强

大学章程除了具有象征学校形象的作用,更重要的是要有可操作性,一个没有操作性的章程只是一张纸,还容易使师生权利得不到应有的保护。现有的大学制度大都过于抽象化,模棱两可,使人无法理解,没有实质内容,可操作性差,党委和校长各自的分工权限只是相对明确,缺乏具体的可操作性强的程序性规范和制度性创设。

为深切贯彻落实十八届四中全会关于深切推动依法治国的方针与政策,在新形势下推动依法治校,在2014年,学校召开了相关会议,学习了教育部的有关文件和省教育厅的章程。在此之前,学校已制定了《山东政法学院规章制度汇编》,其中规定了关于党务、教师发展、人才培养、人事规定以及管理服务等相关条例,为快速形成学校系统的规范化的章程奠定了良好的基础。

综观全国其他高校章程建设的成果,如何在学校章程中展现鲜明的办学理念以及如何落实理念是目前需要思考的问题,所谓"办学理念",要回答这么几个问题:"为什么要办大学""大学想培养出什么样的人才""应当用何种方式培养人才"等等。每所大学都希望自己的学校与众不同,特色鲜明,然而,一所大学特色的形成,不一定非要依托于多少个富有特色的专业,而是需要在办学理念上各具千秋,并且坚定不移地长期坚持下去,久而久之,这个理念就内化为全校师生员工的自觉行动,从而成为一种普遍被认可的价值观,沉淀为学校的特色文化。学校目前着重进行改革创新,每年投入50余万元用于教学改革项目研究,并不断完善人才培养方案修订机制和教学内容、课程体系改革,在如何培养人才方面推陈出新,不断创新。

二、大学章程建设的价值

现代大学章程建设的时代价值有以下几个方面：

(一)宣示独立主体

1995 年,《教育法》规定学校按章程行使自主管理的权利,学校按照行使自主管理权的大学章程来规范大学教师与学生的行为。1998 年,《高等教育法》规定高等学校自批准之日起即取得法人资格。

(二)固化特色内涵

最本质的东西是形成任何事物特色的基础,然而,学校也应该认识到,任何一个章程都不可能是一成不变的,学校要想可持续发展,不仅要靠每一届领导班子的通力合作,更需要靠上下届领导班子之间做好接力工作。一所学校的管理水平只有经过多届领导班子和师生的不懈努力和实际践行才能逐步趋于完善,学校的办学水平只有通过长时间的积累才能够得到充分的历练。学校的每一个阶段都会有创新和改变,学校应当及时修订章程,改变制度,将一些经过实践检验的办学思想和经验进行固化,更好地运用到学校的日常行为管理当中去,使学校章程日趋完善,这才是章程修订的最终目的。

(三)大学章程承载着学校这个价值主体的追求目标

不同类型的教育理念和价值目标将会产生各种各样的教育章程,决策决定着教育者和管理者的办学理念和价值目标,大学管理中所体现的真实章程与制度,对于学校教师的思想和行为会产生最直接、最显著的影响。

三、大学章程建设的现实意义

大学章程的建设与完善是高校设立、运行和发展合法性的前提,是大学精神的集中体现和大学行为的总规范,是政府、社会和大学自身依法治校的重要依据。大学章程明确了在学校管理中,政府、学校和社会的责任,权利和义务促进了学校的日常管理,保证了学校的进一步独立运行,按照学校促进法律建设、了解社会的需求,不断修正自己的行为。

大学章程是实现高校办学自主权的主要保证。在制定大学章程的前提下,学校成为一个独立的法人。过去中国长期处于计划经济体制和高等教育集权制度下,政府的权利和学校的界限不明确,学校往往没有独立运行的权利,因此也没有一个真正的大学的规定来保障大学的基本权利,并合理实现大学自治。在市场经济条件下,政府要转变职能,实行“政校分开”,在规范过去的教育法规、规章的基础上，实现大学教育的宏观调控和监督条款的自主与独立权。具有独立法人地位的学校建立独立、自律机制的唯一途径是依法制定学校的章程。如果学校没有章程的实施，工作便产生较大的随意性，学校也不能拥有真正意义上的办学自主权。

如果想要让大学的建设更上一层楼，那么明确大学章程的重要性则是必不可少的。世界一流大学里最重要的特点是办学和教育理念、目标的明确和准确，世界一流大学的领先原因是水平高超，专业齐全，学术大师汇聚，教师的整体素质非常高，管理技术科学规范等等。学校的章程建设应当明确学校的办学理念、目标、教师的聘任管理、学科设置、学位评定、学生就业等相关规定，切实做到有章可依、有据可循。

四、对我校大学章程建设的借鉴

大学章程是一个学校的基本制度、基本思想。有了章程，学校才能在制度的引领下不断进步。随着制度的不断完善，学校才可能在稳定中发展，因此应该从以下几方面加强对学校章程的建设。

（一）章程中需要阐明学校办学的重大事项和原则

章程制定需要突出学校教育、教学、科研、社会服务、文化传承、创新、学校教育理念和方向等几个方面。但学校必须具有自己的特点，也需要学校名称、地址、规模、教学形式与学校的标志、校训、校风等元素的详细情况。学校章程的制定看似简单，实则是一件很严肃、复杂的事情，章程一旦制定完善，便不能轻易改变。

（二）章程中需要对管理体制、组织结构、教学科研机构等作详细说明

学校章程中需要在学校内部制定结构、运行机制之间的关系，并进行章程定义。需要写明学校的资金资产、物流管理的具体规定，讲解学校的教育经费渠道，资产属性，管理系统和物流系统的起源。除此以外，章程中还需要明确制定学校特色活动的拟定暂行办法。

（三）章程中应最大化地凸显山东政法学院特色

通过大学章程的制定与建设，与学校自身发展的历史和文化背景相结合，学校的教育理念、教育目标才能够最大限度地彰显办学特色，着力打造校园文化。通过明确教师的权利义务，保证教师工作的积极性和创造性，给予教师充分的学术自由权利，鼓励教师进行创新性教学，对优秀教育工作者进行奖励，打造属于自己的特色教学方案，使学校呈现出百家争鸣的欣欣向荣之态。在学科建设方面，建立具有鲜明特色、结构合理、优势突出的学科，有效地促进学科交叉渗透，为学生提供良好的学习条件，为培育新兴学科提供前提和保障。

山东政法学院转为二本院校时日尚短，但它具备清晰的目标，有一支年轻而富有活力的干部和教师队伍。学校博采众长，勇于创新，办学理念自成体系。虽然学校章程建设处于起步阶段，但全体教职工对章程建设工作积极认同。在推进章程建设过程中，学校会继续坚持不懈地将"依法治校"观念深入人心，创造属于山东政法学院特色的管理教学体系，努力将山东政法学院建设成为在国内有一定影响的、特色鲜明、具有高品质教学水平的教学型大学。

参考文献

[1]王大泉：《我国高校章程建设的现状与途径》，《中国高等教育》2011 年第 9 期。

[2]牛维麟：《现代大学章程与大学管理》，《中国高等教育》2007 年第 1 期。

[3]刘念才：《我国名牌大学离世界一流有多远》，《高等教育研究》2002 年第 2 期。

（作者单位：山东政法学院信息学院）

财团法人语境下的现代教学型大学治理结构研究

韩　波

《国家中长期教育改革和发展规划纲要(2010～2020年)》提出要建立现代大学制度,现代大学制度的核心是在国家的宏观调控政策指导下,大学面向社会,依法自主办学,实行科学管理。现代大学制度涉及规范和理顺大学与政府、大学与社会的关系,涉及大学内部治理结构的完善和改革。现代大学制度的构架包括两个层面,即宏观层面(学校与外部的关系):政府宏观管理、市场适度调节、社会广泛参与、学校依法自主办学;微观层面(学校内部):党委领导、校长负责、教授治学、民主管理。在这两个方面中,根据马克思主义的基本原理起决定性作用的是微观层面,因为内因决定事务的发展。只有建立良好的治理结构,才可以完成宏观层面的制度目标。那么如何建立治理结构呢?有的学者提出可以参照现代公司的制度设计进行,建立董事会、监事会。但是我们要注意的是现代公司制度是针对营利性法人进行构建的,其民法原型是社团法人,而大学却不应该以营利为目的,而是以公益为目的。重要的是公司属于传统的社团法人,其核心基础是人,整个治理结构都是围绕着人也就是股东展开。大学则不然,大学的基础并不在于股东,大学的利益相关者在组织治理中应该发挥更加重要的作用,应该另外寻求制度上的范式来解决此问题。传统民法上的财团法人制度恰好与现代大学制度相契合。财团法人制度是以财产为核心,围绕着如何使财产实现设立目的来展开,这个和现代大学的制度目标很吻合,因此现代大学的治理结构应该汲取财团法人的特点。同时现有的大学治理结构研究主要是以研究型大学为蓝本展开,对教学型大学的研究则有很大不足。教学型大学在办学目标方面和研究型大学有很大区别,因此有必要对教学型大学的治理结构作深入研究。

一、财团法人治理结构简介

财团法人,又称"目的财产",是以一定的目的财产为基础成立的法人,其主要形式为基金。财团法人的形态是无成员的,表现为独立的特别财产,因此称为

"一定目的的财产的集合体"。财团法人的设立目的多是为了实现设立人的特定目的,因此在治理结构方面就与社团法人不同,财团法人的治理结构要避免设立人的过多干预,强调意思自治,因此其权力机构一般是理事会,而非董事会。那么理事会和社团法人中的董事会有何区别呢?董事会中的董事是由股东会选举产生的,而理事则是由公司章程决定产生办法,其与财团法人设立人的关系不大,可以较少地受到设立人的影响,保证决策的独立性。这就和董事不一样,由于董事是由股东会选举产生,其必然要受到股东意志的影响。同时,董事会与理事会的性质也有所不同,一般公司里面董事会只是执行机构而非决策机构,即便在国有独资公司里面重大事项也需要经过股东的代表国资委的授权。而财团法人中的理事会则行使决策的权力,那么这种权力来源于什么呢?一般认为来源于公司的章程。同时,在理事会一般要进行监督,监督机构类似于监事会,它的产生也是基于财团法人的章程,其成员的产生不是民主选举,而是通过任命的方式产生,这是其治理结构中的一个重大缺陷。

二、我国教学型大学治理结构的现状及不足

我国大学现在实行的是党委领导下的校长负责制,高等学校党的委员会是学校的领导核心,履行党章等各项职责,把握学校发展方向,决定学校重大问题,监督重大决议执行,支持校长依法独立地行使职权,保证以人才培养为中心的各项任务完成,因此高校的治理结构是围绕着党委会展开。校长属于行政负责人,副校长在分管范围内履行职责。这种治理结构是在传统计划经济体制下进行的,与 21 世纪大学的发展要求不符。因此很多学者提出了不少改进措施,但是大都是以科研型大学作为蓝本来进行设计的,不符合教学型大学的实际。治理结构的核心问题就是在大学当中谁是决策机构,谁有决策权。研究型大学以科学研究作为主要目的,而教学型大学则以教学与培养人才作为主要目的,因此学术权力在学校治理结构中的地位是不一样的,学术权力参与学校事务的程度应该也不一样。同时由于教学型学校以教学为中心,因此行政部门在治理结构中应该发挥重要的作用。我国目前教学型大学由于大部分是由原来的专科或者成人院校改建而来,所以较多的保留着行政主导的特质,学术权力在决策中的发言权较少,这与现代大学的内外部治理目标是不相适应的。现有的治理结构主要存在以下不足:

(一)利益相关方参与较少

利益相关方理论是英美学者在研究组织社会责任时提出的一个概念,它是指社会组织不应该仅仅关注其自身的利益,而应该关注利益相关方的利益。例

如在公司社会责任的研究当中，很多学者就提出公司不能够仅仅为股东的利益考量，还应该为利益相关方考量，例如公司的职工、环境、社区、人权保护。非盈利的社会组织更应该如此。学校作为国家出资举办的事业单位法人，与公司相比更应该承担社会责任，学校不能仅仅考量学校自己的利益，还要考量教职工的利益和学生的利益。当下学校事务中有很多是涉及师生切实利益的事项，但是普通师生无法在其中发表意见，没有制度性措施来确保师生的反馈渠道。

（二）监督制度不健全

现行的监督主要是考纪委来实施教育主管部门的监督职权，属于外部监督，这种监督是比较薄弱的，存在上级看不见的状况，无法实现对高等学校的有效监督。高校内部纪委的监督属于一种内部监督，内部监督的力度比较小。由于纪委也属于学校党委的组成部门，因此很难独立地发挥作用，而且纪委与被监督的对象之间往往是同事关系，存在着千丝万缕的联系，很难作出有效的监督。而现有的制度设计里面没有普通老师与学生的正规监督途径，同时由于有些事项与普通师生无关，因而普通师生监督的愿望也不强烈。例如学校的基础建设，往往属于最容易滋生腐败的领域，但是由于和普通师生的关系不大，因此受到的监督也比较小。相反，普通师生对一些小事的监督力度可能比较大，例如各种奖励的评选，各种科研项目的推荐，但是纪委却对这些小事的监督力度比较小。学校监督制度的不健全阻碍着现代大学制度的建设进程。

（三）学术资源行政化

很多学术资源被行政机构垄断，学术权力与政治权力高度重合。学术事项与学术资源不是由学术委员会来进行分配，而是由行政机关来进行分配，这不利于学术的发展与创新。由于没有严格的学术纪律与浓厚的学术氛围，所以很多学术委员会的成员并没有学术权威，也很难保证学术资源分配的公正性，所以教学型高校的学术委员会应该和研究型大学有所区别，在成员构成上面更加强调代表的广泛性。

（四）教师及学生的民主参与权被边缘化

现代大学内部治理结构中不仅要对行政权力与学术权力二者的关系作出合理安排，而且也不能忽视教代会、工会和学生代表大会的重要作用。教代会全称为教职工代表大会，是全校教职工参加决策、管理和监督的重要机构，是大学管理体制中不可缺少的重要部分。大学的工会是全校教职工自愿结合的群众性组织，基本职责是维护会员和职工的合法权益。学生代表大会是代表学生的群众性组织，也是学校与学生联系的桥梁和纽带，主要职能在于维护学生的合法权益和民主权利。这三者都是大学实行民主管理的基本形式，是大学管理体制中不可或缺的一部分。而在现实操作中，这些组织的运作往往流于形式，无法发挥真正的作用。例如,教代会职权中有三项审议权,即审议建议权、审议通过权、审议阅览室权,但是由于制度不健全、程序不规范等问题,造成教代会的代表们无法通过正常渠道行使权力。学生虽说是教育资源的享有者,是学校教学工作及其他学生事务的接受者,理所当然可以对大学的相关事务发表自身的看法和意见,但实际上学生的权力却是最容易被忽视的。在国外教师、学生参与大学管理是一种十分普遍的现象,我国大学也应当积极创造条件,在学校重大事务的决策上吸纳教师、学生代表参加,听取他们的意见,形成大学各利益相关者共同参与大学决策的制度。

三、完善教学型大学治理结构的建议

为了建立现代大学制度,应该汲取财团法人治理机构的经验,对现有的治理机构做一定的改变。

(一)坚持党委领导下的校长负责制

这是现代大学制度的必然要求,同时这种形式要内化到治理机构当中。党委会成员应该都是理事会成员,校长应该是法定代表人。党委会掌握政治权力,同时可以吸收普通师生进入理事会,对涉及师生切实利益的事项发表自己的意见。同时在组织结构方面要坚持院系——教研室的组织体系,因为这种组织机构是比较适合教学的,教学是群体性的活动,需要有严格的制度约束才能够保障教学的质量。

(二)改变学术资源的分配方式

建立独立自主的校务委员会来决定学术资源的分配,校务委员会应该由不同类别的教师构成,同时也要加强对校务委员会的监督。同时,不同高校中校务委员会的地位应该有所区别,在研究型大学的校务委员会中教授所占比例应该较高,在教学型大学当中校务委员会中教授所占比例应该比较低。另外,不同高校中学术委员会的构成应该有所区别,教学型高校中学术委员会应该更加强调代表的广泛性。

(三)应该加大监督力度

这种监督不应该仅仅是纪委的内部监督,还应该包括利益相关者的监督,同时学校纪委的成员应该都是学校监事会的成员,要吸收一部分普通师生进入监事会。监事会应该对学校的所有行政权力与学术权力进行监督。

(四)要引导学校的资源向教学方面倾斜

教学型高校以教学为主要目的,所以学校的资源应该主要向教学方面进行分配,且应该倾向于一线的教职工。这个和教学型高校的办学目标是紧密相关的，在创造知识和培养人才这两个目标的关系方面，教学型高校的主要目的是培养人才，强调知识的传授，因此教学型高校在资源分配方面应该更加强调向教学倾斜。

（五）建立社会参与机制，鼓励社会参与办学

社会参与现代大学的办学，可以为大学带来经费支持。经费是大学产权的一部分，促进大学法人治理结构的完善和现代大学制度的建立。社会资本要积极参与到大学的办学中去，增加大学的办学资金，完善助学制度及产学研相结合的制度。近年来，人们对高等教育的需求增长迅速，各高校纷纷进行扩招、扩建，不仅造成了教育资源的浪费，更使教育的成本大大提高。为了使每个学生都上得起学，学校应广泛吸收社会资金，用于支持贫困学生的求学。首先，要扩大宣传，让更多的社会人士关注大学的发展，关心学生的学业。其次，学校要建立起相应的资金管理体系，可建立奖、助学金制度，捐助制度，助学贷款制度等，确保每一分钱都能够花到实处。在社会资金的使用上，首先要进行规范的评估和监督，再进行资金的合理分配，从而使社会资金能够如实地发放到每个贫困学生手中，保障其求学的权益。在产学研相结合制度上，鼓励大学科研人员与社会资源相结合，从而将科研成果转化为具有经济效益的产品，为社会的进步作出贡献。实行产学研制度，不仅可以为大学带来经济效益，增加了科研经费，而且还让科研人员走出了“象牙塔”，更加关注社会的需求，使科研活动与社会的发展有效地结合在一起，将先进的科学理论服务于人们的生产生活实践。

（六）吸收社会人士广泛参与大学的管理与评价

现代大学从社会的边缘走向社会的中心，不仅体现在大学承担了更多的社会责任，也体现在大学的资金来源多元化，大学的发展要更多考虑到社会发展的需要。完善我国的现代大学制度，就需要向西方国家学习这一点，即让社会人士参与大学的管理，大学在做决策时需要充分考虑到社会人士的建议，接受来自社会的监督。第一，在高等教育领域中引入市场机制。用市场机制来管理大学，是指在“大学管理中，运用市场机制的管理手段和方法，比如消费者导向、效益观念以及竞争机制等来管理大学”。第二，鼓励第三方机构参与管理大学事务。在社会上有许多的教育机构，例如教育咨询机构、就业指导中心、考试服务机构、留学中介等，这些机构具有独立的法人地位，能够切实地反映市场的需要，让这些机构参与到大学的管理中来，有助于大学更好地服务于社会。

参考文献

[1][美]珍妮特・V・登哈特、[美]罗伯特・B・登哈特：《新公共服务——服务而不是掌舵》，丁煌译，中国人民大学出版社 2010 年版。

[2]洪源渤:《共同治理:论大学法人治理结构》,科学出版社2010年版。

[3]覃壮才:《中国公立高等学校法人治理结构研究》,北京师范大学出版社2010年版。

[4]周兰领:《政府与公立学校行政关系法治化论纲》,海洋出版社2010年版。

[5]申素平:《高等学校的公法人地位研究》,北京师范大学出版社2010年版。

(作者单位:山东政法学院民商法学院)

高校行政与学术权力冲突治理机制浅析

李亚楼

一、行政权力与学术权力基本内涵

行政权力，从其性质上来说，是一种政治权力。它指的是国家行政机关依照法定职权，采用特定的强制性措施，为充分实现国家意志和公共管理职能而对全社会范围内的事务进行控制和支配的一种权力。在一所学校中，提及行政权力，大家立刻能想到的恐怕就是校长这一职务。校长作为学校的最高行政负责人和管理人员，其发布的方针政策乃至文件的通过，都会对学校事务产生直接干预的强制力。这种强制力，便是一种行政权力。

所谓学术权力，是以专家学者的学术能力和学术造诣为衡量标准，对学术研究等活动进行直接干预的能力。与国家的行政权力相比较，学术权力的有效运用需要以学术自由为基础和前提，它需要的是一种文明开化的生长环境，因而相应的，它具有与行政权力截然不同的鲜明的民主性和自主性。①

二、高校行政权力存在的必要性

尊重学术权力，并不必然表示就必须摒弃行政权力的影响。② 我们还应该认识到，高校不单单负有管理本学校内部事务的职能，它还必然要接触社会、致力于服务社会发展、国家建设。因而在一定程度上，高校发展需要得到行政权力的约束、规制和调节。

1. 对于关系到学校发展全局和定位走向的重大事项，大学校长需要获得最

① 参见李从浩：《中国大学行政权力的合法性限度》，《高等教育研究》2012 年第 5 期。

② 参见文新华：《聚焦大学章程：如何实现行政权力与学术权力互补》，2013 年 12 月 23 日《中国教育报》。

为充分的话语权。[①] 校长作为大学里的最高行政负责人和主要管理人员，需要对学校大政方针的实施进行统一调控和领导，在以上事务中掌握绝对的主动权。

2. 从大学的性质来看，它不但是学术组织，毋庸置疑，它更应该成为一个名副其实的社会组织。大学的发展与国家兴亡、社会进步密不可分，大学里的人才培养目标和学术研究方向都是为了实现其公共职能。为了保证和督促其全面完整地承担起社会责任，必然要求行政组织对其进行严格的管理、控制和监督。

3. 从大学的内部构成来看，大学作为一个复杂的社会组织，它结构松散，各种思想相互碰撞，呈现出多元化趋势，加之内部管理方式各种各样，为了增强其内部组织的影响力和威慑力，学校统一设立各种行政组织，为学术活动服务，以承担起平衡和协调各部门的公共职能。

三、高校学术权力设定的正当性探讨

学术权力的设立由来已久。尽管在计划经济时代，学校的生存完全来源于国家和政府拨款，导致曾经呈现出行政领导教育的局面。但是随着市场的开放，大学的经营重担逐渐落在了自己的身上。在这一趋势下，脱离了完全依赖政府支持的大环境，大学有了越来越多的自我管理的机会。加之政府对学校掌控过多导致学校部分自主权丧失等一系列问题的产生，使得人们对行政权力的排斥和对学术权力的追求逐渐成为时代的潮流。这是历史的进步，也是现代大学融入竞争以求取发展的必然要求。[②]

笔者认为，一所学校的发展仅仅依靠政府的管控远远不够，思想上的融会贯通和学术研究领域、方向的自由才是一所学校得以迅速发展的催化剂，因为它能为学校的发展提供源源不断的活力。学术权力的设立和存在是符合社会运行和发展规律的，主要包括以下几点：

1. 高校学术研究的专业性和专门性，要求被赋予一定的权力，来保障其目的的实现。高校的学术研究通常涉及本专业、本行业内最精、尖、深的领域，要求专家学者对其内在规律及知识体系的掌握达到最精确、最权威的程度。在这个意义上，学者的研究只有充分发挥自主性，得到权力上的保证和支持，才能更好地开展活动。

2. 学术研究具有长期性和持续性。作为专家学者，要想有所作为，除了脚踏

---

① 参见黄国铭：《高校学术权力与行政权力配置模式探讨》，《扬州大学学报》2008 年第 2 期。

② 参见刘献君：《正确认识和处理学术权力与行政权力的关系》，《中国高等教育》2012 年第 2 期。

实地、作出艰苦卓绝的努力,还需要广阔的空间、开阔的思路和丰厚的物质条件予以支持。学术研究需要得到公平公正的资源配置,只有有了学术尊严,才谈得上学术贡献。

3.学术成果获得过程的曲折性。一个事物要想得到认可,需要长久不懈的努力;一种思想要想赢得掌声,更需要反复被揣摩验证。专家学者需要被赋予自主权力来保障自己的成绩得到客观公正的评价和认知。

毋庸置疑,学术研究的顺利进行必须要有一定的学术权力给予保障和支持,这是一所高校乃至于整个教育界得以长远发展的重要保证。当然,我们必须端正态度:尊重学术权力的目的是为大学锻造大师,以培养更多更优秀的人才,而绝非使其脱离规范的约束,走上无序和混乱。

四、行政权力与学术权力博弈的原因

既然行政权力与学术权力的存在都有其必要性和合理性,那么为何权力之争依然愈演愈烈?对于行政权力与学术权力功过的探讨可谓仁者见仁,智者见智,高校学术权力与行政权力的博弈也并非一朝一夕可以停止。现笔者归结为以下两点:

(一)学术资源被滥用,学术资源配置不平衡

现阶段,对行政权力进行批判,并不是单纯地主张发挥学术权力对学术研究活动的积极推动作用,而完全否定行政权力存在的必要性和合理性;而是反对部分高校的个别行政领导滥用职权、以权谋私,对公共的学术资源进行不公正、不合理、不公平、不公开的分配现象,导致学术资源极度不均衡,不能物尽其用、人尽其力,引发了高校内部成员功利于学术研究、以学术权力换取行政权力的不正常现象。更有甚者,部分高校的某些领导为一己私利侵占学术资源,造成了资源的严重浪费。笔者认为,这一切恶果的产生并不是与行政权力相伴相生的,行政权力并不必然引起资源配置不均,在承认行政权力作用的前提下,通过制度来规范、约束这种现象完全有可能。

(二)行政权力的存在严重阻碍高校学术自由,侵犯学术权力

由于受到专业或者价值观念、立场和认知上的限制,行政权力的掌握者凭借刚性权力在学术事务中自觉或者不自觉地“越权”,却并未给予学术领域足够的发展空间和资源保障,因此导致学术权力不能充分发挥其应有的效力,使得权力受益者在心理上产生不平衡,由此部分人对高校行政权力设立持全盘否定的态度。然而,任何一所学校,都是全面融合学术权力和行政权力来达成引导个体成

员参与学术研究的目的。在一定程度上，行政权力在发挥公共管理职能时，并不必然具有妨碍个体成员发展和进步的反面作用。我们需要通过强有力的制度创新，增强大学校园的学术氛围，鼓励各成员充分发挥更大的创造力。[①]

五、高校应对权力冲突的治理机制

如何规制行政权力，发挥学术权力的最大效用，成为高校发展中面临的重要问题。对此，笔者有以下几点建议：

(一)主张学术与行政权力相对分离，以学术权力为主导[②]

综观世界各国学术权力与行政权力的关系，大体上可以表现为三种模式：一是学术权力与行政权力二者对立统一，既互相融合又有严格界限，比如美国；二是学术权力与行政权力相对分离，以学术权力为主导，譬如德国、日本、意大利和英国；三是学术权力与行政权力相对分离，以行政权力为主导，譬如法国。

以我国为例，倘若继续坚持行政权力与学术权力相互融合或以行政权力为主导，高校大小事务乃至于学术活动的开展、管理，都将会受到干预，高校自主办学权也难以保证不受到政府权力的制约。因此，既合理限制高校行政权力，又能够切实保障高校自主办学权力，发挥学术权力的主导作用显得尤为重要。现归纳为以下几点：

首先，准确定位高校职能，弱化行政级别的设立在高校中的地位和作用，给学术研究一片洁净的土壤。

其次，摒弃对大学校长单一任命制，大力倡导通过上级遴选和下级民主推荐的方式，充分发挥上、下两级的积极性，发扬基层民主。定期对校长的治理能力、工作作风、基本素养、道德品质进行审议，严格限制上级主管部门对高校的干涉，鞭策校长真正为师生服务、为学校服务。

最后，形成高等学校内部治理与自我规范、自我约束的完整机制。制定规范、严格的大学章程，并对重要事项进行细化、量化，全面保证其规范实施，使得学校内部各组织、各位教师各司其职，互相监督，依照学校章程办事，抓好人才培养，搞好社会服务。避免行政的学术化，也避免学术的行政化现象。

(二)重视教授的作用，增强大学校园活力

大学的意义在于对绝对精神和学术自由的追求。我们的大学应该致力于培

---

① 参见胡银根、陈梦然：《我国大学校长职业化问题研究》，《山东高等教育》2014 年第 8 期。

② 参见林莉、周鹏飞：《学术权力与行政权力视角下的校、院(系)两级管理模式》，《科技与管理》2006 年第 6 期。

养有所作为的优秀青年人，引导和鼓励他们为未来的社会服务。在传统认识中，学校向来是把观念、精神财富源源不断地传递给一代又一代学生的重要载体。然而在当今社会，教授不应当只成为学校雇佣的工具，机械地传授和灌输知识；教授应该是每一位学生灵魂的导师，是高校得以向前发展的绝对力量支撑。现代大学制度的构建，要注重发挥教授为人师表的作用，把学术留给教授，为大学锻造优秀的大师，以培养更加优秀的人才。

（三）注重塑造大学精神，培养学生自主意识

大学的目标在于培养学生开放的思维、缜密的习惯、谦卑的行为，培养技能型、应用型、复合型人才。高校理所当然应该为学生创造多样化并且相对公平的竞争环境，以鼓励他们学以致用，将来学有所成。但是，作为当代大学生也应当审时度势，注重培养自己的创造性和批判性才能，塑造独立自主的学习意识，增强关怀社会的意识和责任感，依法自主自愿治学，使大学精神深入骨髓。

（四）坚持民主管理，发挥基层组织的积极性

学校内部治理结构的完善，依赖于基层人员的协调和配合。从基层择优选取能力卓越、知识渊博的专家学者作为大学组织的领导者，能够有效避免现在高校管理体制中出现的外行领导内行的现象。奋斗在教学一线的教师成为领导者，能够对科目和课程的设立、教师职称的评定发挥有效的监管作用，避免学术腐败。

（五）以人才培养为目标，倡导大学自主办学

大学发挥着极强的公共职能，社会群众对于大学最本质的期待是要求其为家庭培养有担当的下一代，为社会源源不断地运送优秀、高质量人才。与之相对应，大学的大部分精力都必须要投放在教学工作上，以人才培养为己任，提高人才培养的数量和质量。然而现在的情况是，行政力量直接或间接地干预学科建设、学术研究方向，导致学术自主权力受到极大压制。现阶段要想有所改善，高校必须完善内部机制，加强学术交叉融合和学术创新，只有经过多层次、全方位的体制改革，才能使这一现状得到缓解与改善。但是，现代大学制度的完善不单单要借助学校自己的力量，更需要各高校处理好与政府、与社会之间的关系，而社会要给予大学以宽松的成长环境。只有这样，才能达到百花齐放、百家争鸣的理想效果，现代大学制度的建立自当指日可待。

参考文献

[1]张德祥：《高等学校的学术权力与行政权力》，南京师范大学出版社 2002 年版。

[2]孙华：《大学之合法性》，中国社会科学出版社 2010 年版。

[3]成良臣:《教育思考与探索》,四川大学出版社2013年版。

[4]钟叔河、朱纯:《过去的大学》,同心出版社2011年版。

[5]李从浩:《中国大学行政权力的合法性限度》,《高等教育研究》2012年第5期。

[6]文新华:《聚焦大学章程:如何实现行政权力与学术权力互补》,2013年12月23日《中国教育报》。

[7]黄国铭:《高校学术权力与行政权力配置模式探讨》,《扬州大学学报(社会科学版)》2008年第2期。

[8]刘献君:《正确认识和处理学术权力与行政权力的关系》,《中国高等教育》2012年第2期。

(作者单位:山东政法学院经济贸易法学院)

浅析我国高校去行政化的路径

孙晓玲

近些年来，我国事业单位分类改革正不断深化与推进，高校"行政化"问题成为了学者们关注的焦点，也一度成为社会各阶层人士关注的热点。早在2010年政府工作报告中就明确提出，要逐步推进高校去行政化的改革工作，鼓励高校淡化行政色彩，激励高校教师将更多精力用在教学一线，而非评定教师职称和级别。高校中浓重的行政化色彩只能使学术研究越发成为鸡肋，不断蚕食学术的独立性，进而使得学术权力沦为行政权力的附庸。因而，我国高校的去行政化工作势在必行。笔者基于现有文献资料的研究和实践探索的调查，对高校去行政化的问题认识如下：

一、高校去行政化问题的由来

去行政化的概念由来已久，已在相当多的领域应用，均属于我国计划经济体制时代的遗留问题。在2002年《国际商报》《南风窗》等最早提出了"去行政化"的概念，随后，相当多的刊物对于当时政府插手过多、行政力量无处不在的现象进行了抨击。在当时及以后，就已发表的文章而言，"去行政化"涉及的均是政府直接管理的部门或行业。例如，2003年司法学界提出司法体制应当"去行政化"，2006年呼吁邮政体制急需"去行政化"，2007年媒体开始关注社会团体的"去行政化"，2008年"去行政化"的重点又转向了人大的监督职能，等等。

在高校教育事业中关注"去行政化"相对较晚，但近些年讨论较为激烈。2008年，林善栋在《去行政化与现代大学制度建设》一文中，对于国内高校严重的行政化现象作了详细的论述，并在此基础上讲述了什么是真正的现代大学制度以及如何构建现代大学制度等相关问题。2009年，"现代大学精神"成为了两会关注的热点话题，并由此引发了一轮高等教育"去行政化"的讨论热潮。时至今日，热潮犹在升温。基于此，高校去行政化问题正式成为了学术界研究的重点问题，相当数量的论文与著作如雨后春笋般涌现。更为重要的是，高等教育实践领域也开始出现"去行政化"的改革尝试。

二、高校去行政化问题涉及的主要内容

(一)“去行政化”的本质内涵

在高校中存在的行政化问题远比其他领域中的行政色彩复杂得多,所以,如何去掉行政化的因素也就有不同的方式方法和着手角度。有学者指出,高校行政化的本质就是按照公务员的管理方式治理高校,把教学单位纳入教育行政系统,按照行政编制的方式管理教师。因此,高校去行政化在本质意义上就是“去官僚化”,而绝对不是简单地去掉行政级别的称号,也不是不要行政,或者是完全照搬西方大学的管理方式。可见,众学者对高校去行政化的研究一开始就鞭辟入里。相当部分的研究者从大学和政府之间的相互关系以及大学内部学术权力和行政权力关系出发,提出去行政化目的在于把异化为行政机构的大学,彻底地转变为以学术与文化研究为重心的真正意义上的大学。按照这样的研究路径,有研究者进一步提出,高校去行政化就是要按高等教育的规律办高等教育,具体可以概括为按高校发展规律办学,按学术研究规律从事学术研究和学术管理,按人才成长规律育人,由热爱教育、懂得教育规律的教育家办学等四个方面。[①] 另外,还有学者以大学教育发展历程为视角,对高校去行政化的本质进行了探究,提出去行政化是我国高等教育管理制度未来发展的大趋势,且势不可挡。

(二)高校去行政化的范畴

虽然理论界对于高校去行政化的真正内涵未达成统一意见,但学者们仍然按照各自的理解和认识,对高校去行政化具体范围和对象进行了较为广泛的探讨。总结来看,有两种路径:一是对高校现存行政权力进行透析、分解,降低对高校事务的干预、限制并监督权力的运作;二是尊重学术独立和自由,真正实现“教授治校”。两种思路的契合点就在于要解决行政体制和高校内的行政问题。去行政化的精髓在于规范行政权力的运行,划定行政权力的边界,监督行政权力规范运行、恪守边界。因此,高校去行政化的重点工作就集中在两个方面:一是必须厘清政府与高校之间的行政关系,二是要划清高校内部的行政关系。

然而,从政府与高校的关系来讲,高校去行政化绝不是简单地、绝对地抛弃对高校的行政监管;高校去行政化应主要是强调使高校“独立自主办学、学术自由探索”的要求和理念得到全面、有效的实施。从学校内部管理而言,高校去行政化也不是放弃对学校的人和事的行政管理,因为学校的日常工作和事务需要专人来进行管理。因此,从学校内部治理来讲,高校去行政化是改变学校行政部

① 参见于凤云:《近年来高校去行政化研究述评》,《当代教育论坛》2011年第34期。

门的职能性质，从僵硬的管理转向高效的服务，充分发掘并发挥其对于学校及老师在教学和科研等方面的服务作用。

因此，彻底实现高校“去行政化”，就必须改革高校人事制度。如，可以采取“民选”基础上的职业校长制、聘用制度下的教育职员制和“双轨”型的教师聘任制的三种制度有机结合的方式。[①] 其中，“教授治校”是高校去行政化研究中关注较多的一个重要思路。甚至有学者提出，高校去行政化就是要实现教授治校；教授治校，就是行政权力离开大学的过程，就是高校去行政化。陈何芳的研究指出，为了避免高校去行政化带来的降低决策的科学性、妨碍学术有效开展、阻滞多元权力的参与和监督、破坏高校以“松散联合”为特征的有效运行，迫切需要建立“教授治校”机制，从校级管理和院系管理两个层面“去行政化”。[②] 因此，为了促进教授治校，高校一方面要建立“校级教授委员会”，科学合理地设计委员会的人员组成、决策的范围和运行机制，组织教授参与决策，还要成立“基层学术自治组织”，鼓励教师积极监督；另一方面，还要加强章程和规章的完善，形成系统的制度保障，以减少集权、消除干扰。

三、高校去行政化的路径

在高校和政府二者的关系中，政府究竟应该如何给自己定位，对于高校的管理和运行，政府可以扮演什么样的角色，这需要我们进行广泛而深入的探讨和思考。但是，有两条主线是非常清晰和明了的，即政府需要转变以往全方位干预高校管理的模式，树立起学术独立的思想理念，变管理为服务，将管制转向监管；同时，高校需要淡化行政色彩，加强学术地位。

(一)尊重教育规律，强化人本理念

认清大学之本质，尊重教育之规律，强化人本之理念，是高校去行政化的思想前提。弱化行政权力，使学术权力不断加以强化，必须坚持以人为本的理念，推行教授治校。然而，高校的行政权力集中，必然使教授的学术权力受到限制，则不能激发起这一学术群体的参与意识和监督意识。因此，政府要坚持深化教育体制改革，转变以前学术权力服从行政权力的教育观念，转变过去那种全面干预的管理模式，制定新的运行规则、规范和法规制度，以服务取代管理，强化人本之理念。

---

① 参见于凤云:《近年来高校去行政化研究述评》,《当代教育论坛》2011 年第 34 期。

② 参见王中华:《对“教授治校”的学者态度分析与反思》,《高等教育研究学报》2015 年第 1 期。

(二)承认高校的教育主体地位,赋予高校办学自主权

就现存的高校与政府的关系而言,高校与政府之间更像是一种行政法律关系,政府在扮演管理者的角色,类似行政主体的地位,而高校则是行政相对人,是被管理者的地位,即二者形成了高等教育事务上的行政法律关系。然而,政府对于高校事务的管理不能面面俱到,事无巨细,否则高校自身学术的独立性荡然无存。因此,高校去行政化工作的推进首先需要重新定位政府与高校之间的关系,二者的关系绝不是对立的,而是相互统一的。政府应当转变自身职能,改变过去干预高校内部事务管理的模式,承认高校的教育主体地位,赋予并充分尊重高校自主办学权,促进高等教育事业蓬勃发展。

(三)转变政府的工作理念

在高等教育事务中,政府自身的定位就应当是一个彻底的服务者,为教师和学生提供教学研究和读书学习的服务,要把自己的行政权力回归到服务的本位,要深刻意识到政府在高校的工作就是围绕教师和学生而开展的,始终把为师生服务作为高校管理工作的重心,一切从大学的发展规划和师生的需求出发,要深刻地认识到大学是一个具有独立性的学术性组织,而不是某个政府机关的附属机构,要摆脱以往动辄对高校发号施令的工作习惯,这样才能真正转变对高校的工作思想和理念。

(四)消除高校中行政职位的特权

在高校中,众多学者教授热衷"双肩挑"岗位的竞聘,这是行政类职位存在特权决定的。行政类的职位既拥有对学校日常学术事务行政管理的权限,也拥有学术资源的分配权。行政权力在学术资源的分配中发挥作用无可厚非,但不该是直接掌控和分配,更主要的应该是一种监督作用。而现状是行政权力决定着学术资源的分配,学者要想获得学术资源,只能通过各种方式向行政权力申请,这就导致很多人热衷"双肩挑"岗位的承担。因此,要想彻底减少"双肩挑"现象,必须消除行政职位的特权。

(五)正确分配内部权力资源

学术是学校发展的动力源泉,崇尚学术,以学术为中心,是高校管理现代化的表现特征之一。学术本位管理要求专家、学者不能从政,同时,行政人员也不得参与到教学科研一线,以防止"官本位"的行政权力侵蚀学术。因此,高校内部资源的配置,包括行政资源和学术资源的配置,必须科学、民主、合理,即聘请教育家担任校长,将其教育思想和教育理念贯穿到学校的治理,全面专门地负责行政工作,科学、合理地设置管理岗位,知人善任,使优秀管理人员各得其所,甘于奉献;由教授来治学,合理配置学术资源,优化办学资源的配置,使行政权力服务于学术权力,提高管理水平和学术质量。

(六)彰显学术权力的本位价值

高校中的学术组织是指以提高教学科研水平和促进学术发展为目的的,主要由学校各个专业、学科的专家学者代表组成,根据学术和教学科研的规律以及知识的权威性,对学术事务具有咨询、审议、评定、决策的管理权力的学术团体,是大学内教学科研人员管理学术事务和参与学术决策的主要方式和途径。[①] 在美国,由教授和教师组成教授会,代表学术权力与行政权力相互制衡,在大学管理中发挥着重要的作用。我国也有类似的组织——学术委员会,是学校学术审议和咨询的机构,主要由教授组成,是行使学术权力的主要组织。因此,要彰显我国高校的学术权力的本位价值,必须要让学术委员会在高校管理中发挥出实际的作用。

(七)树立专家教授治学的理念

目前,在高校行政化的大环境下,学术委员会的教授治学功能没有得到充分发挥,表现在许多高校在资金配置方面,习惯做法是行政配置代替学术配置,行政人员几乎掌握了学校的全部学术与公共资源,而教授、普通教师在学术资源配置上是处于被动位置,没有话语权,从而使学术资源得不到优化配置。此外,一些高校由校长担任学术委员会主任,在教师的聘任、考核、晋升,学校的人才培养、学科发展、课程设置以及学术资源的分配等方面,不可避免地使行政权占据主导地位。要解决这一问题,必须思想上树立专家教授治学的理念,充分认识并发挥校学术委员会的作用,赋予其学术资源配置权,确保学术权力和行政权力的充分分离;提倡教授民主治校,成立教授委员会,真正使教授委员会成为高校的核心机构,在包括学校的学科发展、课程设置、人才培养、教学科研成果评定等一系列重要事项上,发挥学术评价和决策职能。

综合以上研究成果可以发现,大学去行政化之热议,一方面反映了大学“行政化”的社会影响面之广,另一方面也说明当前对大学“去行政化”的认识仍处于“离散”状态。我们相信,只要能够从根本上转变观念、落实政策,我国高校去行政化是可以实现的。

参考文献

[1]张凌:《我国高校去行政化问题研究》,哈尔滨工程大学硕士学位论文,2013 年。

[2]余波:《高校去行政化改革的必由之道——去行政性刍议》,《张家口职业技术学院学报》2014 年第 1 期。

① 参见董伟:《我国高校管理者“双肩挑”现象研究》,河北大学硕士学位论文,2013 年。

[3]罗诚:《试析我国高校去行政化改革的若干问题》,《经济与社会发展》2013 年第 6 期。

[4]于凤云:《近年来高校去行政化研究述评》,《当代教育论坛》2011 年第 34 期。

[5]郑菊芳:《伦理视阈下我国高校管理去行政化问题研究》,长安大学硕士学位论文,2012 年。

[6]李树林:《对构建现代大学制度体系的思考》,《边疆经济与文化》2009 年第 5 期。

[7]邬敏:《高校去行政化的可行性研究》,内蒙古大学硕士学位论文,2013 年。

[8]谢艳:《教授治校与大学去行政化》,《学理论》2013 年第 6 期。

[9]吕虹:《中国高校去行政化研究》,安徽大学硕士学位论文,2014 年。

[10]王中华:《对"教授治校"的学者态度分析与反思》,《高等教育研究学报》2015 年第 1 期。

[11]张轶辉:《美、德、日三国大学评议会制度研究——兼论我国大学学术委员会制度的改革与发展》,东北师范大学硕士学位论文,2010 年。

[12]皇俊红:《基于自主办学下的政府与高校关系研究》,西安理工大学硕士学位论文,2010 年。

[13]丁养斌、王丽:《高校法律地位检视》,《青年科学(教师版)》2014 年第 4 期。

(作者单位:山东政法学院经济贸易法学院)

全球化背景下的高校治理

唐戈扬

一、全球化推动高校治理的改革与创新

时代的发展必然影响到高校治理的变革，全球化时代也对高校治理提出了一系列新的要求。这些要求具体反映在以下几个方面：

(一)全球市场的形成要求高校治理从制度上增强市场取向

随着全球市场渐趋形成，高等教育领域也相应地出现了产业化和非产业化的论争、市场化与去市场化的论辩，以及高等教育是否属于公共产品的大讨论。抛开种种争论，根据日内瓦 WTO 统计和信息系统局按服务的部门(行业)划分，教育服务(Educational services)属于 12 类服务贸易中的第 5 类。WTO 服务贸易总协定第 13 条规定，除了由各国政府彻底资助的教学活动之外(核定例外领域)，凡收取学费、带有商业性质的教学活动均属于教育贸易服务范畴。教育作为服务贸易及服务业的重要组成部分，无法独立于市场规则之外，并且随着经济全球化的发展与市场的关系更为密切。高等教育市场化趋势主要表现在：政府减少公共拨款，降低高等教育经费占 GDP 的比例；改变对高校的经费拨款方式，引入竞争机制；举办私立高校，扩大私立高等教育规模；拓宽高校经费渠道；实行学费政策和提高学费水平；激励高校进行技术转让、开展培训、网络教育和其他有偿服务；招收自费留学生，拓展海外教育市场等。

全球市场的形成也使得高等教育国际化的进程不断加快和深入。高等教育资源呈现出越来越强的国际流动特征，其中以学者流动、学生流动最为明显。伴随着高等教育资源的国际流动，高等教育正在成为一种重要的产业，也成为一个国家综合国力的重要体现。但由于各国原有的高等教育管理制度在办学资格认定、学位认证、质量标准等方面的规定不同，给跨境高等教育的开展造成了一定的制度障碍。为消除这些障碍，区域性和国际性的教育合作协调组织出台了一系列的共同管理或指导制度文件，如 2004 年，国际大学协会与美国教育理事会、美国高等教育认证委员会、加拿大大学与学院联合会共同起草了《分享优质的跨

境高等教育:一份代表世界范围内高等院校的声明》,该文件界定了跨境高等教育的基本原则,并对各国实施跨境高等教育提出了合理建议。

(二)多元文化要求高校治理从理念上进行创新

高校在文化传播中的前沿地位和再造能力使它们对全球化的感知比其他机构更深刻、更强烈。当今世界文化的传播早已打破地域的界限,并在传播的过程中被塑造和重塑。在跨越国界的沟通和交流中,高校一方面直观地了解了不同的治理形态,另一方面也感受着多样的治理理念。碰撞和摩擦不可避免,这也凸显了求同存异和创新的重要性。

随着全球化的发展,包括市场理念、政治理念以及相应的话语体系在内的文化力量在世界范围内流动。全球化进程中,市场化理念已经渗透到高等教育的各个领域;政治理念也通过政策变革彰显其力量;全球化的话语体系"构成了高等教育全球化的理念模型,包括认知的和本体的现实模型,指出了世界各国应该吸收的合理建议,包括高等教育本质、目的、资源分配、治理等方面。这些理念'存储'在政策文件中,从国际组织以及高等教育强国那里传播开来"。诚然,"全球化不能被简化为将同样的政策统一强加给所有国家",全球化"影响国家高等教育制度或政策的过程及机制本身就是多元化的",也是"一种内化和本土化的过程"。因此,各国在推进高校治理改革过程中,必须处理好"移植与创新"的关系,也就是既要合理借鉴广泛传播的理念模式,更应注重结合本国国情在高校治理的理念、制度与模式上自主创新,形成本土化的特色。

(三)分权制衡要求高校治理在管理体制上进行创新

管理分权化是管理民主化的重要标志。管理分权化要求高等教育在管理体制上减少政府干预,其实质就是要求政府合理分权,减少活动范围,提高管理效率。20 世纪 70 年代,西方许多国家开始奉行新自由主义,政府由"无限政府"转向"有限政府",同时进行高等教育管理体制的改革,改革的趋势是注重发挥市场机制的作用,减少政府对高等教育的直接干预,增强高等教育机构的自主权,如不少国家政府将对大学的财政资助政策由原来的直接投入转变为竞争性投入,即按照大学的绩效完成情况给予资金资助。有些国家政府为了鼓励大学提高办学质量,鼓励民间性质的专业机构来对大学进行资格认可和质量评估等工作,如英国的中央教育审议会和全国地方高等教育审议会、法国的全国高等教育及研究审议会、日本的中央教育审议会,其组成人员除行政官员和专家学者外,还包括教职员、社会各界人士和专业团体代表等,从而保证了评审的客观性和专业性。

二、全球化背景下高等教育的治理

上述关于全球化背景下高等教育发展的新趋势和新特点客观上对高等教育的管理和规制提出了新的、更高的要求，而治理理论的提出对此作出了很好的回应。经济合作与发展组织（OECD）于1999年和2004年两次发布《公司治理原则》，主张公司治理包括以下六个主要方面：保证一个有效的公司治理框架、保护股东权利、平等对待股东、重视公司治理中利益相关者的角色、及时准确地披露信息并增加透明度、公司董事会对公司进行战略指导和有效监管并对公司和股东负责。这对当下高等教育治理不无借鉴意义。俞可平教授认为，治理不同于统治，两者的不同主要体现在下述两个方面：第一，虽然治理和统治都需要权威，但治理的权威并非源自政府机关，而统治的权威必定源自政府。统治的主体是社会的公共机构，而治理的主体既可以是公共机构，也可以是私人机构，抑或是两者的结合。治理是一个比政府更为宽泛的概念，从现代的公司到大学以及基层的社区，如果要高效而有序地运行，可以没有政府的统治，但是不能没有治理。第二，政府统治的权力运行是自上而下的和单向度的，而治理则是上下互动的管理过程。

虽然治理概念最初发轫于经济学并进而被引入公共管理及政治学等领域，虽然在全球化理论中它通常以"全球治理"的面目出现，并且其主要关注的是全球公民社会影响力渐强背景下国家与上述两类全球行动者之间如何互动的问题，它还是为我们思考当前高等教育管理及规制问题提供了恰当甚或最恰当的视角。一般而言，高等教育的管理和规制包含两个层面：一个层面是政府主导的科层制模式，另一个层面是私域范畴的自治模式。前一种模式是自上而下的，后一种模式则是水平的和上下互动的；前一种模式涉及的是政府、科层、命令及服从，而后一种模式则更多地意味着商谈、对话和专家自治。全球高等教育的上述新特征，如政府投入的减少、自治程度的增加、市场化程度的增强等都使得纯粹科层制模式独木难支，高等教育的发展在客观上需要新的治理模式。

高等教育的治理模式并不排斥国家权力，事实上，在可预见的将来，国家权力仍然是高校治理中最为关键的因素，国家权力在高等教育目标的设定、宏观规划和整体引导等方面的作用不但没有弱化，反而有进一步强化的趋势。

但另一方面，就总体趋势而言，涉及高等教育的国家权力正朝着两个方向分散。从垂直方向来看，中央对高等教育的权力正向着省、市层面分散；而从水平方向来看，政府权力正向着众多非政府行为者分散。

高校治理模式在关注国家权力的同时，也关注大学自治和学术自由。实践表明，当大学自治的传统得到很好的护卫和尊重时，作为探究之场所和学问之殿堂的大学就能发展良好；反之，当国家权力、市场势力和来自社会方面的力量过分干预大学运行时，其发展就会趋于停滞，甚至出现倒退。这就是为什么针对我国高等教育日益行政化的倾向，国务院新近审议通过的《国家中长期教育改革和发展规划纲要（2010～2020年）》明确提出，要“推进政校分开管办分离”，“逐步取消实际存在的行政级别和行政化管理模式”，“落实和扩大学校办学自主权”，并要“完善中国特色现代大学制度”，“完善治理结构”。

高等教育治理的核心还是关系的治理，从大学与外部世界的关系来看，大学与政府、大学与商业组织以及大学与社区之间存在高度复杂的互动和影响，大学走出象牙塔，逃离政府全方位的控制，逐渐适度迎合市场需求并满足社区需要，这已是大势所趋。从我国大学内部来看，当前，职工代表大会和学术委员会的权力存在明显缺位，“官本位”思想盛行，行政化管理模式当道，进一步理顺大学党委、职工代表大会、行政管理部门以及学术委员会之间的关系势在必行。从该视角来看，我们还应重点关注下述问题：一是大学运行效率与民主参与之间的关系问题，人们一般认为两者之间的张力是无法避免的，但这种张力到底在多大程度上存在，两者之间何者优先，效率的着眼点是短期利益还是较长期目标的成功贯彻执行，这些问题都需要认真探讨和仔细甄别。二是信息公开和透明度问题。当前高校治理方面的难题中，有很多都可以归咎于信息封锁和信息垄断所造成的信息不对称，而没有充足的信息，教职员工和学生参与学校决策过程只是空话一句，对权力的监督也容易流于形式。三是责任制问题。没有人负责的事情一般很难被完成，没有明确的权责关系，权力部门相互推诿在所难免。

三、中国高校治理适应全球化要求的主要方略

首先，高校治理必须树立国际意识和全球意识。时至今日，高等教育机构不仅深深嵌入一国的政治经济结构中，也牢牢嵌入全球高等教育格局之中，没有哪个高等教育机构乐于看到自己被排除在教育全球化进程之外，这客观上要求高等教育机构树立国际意识和全球意识。

其次，建构“宏观调控”“自主灵活”的高校治理机制。要适应全球化的激烈竞争，中国高校治理机制要进一步理顺中央政府、地方政府、高校和社会四个行为主体之间的关系。

一是要求中央政府和地方政府进一步转变职能。从中央政府看，需进一步加强科学管理，完善宏观调控；管理的手段要由行政干预、计划命令转为统筹管理、政策指导、组织协调、信息服务与评估监督；调控的内容主要是发展规划的制

定、经费预算与统筹、教育机构的设置、各类证书与学位标准的制定、质量标准的监控等。从地方政府看，需进一步转化角色意识，强化统筹行为，提高统筹效能。随着高等教育管理体制改革的深化，地方政府已获得了较大的地方高等教育统筹权，但不能仅仅是把高校管理主体由中央变成地方，而是要从过去的“执行”角色转换为切实承担“统筹”重任的角色，优化高等教育资源配置，协调地方高等教育与地方社会经济发展的关系。

二是要落实高校法人地位，使之真正成为自主灵活的办学实体。应借鉴西方的契约理论和委托代理理论构建政府与高校的契约关系，从法律和制度上增强和明确高校在人事管理、机构设置、学科专业设置等方面的自主权，同时引导各类高校依法制定学校章程，依据章程进行自主管理。此外，要通过各种改革不断增强高校适应社会的主动性、灵活性与高效性。如通过改革考试和招生制度，健全自我选择机制；通过提高教育质量，健全自我发展机制；通过加强内部管理体制改革，健全自我激励与约束机制。要发挥社会中介组织作为政府与高校之间关系缓冲器的作用，鼓励各类教育中介组织参与高等教育的质量评估与监督，健全社会参治机制。

三是以全球市场为导向构建市场与理论、素质并重的中国高等教育。过于注重市场需求可能会导致急功近利的职业主义倾向，其结果必然是既无法满足市场的真正需求又断送了高等教育。但从当前中国高等教育的现实情况看，我们可能不是过度重视市场需求，而是对市场的要求重视不够，尤其是对全球市场的需求重视不够。这一方面表现为我国高等教育无法完全适应国内高等教育市场，无法真正满足学生的高等教育消费需求；另一方面，我国高等教育缺乏在全球市场上的竞争力，无法真正实现高等教育的出口。另外，我们面临的不仅仅是教育出口方面的竞争，在全球高等教育市场上，对胜任的教授、有竞争力的生源、教育资金等的争夺正日趋激烈，建构以全球市场为导向、理论创新与人文素养并重的高等教育已迫在眉睫。

参考文献

[1]董泽芳:《全球化时代中国高等教育管理的困境与出路》,《高等教育研究》2013 年第 10 期。

[2]王洪才、戴娜、刘红光:《全球化背景下的国际学生流动与中国政策选择》,《厦门大学学报(哲学社会科学版)》2014 年第 2 期。

（作者单位：山东政法学院外国语学院）

高校治理中的社会参与:现状与反思

徐　艳

一、概述:高校治理中的社会参与

(一)高校治理的基本理念

我国的高校治理机制形成于计划经济时代,受特殊政治管理模式的影响,我国政府与高校之间存在着严重的上下级依附关系,高校治理呈现严重的"行政化"色彩。随着高等教育改革的不断深化,教育理论及实务界对传统高校治理模式的弊端进行了反思,并尝试通过引入国外高校治理的新理念来变革传统的高校治理体制。

关于高校治理的基本理念,国内外学术界讨论较多,论述也各有不同。① 我国首次提出"大学治理"(University governance)这一概念的是经济学家张维迎教授,他在《大学的逻辑》一书中指出:"大学的理念也好,目标也好,要通过一整套的制度安排来实现。这些制度安排就是治理结构,就是大学的治理(University governance)。"②

综合各种理论观点,现代高校治理理念强调与传统管理理念的不同,传统管理理念强调自上而下的垂直管理,而治理概念则关注与高校有关的利益相关者和社会群体的利益诉求和实现;这种理念下的制度安排确保了不同利益主体之间关系的有序和谐,既能够激发大学的办学活力,亦能够确保大学公共利益目标的实现。

(二)社会参与高校治理的必要性和意义

1. 社会参与高校治理,有助于抑制现代大学治理中过度"行政化"的趋势

受计划经济体制下行政集权模式的影响,长期以来,我国政府与高校之间存在着严重的上下级依附关系,政府在二者的关系中处于主导地位,而高校则处于

---

① 参见郝永林:《大学治理的社会参与:中国情境及其实现》,《大学教育科学》2014 年第 3 期。

② 张维迎:《大学的逻辑》,北京大学出版社 2004 年版,第 4～5 页。

被管理的地位。在这种体制下，高校间缺乏竞争机制，政府的人力物力投入与高校教育质量的提高并不必然成正比，高校不能有效利用社会力量促进自身发展。基于此，社会对高校治理“去行政化”的呼声越来越高，《国家中长期教育改革和发展规划纲要（2010～2020）》也提出“推进政校分开、管办分离”，“逐步取消实际存在的行政级别和行政化管理模式”。

社会力量参与高校治理，能够打破政府与高校形成的封闭关系，促进高校充分利用民间资本。同时允许其他社会组织、团体、个人参与高校事务，也是高校民主性的充分体现。社会参与是构建《国家中长期教育改革和发展规划纲要（2010～2020 年）》提出的“政府、高校、社会之间新型关系”的必由之路，也是适当制约行政权力、形成各利益相关者共同治理高校良好结构的必然要求。

2.社会参与高校治理有助于克服现代大学运行中的过度“自治化”倾向

我国传统的高等教育管理以学生和教师为基础，高校管理的重点围绕教学和科研而展开，内容包括教育制度、管理体制、专业设置与人才培养、课程体系、教学过程及方法等。因此，在这种体制下，高校关注的是形成学校内部价值，缺乏对教育产业“价值链”的整体考虑。这种管理体制忽视了对利益相关者利益的考量，这些利益相关者主要包括：政府、社会、高校行政管理人员、教师和学生等。

我国高校承担着人才培养、科学研究和社会服务三大职责，而高校职能本质上就是对社会所承担的责任，高校治理的效果最终也体现在社会的受益上。随着高等教育的改革发展，高校也承载了更多的社会期望和需求。因此，高校治理应以社会需求为导向，承担更多的社会责任，与此相适应的就是利益相关者参与高校治理，而社会作为高校治理利益相关者的重要一方，理应在高校治理中发挥更大的作用。

3.社会参与高校治理是深化教育改革的必然要求

随着“治理”理念的深入，新一轮的高等教育变革正在全球兴起。治理理念强调多方力量的协同合作、共同参与，因此，在高校治理中引入社会参与，形成“政府—高校—社会”多元共治的局面是深化教育改革的必然趋势。

我国的高等教育已从精英阶段进入大众化阶段，高校治理中理应由更多的社会力量参与。社会力量的广泛参与可以将国家和地区对学校人才培养的要求、市场的就业信息等及时传递给学校，使学校办学以社会为导向，形成学校、社会相互依赖、相互服务、相互促进的共赢局面。

二、现状：社会参与高校治理面临的问题

我国高校治理已经存在一定程度的社会参与，随着经济社会的发展，参与高

校治理的社会力量也在不断增多，社会参与途径以及内容也越来越广泛，具体体现在：部分社会人士受邀参与高等教育法规政策的制定、修订；许多高校邀请热心教育的社会各界代表参加高校董事会；产学研合作不断加强；教育职能部门积极探索专家进校评估和社会评价相结合的高校评估机制。

虽然我国高校治理中社会参与的形式、内容不断丰富完善，参与机制也在慢慢建立，但受诸多因素的影响，我国社会参与高校治理仍处于起步阶段，还存在许多现实问题。

（一）社会参与高校治理的意识不足

由于长期计划经济形成的"大政府"观念的影响，长期以来，我国的高等教育发展都是在政府的主导下运行，高校对政府的依赖性很强。与此同时，社会大众也潜意识地认为高校治理在很大程度上是政府和学校的责任，这种潜意识直接导致了社会大众参与意识的缺乏和淡薄。

目前，社会对于参与高校治理在观念上还仅限于既得利益的考量，例如许多民办学校的投资者用企业的理念来经营学校，追求投资回报，甚至采取不当手段谋求短期利益。社会民众缺乏参与高校治理的主体意识、责任意识，导致参与的主动性较低。即便是部分个体或社会团体参与了高校治理，也多处于被动或盲从地位。

（二）社会参与方式单一，效果不明显

目前，社会参与高校治理的方式主要集中在：投资主体投资办学、金融机构提供贷款、民办教育协会咨询指导、社会人士参与管理等，但是社会参与的广度、深度远远不够，没有取得实质性的效果。许多投资主体在经济利益的驱动下投资办学，追求投资回报，甚至采取不当手段谋求短期利益。另外，产学研合作投入巨大，但合作绩效低下。大学与企业的联系不够紧密，其科研机构一般进行封闭的知识生产和技术创新，大学在产学研合作中相对被动。产学研合作中，很多大学关注的是论文和专利，产学研合作并未成为大学人才培养和知识创新的新途径。总体来看，企业、个人、公益组织对高校的资金支持较少，也很少参与到高校的内部治理活动中去。社会参与的方式呈现单一化特点，参与广度、深度也远远不够。

（三）社会参与高校治理的体制不完备

社会参与高校治理离不开一套相对完备的参与体制的保障，这包括高效的参与方式、合理的参与内容及其相关利益需求的表达机制、保障机制。

当前，我国没有建立社会参与高校决策的体制，社会力量很难参与到高校重大事项的决策中；在相关法规政策中，社会参与在高校治理中的地位亦不明确；诸如教育中介组织之类的社会参与机构的发展还相当不完善，没有像国外高校治理中高度发达的评估、监督、决策咨询中介机构。而因评价指标体系和院校作假等一系列问题，政府主导的教学水平评估的科学性和公正性受到了很大质疑。在参与体制缺失的情况下，已有的社会参与呈现出临时性、短暂性、无序松散的状态，完善的参与体制的缺失已经成为影响社会参与效能的重要因素。

三、根源：社会参与高校治理面临问题的原因分析

（一）经济条件的制约

社会参与实践与社会参与意识紧密相连，而经济基础决定上层建筑，所以社会参与需要一定的经济基础作为支撑。经济发展与社会参与密切相关，没有一定的经济基础，人们不可能对社会事务产生应有的关注。高水平的经济发展才会催生广泛积极的社会参与，经济更发达的社会，也趋向于赋予社会参与公共事务更高的价值。

我国经济的快速发展为社会参与高校治理提供了一定的物质基础，也促进了社会参与高校治理的进程。但是经济发展不平衡，经济发展水平还不足以催生广泛、有深度的社会参与。目前，我国社会参与高校治理的动机还仅限于既得利益的考量，参与主体更注重实实在在的经济利益，而不是参与权利。受经济发展水平的制约，我国社会参与高校治理的深度、广度及其参与意识都受到不同程度的影响。

（二）保障制度的缺失

在当前的高等教育体制改革中，相关部门已采取多种举措来鼓励社会参与高校治理，但是由于社会参与保障制度的缺失，社会参与意识淡薄，参与力度不大，参与效果也大打折扣。制度的缺失使得高校参与社会治理的方式和途径得不到保障，已有的社会参与实践也处于无序混乱的状态。

这里所谓的保障制度是以某种明确的形式被确定下来的、保障社会参与高校治理效能的法律、法规政策、规章、契约等。目前，社会参与保障制度的缺失主要体现在：有关社会参与的方式和内容的制度不完善；社会参与的主体地位不明确；各相关利益主体之间的权责关系不明确；社会对高校的监督机制不健全。社会参与保障制度的缺失，不仅使社会参与高校治理的效果大打折扣，而且打击了社会参与高校治理的积极性，严重制约了社会参与高校治理的深度和广度。

（三）社会参与权利意识淡薄

深化社会参与离不开包容民主的文化氛围。然而，两千多年的封建君主专制统治使得封建残余思想在当今社会仍有一定的影响，长期的专制传统造成民众对权力的顺从性、臣属性、依附性，社会大众普遍缺乏民主意识、权利意识。权

利意识的弱化导致了民众参与高校治理的自觉性与积极性不高，社会大众倾向于认为高校治理是政府与高校的事，与自己无关。

另外，我国在长期计划经济体制下形成的高度集中的高等教育管理体制，行政主导占主要地位，而社会较少参与。高校在宏观层面及学校内部事务上都要受行政力量的主导，政府牢牢地控制着高校的管理权，缺少分权。这种传统更加剧了社会参与权利的弱化，影响了社会公众参与高校治理的主动性，阻碍了社会参与力量的发展壮大。

四、反思：完善社会参与高校治理的对策分析

（一）转变观念，积极培植并强化社会参与意识

思想是行动的先导，社会参与意识是决定社会力量能否有效参与高校治理的重要因素。

从高校角度来说，高校自身要解放思想，改变传统的教育观念，积极吸收社会力量参与高校管理。高校要主动公开办学相关的资讯，让社会了解相关情况，接受社会的监督，以便社会个人或团体给出有针对性的建议；另外高校要主动加强与社会相关利益主体的联系，如通过多种途径展开与用人单位、家长等主体的交流，了解相关主体对学校办学理念、培养模式的看法，吸取有益的建议，不断完善高校治理模式，使学校的发展更加符合社会发展的需要。

对于社会相关利益主体（如企业、家长、中介组织）而言，要树立“教育关乎全社会和每个公民”的观念。社会、企业只有依靠科技人才，才能在国际商业竞争中获得立足之地。而没有广泛的社会参与，仅仅依靠高校自身的力量，有竞争力的、高层次人才的培养目标很难实现。作为高校治理利益相关者之一的家长、社会人士拥有监督、评议学校工作的权力，不仅有参与高校治理的权利，更有关心、支持、配合高校治理的义务。[①] 强化社会参与意识，高校和社会都要转变观念，但政府也应适当介入，加强舆论宣传，借助新闻媒体及大众舆论的力量对社会参与的重要意义、必要性等进行传播，营造社会参与高校治理的积极氛围。

（二）多措并举，着力完善社会参与保障机制

第一，加强高等教育管理法制建设，推动社会参与法制化。要在高等教育法律法规中明确社会参与在高校治理中的作用，以及社会参与的方式途径；要吸收社会力量参与高等教育法律法规的制定过程，重大法律法规、改革创新在实施前及实施过程中要广泛征求社会意见和建议。

---

① 参见郭继东：《关于社会参与学校管理的思路与实践对策》，《天津市教科院学报》1999 年第 6 期。

第二，建立社会参与高校决策的管理机制，在自主管理中促进社会参与常态化。高校要不断强化自身的社会功能，把建立社会参与机制作为深化教育改革的重要内容。要不断吸收社会力量参与到高校的内部决策过程，提高决策的科学性。要积极探索并完善大学董事会（理事会）制度，提升治理能力。董事会（理事会）制度能改变过去封闭办学的模式，并能有效避免大学内部权力过于集中的问题。完善大学董事会制度，需要改变董事会（理事会）是筹集资金机构的认识，让董事会（理事会）在人才培养、战略决策等方面都发挥应有的作用。

第三，强化保障机制，促进社会参与高校治理的持续化。社会参与高校治理的可持续性离不开一套完善保障机制，这主要包括：(1)政策法规保障机制。社会参与主体的权责分配及参与方式和途径都离不开法律法规的规范和保障，配套的政策法规能保障社会参与高校治理高效有序的进行。(2)经费保障机制。社会参与高校治理离不开一定的物质支撑，必须探索多渠道的经费保障机制，保障社会参与高校治理有足够的财力支持。(3)激励促进机制。“长期生效的激励比短期生效的管束更加行之有效”[①]，高校教育的成果最终是要通过整个社会的受益来体现，高校要不断增强服务职能，满足社会需求，激发社会力量参与高校治理的欲望。

(三)加强社会监督，完善高等教育质量评估方式

当前，高校治理中出现了许多新问题，如腐败案件、权利寻租现象等，这从某个侧面暴露了高校自我约束力的不足。社会监督能弥补行政主管部门监督和高校自我约束制度所存在的不足，保证监督结果的客观性和公信力。加强社会监督，是保障利益相关者利益的应有态度，是顺应高校治理的国际发展趋势。为此，要加快高校信息公开制度建设，推动高校更好地承担社会责任。如今微博、微信等新媒体手段的应用，加速了高校信息公开的步伐，这对完善社会监督机制，促进高校与社会的互动具有重要意义。

完善的教育评估制度是由政府评估、社会中介评估和学校自我评估三方共同组成的，彼此之间不可替代。[②] 而我国目前的教育教学评估强化了政府评估，漠视了社会中介组织的评估。而因评价指标体系及院系作假等问题，政府主导评估的科学性、公平性受到很大质疑。因此积极发展和培育专业的社会评估机构是我国教育改革和发展的必然选择。然而，中介组织只有依靠科学、公平、高质量的评估工作，才能提供专业的、被社会认可的服务。因此，必须探索建立公

---

① 参见[美]伯顿·克拉克：《高等教育新论——多学科的研究》，王承绪等译，浙江教育出版社 2001 年版，第 43 页。

② 参见李亚东：《试论我国教育评估中介组织的构建》，《教育发展研究》2002 年第 11 期。

正科学的评估指标体系、科学规范的评估制度，推动社会中介组织对高校学科、专业、课程等进行质量评估。

参考文献

[1]张维迎：《大学的逻辑》，北京大学出版社 2004 年版。

[2][美]伯顿·克拉克：《高等教育新论——多学科的研究》，王承绪等译，浙江教育出版社 2001 年版。

[3]郝永林：《大学治理的社会参与：中国情境及其实现》，《大学教育科学》2014 年第 3 期。

[4]郭继东：《关于社会参与学校管理的思路与实践对策》，《天津市教科院学报》1999 年第 6 期。

[5]李亚东：《试论我国教育评估中介组织的构建》，《教育发展研究》2002 年第 11 期。

[6]彭宇文：《高校法人治理结构的构建》，《教育研究》2010 年第 3 期。

（作者单位：山东政法学院外国语学院）

打开高校办学自主权大门，坚持特色兴校道路

杨　波

一、打开高校办学自主权的大门

高校办学自主权的概念，最早可追溯至欧洲中世纪。在我国，高校办学自主权发端于清末民初并深受西方思想的影响。高校办学自主权是指高校按照其自身教育规律办教育，重视特色发展，关注人才，崇尚学术自由。政府是高校的管理者，行使行政权力，对高校发展规划、办学质量监督引导。在市场经济迅速发展的今天，政府以及社会各界正在倡导高校办学的自主化。政府应简政放权，让学校流入社会、市场的血液，引导高校根据自身特点行使学术权力。

（一）高校办学自主权与政府的关系

谈大学办学自主权与政府的宏观管理，我们首先要明白大学为什么需要有更多的自主权。我们先从西南联大来谈大学办学自主权的重要性。西南联大由北京、清华和南开三个大学合并而成，它产生于战乱时期，解散于和平时期。从西南联大走出了杨振宇、朱光潜等一批科学家和一批文学家，在那时文化繁荣，创造出了一个历史神话。为什么西南联大在艰苦的条件下可以创造出如此辉煌的成就？笔者认为有三点原因：(1)政府无力干预；(2)师生享有学术自由；(3)坚持民主办学、教授治校。由于延续了北大的自主传统，西南联大对于政府当局所发出的有可能损害大学发展的种种要求敢于抵制，从而在一定程度上维护了大学的独立性和正当利益。这几点也突出证明了大学需要办学自主权。

由于我国历史原因，政府对大学的管理干预较强，并且大学办学自主权曾经一度中断，邓小平同志提出："科学技术是第一生产力，而科学技术的普及与提高又必须依靠教育。"这一论断为高校办学自主权的提出奠定了基础。这时政府需要转变职能，改变直接管理大学的管理方式，发挥政策的导向作用。根据国家战略发展需要，调整教育布局，政府需要改变自身，减少对大学不必要的行政干预，并引入多方社会力量办学。

20世纪80年代后,国家对大学的自主权逐步放开。1985年5月,《中共中央关于教育体制改革的决定》提出,要扩大高校办学的自主权,这是政府为高校办学自主权开的第一扇窗。1986年3月,国务院颁布的《高等教育管理职责暂行规定》明确,高等学校有招生分配、财务管理、人事管理、科学研究、教学管理、国际交流等八个方面的权利,这是政府为高校办学自主权开的第二扇窗。1992年8月,国家教委印发了《国家教委直属高校深化改革,扩大办学自主权的若干意见》,规定了高等学校16条办学自主权,涉及学校管理和办学的各个方面。1993年,国家印发的《中国教育改革和发展纲要》中明确提出,要调整招生、专业、机构设置、干部等方面,并进一步扩大高等学校的办学自主权,这为高校的办学自主权开了第三扇窗。1998年,《中华人民共和国高等教育法》明确规定"高等学校应面向社会,依法自主办学,实行民主管理",并在第三十条规定其法人资格,明确了高校办学者的法律地位。十八届四中全会期间,习近平总书记提出了依法治国的伟大战略目标,相信在不远的将来,大学办学的自主权会逐步法制化。山东政法学院作为法学类特色院校,也正在积极完善大学章程,不断深化教育改革。

(二)高校办学自主权与社会的关系

高校办学自主权需要社会各方面支持,这对政府的宏观管理又提供了新要求。所以,为了使高校真正享有办学自主权,我们必须要健全高校的现代法人治理结构,合理地处理国家是投资者、政府是管理者、学校作为办学者之间的关系,让三方明确权利、义务及责任,制定合理、法制化的制度来扫清高校办学自主权道路上的障碍,开拓高校更为广阔的发展空间。大学办学具有自主权后,会使学校培养的人才更适应社会的发展。高校作为社会系统中的一个重要组成部分,具有独立的法人资格,它的存在、运行、发展离不开社会的支持。事实上,今天高校不再是过去的象牙之塔,而是像医院、银行一样与人们的生活息息相关,例如美国高校与社区、公园一体并无围墙。高校面向社会办学,在政府宏观管理的大环境下,自主依据市场变化调整办学方向及目标。这一社会发展现实要求学校要有面向社会的思想准备,并主动适应社会的发展。然而大学与社会发生联系,往往需要通过政府才能实现。政府在监督大学质量的同时,更应该加强社会、工商联企业对大学的监督。在政府的宏观管理下,高校发展必须与市场经济发展相适应,为社会主义市场经济的推动与发展作出贡献。

对政府而言,职能需要转变,改变直接对大学进行管理的方式,发挥政策的导向作用,并根据国家的发展战略调整教育布局,根据人才培养需要,调整人才培养机制和评价体制,重点提供规划、信息服务、正确指导等,减少对大学的行政干预。

政府要改变对大学单一的管理方式，而大学需要更有实质性的大学自主权。政府对现代大学的管理应向引导监管过渡，简政放权，使学校在教育资源配置、人员配置、学术事务等方面有更多的自主权。学校本身依据自身教育规律，走特色发展道路，实现党委领导、校长负责、民主管理、教授治学的发展模式。

二、学校内部依据自身教育规律，走特色办学道路

（一）我国高校目前的发展状态

1999 年，高校大范围扩招，高等教育由精英教育向大众教育过渡。伴随着学生的大量增加，很多学校规模也在不断扩张，有些学校的规模过于庞大。比如南昌大学 2014 年在校学生有 8 万余人，郑州大学 2014 年在校学生有 7 万余人，贵州大学 2014 年在校学生有 5 万余人。很多学校都是合并而来，具有多个校区，占地规模很大。郑州大学有 4 个校区，占地近 6500 亩；南昌大学 5 个校区，占地 8000 余亩；贵州大学 8 个校区，占地近 4500 亩。规模过大带来了很大的管理压力，在资源的优化配置上也不占优势，同时也带来了巨大的就业压力。但同时，规模小的学校往往在宣传上占有劣势。总之，规模带来的效应，每个大学的体会是不同的，所以北京工业大学的报告以“国家和区域发展的战略需求倒逼高校从‘以量谋大’转到‘以质图强’”为题，真实敏锐地道出地方高水平大学当下的拐点所在、出路所在。学校要依据自身教育规律，寻找一条独具特色的道路。

（二）建设特色院校的几点建议

1. 建设特色院校离不开政府的支持。政府需要打破等级门槛，由分级管理向分类管理过渡。有些地方特色类院校虽然在当地的专业领域很有优势，但在等级管理制度面前，这些院校仍有很大的失衡感。“985”院校、“211”院校、部属院校、地方院校等是以等级管理的方式呈现的，即使地方的一所院校发展得再好，在某一个学科领域甚至已至一流，入部属级别也是非常困难，更不用说部属级别的待遇，在当地的“211”类工程院校也存在同样问题。苏州大学党委书记王卓君建议：要打破这种门槛制，将分级管理向分类管理过渡，如此，大学的特色办学才有可能彻底实现。

2. 党委领导，校长负责。党委领导下的校长负责制，有利于高校的持续稳定和高等教育的迅速发展。中共中央办公厅也下达了相关文件，如近日印发了《关于坚持和完善普通高等学校党委领导下的校长负责制的实施意见》，并发出通知，要求各地区各部门结合实际认真贯彻执行。

3. 教授治学。高校要充分尊重学术人才，成立教授委员会，由学校选出名望较高的专家教授，让教授真正参与到学校建设发展当中来。凡是学校重大决策，

需要咨询并听取教授委员会建议。

4.教学市场化运作，实行民主化管理。有人曾戏称："高校是计划经济的最后一道堡垒。"高校一直以来的教学模式都有着"计划经济"的影子，虽然现在正在进行学分制改革，学生的自主性仍然较差。中国政法大学在教学市场化改革方面有一定的突破，改变了传统的学校统一安排老师上课的办法，改为让学生自己选择上课老师。这种模式使高校教师具有竞争意识，在学生自主选择下，讲课好的教师会人气飙升，课堂爆满；讲课差的老师，有可能会因无课去上而被教务处点名，并对其进行教学能力培训。在这种优胜劣汰的竞争之下，教学会相辅相成，使学校走出象牙塔，与社会接轨。

5.走品牌发展战略。高等教育市场化的趋势是不可逆转的，中国高校也应该转变思路，在世界经济和社会发展的大背景下，实施品牌战略，使中国高校赢取更好的知名度和美誉度。学者王国平指出："加入 WTO，以经济全球化为因，以教育国际化为果，必将导致各国的高等教育自行卷入激烈的国际化竞争之中。品牌已作为一种新的国际语言进入了全世界的千家万户，高校已经被历史性地推进了一场没有国界和终结的较量——品牌竞争中。"

品牌战略的实施是落实 UI(University Identity)，即"高校识别系统"。UI 是 CI(Corporate Identity)即"企业形象识别系统"的一种变化延伸。多数人一般把 UI 也分为理念、行为、视觉三个子系统：(1)高校理念识别系统 OMI(University Mind Identity)；(2)高校行为识别系统 UBI(University Behavior Identity)；(3)高校视觉识别系统 UVI(University Visual Identity)。高校理念识别系统可通俗理解为大学精神的塑造，体现了一个学校的精神内涵，校训、校风、学风等都是大学精神的体现，如清华大学"自强不息，厚德载物"，山东大学的"气有浩然，学无止境"，山东政法学院也根据自身特点，提出了具有法学精神的校训——"博学笃行，刚健中正"。高校行为识别系统是对大学内部行为制度的统一规范。高校的各种活动，如学术交流、社会实践、校长形象、校友成就等，都是行为识别系统的一部分。学校在制定统一的视觉形象系统的前提下，通过各种媒体渠道，宣传推广学校品牌，提供学校知名度。高校视觉识别系统是人们对大学的第一印象，如学校标志、校园环境等。学校应制定统一的标准色，标准应用，小到一次性水杯，大到视觉导视系统，都应有一个视觉规范。如山大红、浙大蓝、清华紫等都是学校独一无二的，我们看到颜色就能联想到某个学校。

山东政法学院一直坚持教学型院校类型定位、应用型人才培养目标定位和服务地方区域经济社会发展的服务定位，确立了"错位竞争，特色发展"的发展战略，坚持走科学发展、内涵发展、特色发展之路。学校实施学科建设工程，坚持长远规划、主辅结合的原则，遵循"突出特色，做大做强法学学科；重点扶持，统筹法学外学科发展”的思路，系统构建特色学科体系。政法学院没有走规模化扩张之路，坚持特色兴校的发展道路，在法学领域有了一定的建树，学生司法考试通过率连续三年在50%以上，证明了特色兴校战略的正确性，相信山东政法学院将来会更加辉煌！

参考文献

[1]李江源：《高等教育制度创新不足略论》，《高等教育研究》2001年第4期。

[2]王庆环：《地方高水平大学困境》，2014年11月4日《光明日报》。

[3]王国平：《品牌制胜》，知识产权出版社2012年版。

（作者单位：山东政法学院民商法学院）

关于高校管理去行政化的思考

贾玉静

2014 年 10 月 30 日，在召开的学院教职工代表大会上，全体代表一致通过了《山东政法学院章程》。章程第二十六条明确规定："学校建立学术与行政双向沟通机制，充分发挥学术委员会在学科建设、学术评价和学术发展等事项中的重要作用。积极探索教授治学的有效途径，充分发挥教授在教学、科研和学校管理中的作用。"这表明我校在学校管理去行政化的道路上迈出了突破性的一步。

前不久，教育部核准了包括北京大学、清华大学等九所高校在内的大学章程。我们不难发现，新公布的章程突出了"去行政化管理"。这是继去年 11 月，中国人民大学、东南大学等六所高校章程出炉后的第二批章程面世。从已经公布的人大等校章程，到刚核准的北大、清华章程，"985"高校的章程都突出了"政校分开""去行政化"的精髓。由此可见，教育部对各大学章程的核准与发布正在稳步推进。应该说，各大学《章程》的陆续发布，彰显出教育主管部门乃至高校"去行政化"的决心。毋庸置疑，《章程》的发布对于高校向着学校自治、教授治学的目标迈出了很大的一步，也是很关键的一步。由此，学校自治、教授治学不再是一句空话，而是有章可循、有章可依了。

所谓高校"行政化"，主要是指行政权力和行政管理模式的滥用，即把高校作为完全的行政机关来管理，而忽视了高校作为学术机构的特殊性，其实质是行政权力对学术事务的过度干涉，是行政权力与学术权力分界不清。"行政化"的表现可以分内、外两个层面：

首先，就高校外部关系而言，"行政化"主要表现在政府部门将高校作为行政机构管理，管办不分。具体表现为以下三点：(1)职能界定不清，政府大包大揽、高度集中，高校作为办学主体的地位不彰显，办学自主权得不到保证，一切围绕政府部门的规划指令行事。(2)管理作风官僚，政府部门森严的等级制度、官僚主义的工作作风与高校本应具有的学术优先、平等和谐的校园文化大相径庭。(3)资源分配不公，大量资源集中在政府官员手中，一方面高校为争取有限的资源，必然围绕政府官员的行政指令办学，而无视行政指令的科学性，同时留下了大量权力寻租的空间；另一方面政府官员的政绩需要、知识水平及认知结构潜在影响着资源的分配方向，从而影响着高校的发展。

其次，从高校内部管理来看，“行政化”主要表现为行政权力对学术权力的控制和干预。具体表现有三点：一是行政事务与学术事务界定不清，权力分工不明，行政权力常常插手学术事务，弱化乃至替代学术权力，而学术权力也不断试图影响非学术事务。二是行政权力被滥用，学术权力作用不突出，行政权力不仅决定着高校日常非学术事务的走向，也通过资源分配、干部任命等方式操控着学术事务的走向。三是制度不健全，教代会、校务委员会等制度往往是虚晃一枪，权力本身的运作没有制约，也就越发造成权力的膨胀，导致“学而优则仕”左右着学者的发展思路，学术失去了应有的超脱和独立。

我国很多高校存在着人才培养不理想、学术腐败、招生腐败等现象。一些高校乐于聘请身居高位的领导兼任“荣誉校长”等职务，通过人脉关系来获取主管部门的项目支持，造成不公平竞争。此外，高校里，一些行政干部掌握着大部分学术与公共资源，这有损于学术氛围的培养。学校行政化的后果就是使行政权力凌驾于学术权力之上，限制了学术生产力，使创新人才“难产”，对学校科研和教学质量造成损害。按官阶定地位、定待遇的结果，使不少教师千方百计挤进管理者队伍，在他们的价值观里，做官高于学术。所谓“大学”，应该以科研为主导，而多数高校的学术委员会、学位委员会仅是“虚名”，成员并非学科带头人，而是各个院系的主任、院长甚至校长，这便远远脱离了行政为学术服务的本质。

中山大学校长黄达人指出，大学应该是一个学术共同体。作为学术共同体，大学必须以学术为目的，以科学精神为核心凝聚力，并且应有某种对绝对精神的追求。教授就是大学，教授是大学精神和文化的体现者和传承者，是衡量大学教育质量和教育水平的尺度，也是对学生人品、学品有着根本性影响的群体。没有了教授，大学也就不成为学术共同体了，教授绝对不仅仅是大学的雇员。

我校紧跟形势，也开始尝试着踏上教授治校之路。《山东政法学院章程》和《山东政法学院学术委员会章程》的制定标志着我校在学校管理方面的改革决心。我校原来也有校规校纪等制度，但从来没有明确而清晰的章程对我校的性质、办学战略、管理体制等方面进行权威性的论述。《章程》对一所高校的意义非常重要，相当于宪法之于国家。高校章程不仅是高等学校依法自主管理、实现依法治校的必要条件，也是明确高等学校内外部权利义务关系，促进高校完善治理结构、科学发展、建设现代大学制度的重要载体。

其实，高校去行政化已经不是一个新话题，但大学去行政化管理谈起来容易，做起来并不易。虽然各大高校《章程》已经公布，但距离高校自治，“去行政化”的目标，还有一定距离。对此，需要我们按照党的十八届三中全会决议的精神持续地推进教育改革，正确处理好政府与市场的关系，使市场在资源配置中起决定性作用。

值得关注的是，就在这些高校发布章程的同时，深圳大学正在进行着“立法引领改革，推动去行政化”的新探索。据报道，目前已经完成了我国第一部专项高校立法——《深圳大学条例》的起草工作，并拟提交市人大常委会立法，旨在通过立法和法治手段，加大对深圳大学的支持力度，加快探索和提升我国高校的治理水平和能力。从法治的角度来看，深圳大学的新探索更符合现代大学制度的要求。

然而，考虑到目前我国改革的实际，尤其是教育改革进入攻坚期、步入“深水区”，各种矛盾日渐胶着，政府的强力推进仍然是需要的。但随着市场机制的不断完善与规则的不断健全，教育主管部门应该逐步放开审批权，交予市场，而这将是一个逐步渐进的过程。或许深圳大学的新探索，能够给我们带来更多地启示。如果深圳大学的探索成功了，或许能为下一批大学章程的制定和持续完善提供成功的样板。

在高校管理“去行政化”的同时，我们还需注意以下两个问题：

第一，高校的“去行政化”并不是去除行政级别。对高校行政级别的指责主要集中在：高校本身被人为划分为副部级、厅级、副厅级，同时高校内部管理干部也有明确级别，从科员到副部级不等，这种官僚化的等级制束缚了高校的发展。要了解行政级别究竟在多大程度上制约着高校的发展，就必须分析行政级别的成因及其与“行政化”的关系。高校行政级别的成因有二：一是我国长期以来计划经济体制和高度集权的高等教育管理体制所产生的必然结果，政府的级别被扩展到社会企事业单位，高校自然被囊括其中。二是科层制管理模式的现实需要，韦伯提倡的科层制以崇尚理性与效率、强调分工与专业化、重权威等级、追求制度和非人格化管理为特征，在社会组织日益庞大和复杂后，成为通行的现代管理模式。

因此，对于高校行政级别需要予以理性的分析。对于行政人员进行一定的权力分工、分层，保证政令畅通，是追求高效率、高效益管理所需要的措施。在此意义上，我国高校效率低下，不是科层制本身的问题，恰恰是科层制发育不健康、不充分的问题。西方高校的治理结构中，也存在从职员到校长的职级差异和职权分工。在内部治理结构上，如果把厅级、处级、科级、科员替换成西方高校的校长、总监、主任、职员其实并无实质差别。在外部关系上，高校与政府的交流、高校之间的交流，更多的还是依赖高校的实力、校长个人声望，以及学校领导与政府部门负责人间的相互关系，而不是看高校领导的级别。众所周知，高校领导干部的级别，就其实际掌握的权力和社会影响而言，只是一种有名无实的“虚高”。

由此可见，行政级别本身并不导致“行政化”，与“行政化”之间也不存在必然的正相关，行政级别充其量是“行政化”诸多流弊中最外显、最细小的一环，只是疥癣之疾而已。

按照《高教法》的规定，校一级应该设立学术委员会，那么院一级也应该设立相应的教授委员会，而校长和院长是不能出任该委员会主任或副主任的。学校学术资源配置权力，应该交给学术委员会或教授委员会这类机构。另外，大学的行政管理是一种专业化的管理，它必须适合大学，而不是将社会上的行政管理移植到大学。现在有些大学校长被任命前或是在行政系统或其他系统，从来没有在大学工作过，当他走上校长或党委书记岗位，就会把他之前的工作理念移植到大学，造成学校工作行政化趋向。从这个角度上看，比“去行政化”更关键的是大学校长要职业化。

第二，只有不断完善现代大学法治体系，依法办学，才能真正促使高校从管理到治理的转变，并通过善治，保障高校可持续发展。近年来，各高校根据教育部的要求纷纷制定并正式公布了大学章程和高校学术委员会规程，无疑是从法治角度完善现代大学内部治理结构和建立现代大学制度的重要努力。这里涉及一个需要明确和处理的重要关系，就是高校内部的党、政、学三者关系，这也是理论上尚未厘清、实践中更是困扰重重的问题。这其中一个重要原因就是长期以来在政策法律法规方面，对这三者关系并未作出明确、清晰的表述，而显得较为笼统，加之三者的实际主体的角色交叠，使之在实践中变成人为性较强且模糊不清的关系。近日出台的《关于坚持和完善普通高等学校党委领导下的校长负责制的实施意见》不仅重申了党委领导下的校长负责制这一根本制度，更从学校层面将这三者的关系作了比较清晰的阐述。对于如何协调三者关系，笔者认为协调的关键在于制度设计的合理性，而不主要取决于人的主观因素。

对此，教育部曾不遗余力地推进高校章程的制定，应该说做了很多积极的工作。记得2012年年初，教育部就出台了《高等学校章程制定暂行办法》，明确指出依据章程自主管理是高校的法定权利。2013年，教育部又颁布了《中央部委所属高等学校章程建设行动计划(2013～2015年)》，明确提出了“985工程”、高校“211工程”高校完成章程制定的时间表。

然而，值得注意的是，这一系列努力的背后，都有一股力量在起作用，就是教育行政部门的强力。整个章程的制定与发布，均没有经过立法程序，而是走行政审批程序。这不免有以行政代立法之嫌，很容易使大学章程成为行政规章，而失去应有的法律效力。这样的《章程》能否真正落实，能否起到高校“去行政化”的效果，这些仍需时间的检验。

无论如何，我校制定了《山东政法学院章程》和《山东政法学院学术委员会章程》，使我校在今后依法办学、自主管理、民主监督的道路上有章可循、有法可依。

《章程》不仅规约我们不能做什么，更告诉了我们可以做什么，我们可以行使什么样的权利，这是建设现代大学制度的一个重大变化，有利于保障教师的专业自主权和学生的学习自主权，在学校内部形成学术自由、宽松的氛围，是我校在治校方向上的一大进步。

参考文献

[1]陈首义:《高校去行政化问题研究》,《华章》2010 年第 33 期。

[2]崔亚超:《关于高校去行政化问题在人事制度层面上的思考》,《北京教育学院学报》2011 年第 3 期。

[3]杨锐、张玉洲、杨霖、陈家元:《高校大型仪器设备管理系统的开发》,《天津工程师范学院学报》2006 年第 1 期。

[4]李忠美、胡泽俊:《关于高校办公室管理工作的思考》,《科教文汇(上旬刊)》2008 年第 4 期。

[5]李晶晶、刘新春:《高校依法治校的再思考》,《当代教育论坛(综合研究)》2011 年第 1 期。

(作者单位:山东政法学院信息学院)

高校学术权力、行政权力与民主管理

王文博

高校学术权力是指学术活动管理的权力，是由专家学者所具有的专业学术地位而形成的一种影响力。其主体，即权力的掌握者或行使者，可以是教师民主管理机构或教师，也可以是学校行政管理机构或行政管理人员，还可以是政府及其高等教育管理部门等；其客体，即权力的作用对象，必定是学术事务；其作用方式，可以是行政命令式的，也可以是民主协商式的。高校中的学术活动包括教学活动、科研活动、学科建设、课程设置、师资培养、学位授予以及招生就业等诸多方面。

行政权力是一种职务权力，是靠国家法律、政府意志和规章制度获得的一种影响力。高校行政权力以行政管理体制为基础，以行政管理职能为依归，传承自国家行政权力，是高校中的行政机关和人员为实现学校组织的目标，按照一定的规章制度对高校进行管理的权力。这种权力由制度所赋予，是一种授予权。行政权力具有强制力，主体是高校行政机关及其工作人员。高校行政权力自上而下形成一个权力体系，维持着高校的日常运作。当行政机构或行政人员被授权管理学术事务时，他就获得了学术管理权力，即学术权力。行政权力的存在，对于高校的有序运转及目标的实现具有重要的作用。

民主管理是相对于绝对服从绝对权威的管理而言的，即管理者在"民主、公平、公开"的原则下，科学地将管理思想进行传播，协调各组织各种行为以达到管理目的的一种管理方法。因此，民主管理即符合人们的心理要求或"以人为本"的管理思想，也是管理者所追求的一种管理艺术，即一种被管理者意识不到的正在接受的管理，其目的是唤醒人的主体意识，弘扬人的主体精神，发挥人的主体能力。因此，民主管理又是一种群众参与下的多数人管理多数人的管理。

如今的大学正逐渐由社会边缘移向社会的中心，已经成为一个受政治、经济、科技、文化等多种因素制约，具有双重特性的社会组织。它发展学术，为学术服务，受制于政治经济，服务社会。尽管世界各国高等教育产生、发展的历史背景均不同，但无论在哪个国家，现代大学都是由学术系统和行政系统两个子系统组成的。这两个系统的管理机构和人员享有的权力即学术权力与行政管理权力之间的关系影响着大学能否顺利发展。另外，高校里的民主管理也是一个决定着高校发展情况的重要的因素，是大学管理中必须重视和解决的。应该构建学术权力、行政权力以及民主管理之间的和谐，以此来维持高校的可持续发展。如今我国高校不得不面对以下几个问题：

（一）按照行政管理的模式来管理和组织学术事务

高校是开展教学和学术研究的场所，其主体理应是从事教学和学术研究的教师和学者，并且行政权力的广泛化必然会造成对学术事务的过分干涉，如今这个冲突爆发了。我国现行的管理体制主次颠倒，诸如学术委员会、教授委员会等学术性组织在高校里大多被作为“咨询机构”，故而大部分的学校事务就由行政权力来决定了，行政权力的广泛使用便导致了行政人员与学术人员之间的冲突与对立。各级官员及行政机构拥有学校的种种管理和决策权，教学、科研人员成为被动执行行政命令的工具，他们在既无压力也无动力更无活力的环境中被动工作、应付差事，丧失了知识分子应有的责任感和主人翁意识。这必将影响高校作为知识传播地与思想原创地的生机与活力。

（二）行为价值的观念错位

我国高校受计划经济体制的影响，庞大的行政机构导致非教学、科研人员在学校教职员工总数中一直占较高的比例，而他们似乎对高校的发展即教学和学术研究起不了多大的作用。近几年，虽然教学、科研人员的比例有缓慢增加的趋势，但仍没有达到应有的比重，故教师的行为价值与它在行政系统中的价值水平无法一致。有些高校更是加大了教师的授课量，譬如有的教师被安排教多门学科，这是由教学、科研人员的缺少所导致的，会严重影响教师的科研重心，加大了教师压力，最终使得学术水平泛泛、教学水平低下。

（三）学术权力与行政权力的界限模糊

高校开展教学和学术活动的地方应该以办学质量的好坏以及学术研究的优劣来作为衡量学校的标准，然而由于部分高校管理干部有着跟党政机关干部一样的级别，这便造成了官本位思想在高校里的泛滥。很多高校比照着党政机关的干部级别来制定福利政策。在“党委领导下的校长管理负责体制”下，高校的最高领导者应当是党委书记。但是，大学领导体制是校长负责制，大学作为独立的法人单位，法人代表是校长而不是党委书记。而我国高校的行政权力涉及了高校管理的方方面面，常常是由行政权力取代学术权力。

（四）民主管理不健全

大学的民主管理就是指大学师生、员工各群体成员和民主管理机构行使民主权利，对大学公共事务进行管理，需注意的是全体师生员工即高校的行政管理人员、学术人员、科研人员、学生、各个组织及其他所有成员，都是高校管理的主体。但是目前我国高校内部权力运行并不均衡，呈现出行政权力主导的科层制管理模式的特点。而民主管理的原则是组织中的每个成员都有对公共事务管理的平等权利；组织中的每个成员可以通过一定的形式自由地发表个人见解；自下而上反映群众的意愿；有完善的制度保障其具有一定的约束力与权威性，并且还应具有相对的独立性。目前高校内部权力运行与上述原则是背离的。我国高校权力运行过程中主要存在以下四方面问题：高校管理机关化；党政职权交叉重叠；学术权力边缘化；民主管理流于形式。

为此，应当尽快着手从以下几个方面解决：

（一）重视学术权力

领导的个人认识水平高低直接影响对学术权力的保护。从理论上说，高校各级领导一般具有副教授以上的职称，他们掌握着学术权力和行政权力，这便十分有利于让他们成为行政权力系统和教授团体之间联系的桥梁，尤其校级领导更加具有使行政权力和学术权力相互协调适应的动机和权力，要利用大学章程、主管政府部门、学校领导的推动使其固定下来。学术权力的发挥要有章可循、制定规范；教授也需要改变观念，积极主动地参与学术治理。在院系一级努力营造一种良好的学术氛围，采用一种各部分松散结合的平坦结构，尽量避免金字塔式的科层结构，充分发挥学术权力的自我控制、管理、发展的作用，使行政管理层主要负责满足教学科研人员对各种资源的需要，体现"服务"的精神。同时，学校还应改善和提高教学、科研人员的待遇，加大对教学、科研的支持，全方位重视学术权力。

（二）集权与分权相平衡

高校是集权还是分权，这是高校内部管理层应思考的问题。一所大学如能提供适当的渠道，使教授影响学校的行政管理，那么，他们的纠纷就比较少。我国高校的权力高度集中在上层行政管理部门，基层学术权力很少能起到作用。随着高等教育规模的扩大和复杂程度的加深，管理高等院校日益成为一项专门工作，职能专门化相应地要求行政人员技能的专业化。因此，我们应该从集权与分权相结合的角度，采取能够体现集权下的充分分权思想的目标管理法来进行管理。[①] 一方面强调组织中的上级和下级管理人员制定共同目标，使上下级在

---

① 目标管理概念是管理专家彼得·德鲁克(Peter Drucker)1954年在其名著《管理实践》中最先提出的，其后他又提出"目标管理和自我控制"的主张。德鲁克认为，并不是有了工作才有目标，而是相反，有了目标才能确定每个人的工作。所以"企业的使命和任务，必须转化为目标"，如果一个领域没有目标，这个领域的工作必然被忽视。因此，管理者应该通过目标对下级进行管理，当组织最高层管理者确定了组织目标后，必须对其进行有效分解，转变成各个部门以及各个人的分目标，管理者根据分目标的完成情况对下级进行考核、评价和奖惩。

管理中共同承担权力和责任;另一方面,当上下级共同确定了一致的目标后,在实现该过程中充分发挥下级的能动性。行政管理人员在提高技能、加强科学管理的同时,一定不能忽视大学的组织特性——学术性。将学术权力适当地下放给基层,在学院一级成立以学科带头人为主组成的教授委员会,对学科的发展、课程的设置、教学的进行、教师的科研立项等进行管理,实行教授委员会集体决策基础上的院长负责制。这样的管理既可以保证学校有效地行使行政权力,又可以最大限度地发挥各基层部门的作用,做到集权与分权的统一。

(三)校长治校与教授治学相辅助

探究高深知识是大学的逻辑起点,理所当然,教授就占据了大学的主体地位。布鲁贝克指出:“他们最清楚高深学问的内容,因此,他们最有资格决定应该开设哪些科目,以及如何讲授,此外,教师还应该决定谁最有资格学习高深学问,谁掌握了知识,并应该获得学位,显而易见的是教师比其他人更清楚谁最有资格成为教授。”[①]今天的大学处于市场化时代、新管理主义的时代,大学的行政权力与学术权力严重失衡,行政权力的膨胀几乎不可遏制,仅靠校长个人的价值判断和号召是不能逆转这一发展趋势的。大学校长要促进学术人员和行政人员之间的相互理解与合作,行政人员和学术人员之间的合作需要的是学术和行政价值不断地交汇,以构成新的“大学价值”和“大学文化”。

(四)设立学术委员会

借鉴国外大学建立评议会的经验,我国高校应该建立校务委员会作为大学行政事务的最高决策机构,充分吸收教授尤其是没有行政头衔的教授代表参与校务委员会的决策。在高等学校设置学术委员会、学位委员会、教学指导委员会、科研委员会、职称评审委员会等学术组织,充分发挥这些学术委员会的作用,可有效平衡当前我国高校学术权力与行政权力失衡的现象。整合这些学术组织,明确相应的章程、职能与权力,是发挥其作用的关键。重建和健全校务委员会制度,创造学术权力与行政权力共同参与学校行政事务决策的新局面,这不仅能确保行政权力之外的学术权力在高校行政事务决策中占有一席之地,而且能够实现学术权力与行政权力在学校重大决策中相互制衡。这是两种权力在最高决策层的全方位结合,是一种科学的、适合我国高校发展特点和要求的权力制衡模式。

(五)完善党委领导下的校长负责制

一方面要加强制度建设,进一步明晰不同权力主体的权责关系,以制度建设为重点,健全各项工作机制,以健全的工作制度体系来协调不同权力主体之间的

① 刘亚敏:《布鲁贝克高等教育哲学思想研究》,山西大学硕士学位论文,2009年。

关系;另一方面要以人为本,创新管理模式,实现管理的科学化。具体来讲,要克服“官本位”思想,树立“管理就是服务”的管理理念;构建职业化管理制度,推进校长和行政工作人员的职业化;转变管理方式,实现科学管理。

(六)后续保障工作的完善

落实学术权力应加强对学术权力的硬件建设,优化管理队伍。对行政管理人员的选任、岗位职责等方面提出更高的要求,通过自身学习能按照教育规律进行管理实践,端正工作态度,以良好的管理能力做好服务。特别要加强行政管理人员尊重学者的意识和牢固树立“以科研、教学为中心”的观念,与教师共同营造重视知识、重视人才的学术氛围。

在知识经济的时代背景下,在高等教育大发展的历史进程中,大学已经从社会的边缘走到了社会的中心,高校内部管理体制正发生着十分重要的变化,传统的行政管理模式已经受到巨大的挑战。为此,我们应努力调整好高校学术权力、行政权力与民主管理三者之间的关系,从而推进我国高等教育、高等学校健康、快速、有序发展。

参考文献

[1]郭永凤:《浅析学术权力与行政权力的关系》,中南民族大学硕士学位论文,2006 年。

[2]钟秉林、张斌贤、李子江:《大学如何协调学术权力与行政权力》,《高等教育研究学报》2005 年第 3 期。

[3]别敦荣:《学术管理、学术权力等概念释义》,《清华大学教育研究》2000 年第 2 期。

[4]肖映红:《高校学术权力与行政权力的协调》,《改革与战略》2001 年第 4 期。

(作者单位:山东政法学院经济贸易法学院)

高校去行政化的探究

秦增忠

坚持高校合理行政是去行政化的基础和前提。高校去行政化，并非是对行政化进行完全否定，而是要舍弃过度、泛化的高校行政化趋势。合理地开展高校行政工作、坚持高校合理行政，有利于加强国家对高校的宏观调控，有利于确保高校内部管理有序运转，进而推动我国高等教育事业的进一步发展。

一、我国部分高校去行政化案例探析

随着"教育行政化""高校衙门化"问题所带来的矛盾日益尖锐，近几年，高校去行政化的探索和研究成为热点，产生了若干的实践方案。本文通过选取几所高校去行政化的案例，分析归纳其实践方案，进而总结其中的经验，旨在寻求能够打开高校去行政化这把锁的钥匙，进而促进高校教育质量的提高。

(一)深圳大学:有效控制行政权力

深圳大学始终是全国高校发展改革的先锋队。近几年来，深圳大学在吸收总结国外高校先进管理经验的基础上，积极推动了高等教育管理体制改革。其主要表现为:一是不再以论文发表数量、论文刊物级别来对教师的科研能力及水平进行评价，而是以学术科研对于社会的影响力、贡献力来对科研能力和水平进行评价，这一重大转变体现了科研评价体系的科学性、客观性和人文性，具有重要的示范作用;二是推动高校教学改革，尤其是公共基础课程的改革，在教学各方面积极探索，敢于创新;三是以民主监督为基础，以教授治学为导向，以科学管理方式为目标，建立高校权力机构，充分发挥权力机构在校务监督、学术评估等方面的重要作用;四是严格依据推进事业单位改革的相关要求，加快高校人事制度改革，实行劳动合同管理，实施绩效工资制度等。为了巩固和提高学术权力在高校事务中的地位，深圳大学在推进去行政化改革中，主要是对行政权力进行有效控制，实施"教授治学"政策，并加强民主管理，促进高校良好学术氛围的形成。一是按照国家加快事业单位改革的部署和要求，制定《深圳大学人事改革方案》，对现有岗位进行分类设置，实行岗位聘任管理。二是采取渐进的改革方式、平稳过渡的策略推进深圳大学的去行政化中人事的改革。同时对旧的制度进行修改并完善新的制度，现有和新聘人员同岗同酬，对高端人才开辟绿色通道，实现高校人员之间的“按劳分配”。三是逐步减少领导职位的数量，将那些具有行政权力的干部设置为相应的职员、教师岗位或专业技术岗位。通过对行政权力的限制，来抑制其进一步扩大及泛滥，以完成去行政化的目标。

深圳大学校内处级干部设置成事业单位相应的岗位职员后，其在对外开展工作，尤其是与政府部门沟通时，假如没有适当的管理方式，便可能会使办事的效率降低。把院系领导设置为教师岗位，主要目的是为了规避院系领导在同时具有行政与学术两种权力后，利用行政权力来干预学术事务的现象出现，逐步达成去行政化的目的，以完成推动高校健康可持续发展的任务。实际上，院系领导仍然把握着管理职权，在院系的人、财、物、职称聘用以及经费使用等方面具有决定权和主导权，因此与设置前的区别并不大。同时，深圳大学所提出的高校人事制度改革的方案中并没有涉及校级领导的人事改革问题，只对处级及处级以下行政干部职务进行了改革，也没有提出促进校级行政者向校级管理者的角色转变的正确合适方法。该方案在针对人事改革问题上，没有涉及校级领导，也间接说明了该方案有很大的局限性，在人事改革问题上还需要一套更完善的制度来加以补充，以此限制行政权力的扩张。

(二)吉林大学:确保学术权力的主体地位

吉林大学为了加大力度提高办学质量和教育水平，塑造一批高素质人才，为经济社会发展服务，实行了去行政化改革。目前，吉林大学在我国高校办学规模最大的大学之列，在科教研究、师资力量等方面具有明显优势。吉林大学是全国高校中较早提出高校去行政化的大学之一，充当了高校去行政化的领头羊角色。其去行政化的核心是发挥以教授为主体的学术权力在学术事务决策中的重要作用，巩固和提高学术权力在高校学术事务中的地位，以达到学术权力与行政权力的平衡，并在《吉林大学学术委员会章程》中明确了学术委员会是吉林大学的最高学术权力机构。除此之外，吉林大学还先后成立了以资深学者、教授为主体的吉林大学学术委员会。该委员会主要负责高校内部学术资源的分配以及关于学术的评价与决策等。

在吉林大学制定的《吉林大学学术委员会章程》中规定，校内各院系及处室的负责人可以以专业背景和特长为根据在学术委员会中担任一定的职务。这一规定使得具有学术权力和行政权力双重身份的领导在学术委员会担任职务，当学术这一文化要素被涂上了政治色彩后，必然会导致学术的失真，这显然与高校去行政化的目标是不相符的。从实际情况来看，校内各院系、处室的负责人在高校内，往往拥有行政职务并履行一定的行政权力，类似于官员，具体负责着院系和处室的日常事务的管理。如果拥有行政权力的院系、处室负责人在学术委员会中担任职务，难免会用行政手段对学术事务进行干预，导致学术事务偏离了原来的轨迹，造成学术权力与行政权力的纠纷。所以，很多人认为，具有行政职务的各院系、处室的负责人不应在学术委员会中担任职务。为了防止学术权力被架空，这一措施是完全必要的。在学术委员会成立后，虽然校领导已经没有在学术委员会中担任职务，但如果缺少更加详细、更具有权威性的制度保障措施，能否确保学术权力在学术委员会中的主体地位，还是一个大大的问号，这需要我们更深入地进行探索和研究。在推进高校去行政化改革过程中，面对行政和学术两种权力，我们需要提高学术权力的地位，同时对行政权力进行适度的限制，避免出现行政和学术两辆车并行的格局。

二、高校外部层面改革路径

(一)转变政府职能，改革对高校的管理模式

1. 政府职能转变的途径分析

政府在职能转变中，应采用宏观调控的方式，从整体出发；以经济和法律为手段，充分发挥经济与法律的重要作用；以为高校服务为宗旨，促进经济社会发展。从政府职能转变的角度来看，高校去行政化的核心是依法行政。一是要确保行政权力的法制化。政府应在法律范围内，依照法规行使行政职能，不能侵犯政府的严肃性，防止职权被滥用以及腐败现象滋生。二是保证行政权力的公正性与权威性，要做到执法必严，违法必究，不能既当“裁判员”，又当“运动员”。三是树立服务意识，坚持为高校服务，深入高校了解情况，从高校中来再回到高校中去。要尽心竭力解难事，坚持不懈做好事。坚决摒弃工作怠慢、态度粗暴等官僚主义作风，要清晰地认识到自己的职责所在。

2. 尊重高校地位，让办学自主权回归高校

在高校的管理上，政府应尊重学校的办学自主权，主要对高校的教育方针、教育体制和教育投入等宏观事务进行指导；具体到高校该怎样办学的问题，则应由高校依据各自的领导体制和办学模式自行负责。

(二)健全法规，实现高校管理法制化

1. 完善法制，确保办学有法可依

建立高校自主办学法治化的法律体系，确保自主办学有法可依，主要依据的法规有国家法律法规以及高校各类规章制度。

2. 强化监督，确保法规、制度有效实施

虽然《中华人民共和国高等教育法》从法律层面对高校招生、学科安排等办

学自主性作出了明确的规定，但由于细化的制度保障的缺失而受到制约，在行政权力的干预下，高校的办学自主性受到了制约，进而导致效率一度降低。因此，应该把完善法制作为前提，使相应的法规依据得到进一步细化，提高法规的详细程度；加强对权力的监督和制约，维护法律的权威等等。保证在有法可依的基础上做到有法必依，并且要强调审慎用权的严肃性与必要性。

（三）调整社会与高校的关系

高校作为一个公益性的组织，其重要功能之一就是培养高素质人才，进而教育和服务社会。高校与社会之间相辅相成，互相影响又互相统一。高校得到发展的同时，社会也会得到发展，反之亦是如此。因此，高校的发展，不仅涉及高校本身以及教育领域，而且还涉及社会问题。高校作为一个社会的缩影，反映了社会上的一系列问题。同时，高校作为一个开放型的公益性组织，目前，应积极引导社会组织参与到大学治理中来，充分发挥社会组织在高校治理中的重要作用，为高校各方面的发展建言献策，并对高校进行监督管理，以此来推动高校的合理化、高效化、有序化发展。目前，美国的大学具有了比较成熟的高校治理理念，社会组织在其中发挥了重要作用，成立了董事会和校务委员会等社会组织。在全球化形势下，我国高校应该对国外高校治理理念具有清晰的认识，在相互交流的同时，汲取其优秀的成分，注重取其长处，来补自己的短处。但是在引进国外高校治理理念的同时，要分清其是精华还是糟粕，还要结合我国高校治理理念进行多方面的考虑，寻找适应我们的部分。在汲取其营养的同时，保持我国高校治理理念的特色，坚定不移地开创一条具有我国特色的高校治理理念道路，坚决反对盲目崇拜、无限吹捧外国高校治理理念的行为。

三、高校运行层面改革路径

（一）转变办学理念，完善管理体制

从某方面来看，高校存在理由、发展动力等元素构成了办学理念。在内容上，办学理念可以细分为教育目标理念、治校理念等；在结构上，办学理念可以细分为办学思路、办学目标以及办学特色等。对高校而言，办学、教学、求学以及治学的理念就是办学理念，是推动高校事业可持续发展的精神支柱，是高校事业的灵魂。

1.办学理念改革要体现学校特色

一所高校的特色也就是一所高校区别于其他高校的独特之处。每个高校都有各自的办学特色，例如我国一些建校时间长、文化底蕴深厚的著名高校，如北京大学以思想自由、兼容并包为办学特色；清华大学以自强不息、厚德载物为办学特色;中国人民大学以打造人文科学教育的最高阵地、编织共和国建设者和管理者"摇篮"为办学特色;华东师范大学以服务基础教育、培养个性人才为办学特色。

如果对于上述我国著名高校的办学特色进行分析,可以发现它们之间有很多的共同点,包括都以学生为本位,围绕着要培养什么样的学生等作为自己的特色理念、人才培养理念,而这些理念也间接确立了一个高校定位自身的标准。中国人民大学纪宝成校长曾说:办学特色主要包括办学理念、管理模式、方针政策以及人才培养等要素。量变是质变的必要准备,质变是量变的必然结果。办学特色的形成是一个量变的过程,并与时俱进,随着一步步的积累,等到时机成熟,促成质变。办学特色,是立校之本。不少高校受办学思路或办学理念的影响,在办学过程中,无法准确地抓住本校的特色,导致其形成的办学特色不够鲜明并缺乏代表性。我国不少高校缺乏准确的办学定位,定位错误或者不准确直接导致理念错误或者偏差。例如,师范类高校不能定位于办成综合类高校,应着重培养学生的师德师风,重点在于学生教育教学技能的提高;普通类高校不能定位于培养应用型节能人才,而应着眼于学生综合能力的培养和提高。普遍性与特殊性是相互联系的,对于高校的发展,不应盲目向大、全方向发展,培养人才的计划和方案应结合学生个性制定,拒绝盲目追求共性,避免人才培养缺乏个性。办学特色的形成需要创新办学理念,这要求各高校结合自身的实际做一个准确的定位,深入了解自身的实际情况,从实际出发,敢于寻找新思路,确立新观念,开拓新境界,充分发挥创新精神,并吸引外部优秀人才加入;结合学科建设进行合理规划,及时调整规划,在集中精力发展优势学科的同时,抓那些冷门学科,提高高校的"文化软实力",在此过程中,全面可持续发展各门学科,实现优势学科多样化,逐渐形成自己的办学特色,力求做到"人无我有,人有我优,人优我精"。

2. 办学理念提升要充分调研、实事求是

没有调查就没有发言权,实践是检验真理的唯一标准。办学理念的提升,需要我们进行充分的调研,只有坚持实事求是,一切从实际出发,问题的分析研究才有意义。因此,要加强社会对人才需求趋势的调研,立足长远,科学合理地设置高校教学专业和科目。同时要在实践中总结经验,实事求是,发掘自身的办学优势,使办学水平得到不断提升。

(二)改革决策制度,强化民主氛围

在我国,由政府创建的高校,实行的都是"党委领导下的校长负责制",实行校集体领导与个人分工负责相结合的制度。校党政领导班子作为高校一级的决策机构,对于高校发展的重大事项,均由党委会和校长办公会进行的决策。

1. 充分发挥教授群体在学术权力行使中的作用

在西方高校,普遍实行的是教授委员会治学。行政权力不能介入,行政权力更多的是做好后勤管理和服务工作。教授委员会在研究成果的认定、人才培养模式的探索和推行等各个方面都具有最高决定权。教授治学模式可圈可点，成果显著。而当今中国，高校行政决策权仍掌握在行政管理者手中。综观西方发达国家高校的院系设置，既有关心人类长期发展的学科如哲学、数学等，又有专为市场需要而设置的学科如金融、电子等学科；反之，从国内高校院系学科设置来看，很多是基于政策层面的需要而设定，比如马克思主义、时事政策课等等。笔者认为，基础学科的投入力度应该加大，激发学生对哲学、数学等基础学科的兴趣，在院系资源上予以倾斜。

2. 改革运行机制，发挥监督作用

高校行政权力的顺畅运行是一个重要课题。高校行政权力作为高校整体的重要组成部分，具有很大的作用，它就如同"短板效应"，高校行政权力就是一个基准，这对办学特色能否顺利形成有着很大的影响。所谓运行，是指高校的各个部门、院系等能顺利接受校领导的指令、顺利开展教学工作，这是一项人、财、物和谐配合的运行机制。一旦这个运行机制出现问题，高校的任何办学宗旨、目标以及教学任务等都不能顺利完成。

3. 实行社会主义市场经济条件下高等教育运行机制

在长期计划经济的影响下，高等教育也具有了计划经济的影子。"在过去几十年高度集中的计划经济体制下，我国高校办学的主体是国家及其教育主管部门，高校隶属于政府"。从高校设立、专业设置到科学研究等等，完全按照国家及其教育管理部门的指令办事，这一系列过程都是高校管理机关依据教育部门的指令性计划执行，实质上是一种变相的行政垄断，政府及其教育行政部门成为高校运行机制的主体。在这种体制下，高校的一切都由政府及其相关部门控制，这扼杀了高校的个性，严重地阻碍了高校的发展。市场经济是以维护产权、促进平等和保护自由的市场制度为基础，以市场机制引导社会资源配置的经济形态。从这一定义中，我们可以看出市场经济具有自愿性、开放性、社会性、规范性等特征。伴随着市场经济的发展，政府对高等教育的行政管理有所放松，部分高校获得了更多的办学自主权。高等教育逐渐以市场为导向进行院系设置和专业划分，并且在运行系统里出现了等价、自愿等市场经济的基本原则。但是，在高教系统里，并不能想当然地使用所有市场经济原则，因为高等教育不能一味地追求降低成本和最大化利益，政府对高等教育的运行必须加以宏观调控，特别是在政府立法上。从本质上讲，高等教育具有准公共物品的属性。因此，教育管理部门应定期或不定期地将所属高校的招生信息、基建信息、师资情况等社会各界关心的信息及时向外公布，接受社会的监督，促使高校提高办学质量和办学效益。

四、结　论

在新中国成立后的60多年来，尽管我国的高等教育取得了长足的进步，但因受我国计划经济体制以及社会主义初级阶段基本国情等多方面因素影响，当前我国高校行政色彩依然客观存在。对加强高校管理而言，合理开展行政工作是必要的，但是如果一味倾向行政，造成管理的行政化，那么就必然会给高校带来管理上的诸多弊端，严重阻碍高校的健康发展。因此，针对高校行政化，我们应缩小领导阶级的规模，限定领导阶层的权力，使他们的权力互相制约、相互制衡。另外，设立监督机构，将权力丢进监督与法制的笼子里，使其无法泛滥，真正做到有法可依、有法必依、执法必严、违法必究。

参考文献

[1]张希玲：《高校"去行政化"舆论的议程设置研究》，首都师范大学硕士学位论文，2013年。

[2]陈苗苗：《我国高校实施战略管理的困境与化解》，武汉工程大学硕士学位论文，2014年。

[3]戚念：《我国高校去行政化问题研究》，湖北大学硕士学位论文，2014年。

[4]吕虹：《中国高校去行政化研究》，安徽大学硕士学位论文，2014年。

[5]覃智响：《公立高校去行政化的困境与出路》，华中师范大学硕士学位论文，2013年。

[6]王思婷：《问题与对策：我国高校去行政化研究》，湖南师范大学硕士学位论文，2012年。

[7]张勇：《中国公立高校去行政化问题研究》，西南交通大学硕士学位论文，2011年。

[8]董博：《我国高校去行政化改革的辩证思考》，四川师范大学硕士学位论文，2011年。

[9]赵浩志：《高校去行政化改革的法律思考》，吉林大学硕士学位论文，2012年。

[10]刘曜：《高校去行政化后的管理模式研究》，兰州大学硕士学位论文，2012年。

（作者单位：山东政法学院刑事司法学院）

试论优化我国大学学术委员会制度的途径

陈志刚

康德曾经说:“大学是一个学术共同体,它的品性是独立追求真理和学术自由。”学术是大学的灵魂和大学活动的核心,一个高效的管理机构能够促进大学学术的有序发展,大学的学术管理机构在大学的整体管理活动中起着重要的作用。通过对大学学术委员会制度的研究,有助于加深对大学学术管理制度的理性认识,有利于深化对高校学术委员会的研究,同时也一定程度上加深了对建立现代大学体制的探讨。随着我国市场经济体制的建立和高等教育办学权力的下放,大学逐渐成为独立的办学实体,原来依靠行政机关进行管理的体制已经不能适应大学的发展,大学管理决策缺乏民主性、科学性的问题日益突出。大学学术管理组织是依靠专家学者进行学术管理的主要载体,是大学管理体制的重要组成部分,它的质量高低直接影响到大学决策的科学性和民主性的水平。但是,目前在我国,大学学术组织在大学管理体制中地位低下、不受重视,它的实际运作存在种种弊端,对它的理论研究也相当滞后。这种状况既违背了学术组织的内在运行规律,又不能适应社会发展的要求。

无论从发达国家还是从我国大学的发展历程来看,都在一段时间内存在“教授治学”的现象。在某些时期,“教授治学”不但促进了大学学术的发展,还给大学的发展带来了无限的生机和活力。通过对国外大学尤其是美国大学教授参与学校管理模式的考察,再结合我国大学学术委员会的发展情况来看,要进一步优化我国大学的学术委员会制度,鼓励更多的教授参与到学校的管理中来,尤其是参与到学校的学术管理中来,促进学术的发展,不断提高学术委员会在高校决策中的地位和作用。

一、国外大学评议会制度对我国学术委员会制度的借鉴意义

世界一流大学存在着相对完善的权利制衡制度,评议会是国外大学提出和制定学术政策的常设机构,主要由学术人员组成,几乎管理着大学内所有的学术事务,说明了学术权力的重要性。虽然校长负责主持召开评议会,但是并不干预

学术事务的决策，从而使行政权力和学术权力达到了有效的配合。通过对比国外的大学学术评议会制度，会发现虽然国外的大学学术评议会、教授会与我国大学的学术委员会存在很大的差异，但还是有很多地方可以借鉴。但借鉴一种制度模式，并不是单纯的复制这么简单，在不同的国情下，应该根据具体的情况，找出其有益的地方并加以优化整合。针对目前我国学术委员会制度存在的问题，找到改进的方法，并探讨适合我国学术委员会制度发展完善的模式，才是我国借鉴国外尤其是美国大学评议会制度的重要意义。

从各个国家的大学评议会制度发展情况来看，要使评议会能够顺利进行，必须要有完善的法律体系作为保障。而大学章程是大学的基本法，是大学内部的最高法则，相当于大学的宪章，有绝对的权威性，能够保障学术的规范化和制度化。美国大学学术评议会制度成熟的标志之一就是内部建立起了完善的组织制度，基本上每所高校都有相关的法律和规章制度，具体规定了大学评议会的各项职责及其与其他组织机构的关系，用法律的形式使学术评议会制度化和规范化，从而为大学评议会的有效运行提供了制度保障。在西方国家，大学章程受到高度重视，章程中几乎都用法律的形式界定了评议会的性质、职责及其组织构成等各项内容，从而使得大学评议会具有合法性和规范性。另外，国外各个大学的评议会都拥有自己的章程制度，对评议会的具体操作流程都有非常明确的规定，操作性非常强，从而保障了大学评议会有章可循。由于一切事物都是动态发展的，学术评议会的制度也随时代的变化和大学功能的变化处在不断的更新完善中，因此，才使美国大学的学术管理更为规范而有序，并且促进了整个大学的发展。在美国大学中，评议会还可以根据大学宪章创办关于学术问题的法规，以此来保障教授的权利，每所大学除了拥有自己的章程外，国家还颁布了一系列完善的法律体系作为保障，以此来保障大学评议会的顺利开展，用法律的形式使教授治校制度化和规范化。

国外大学的发展表明，要提高大学发展的质量及其办学层次，必须要尊重学术自由，重视学术的力量，给学术的发展营造一种相对宽松、自由的氛围，实现科学决策和民主管理。近年来，我国的高等教育也进行了一系列的体制改革，现代大学体制也在不断地建立与完善。我国高等教育的发展在借鉴国外大学有益经验的同时，要结合我国具体的国情和各个大学的实际情况，寻找出适合我国大学发展的教授治学模式。由于我国是社会主义国家，具有特殊的国情，所以在借鉴他国大学评议会的经验时一定要结合我国的具体国情和各个大学的实际情况，绝不可以简单复制他国的办学经验，必须要建立具有我国特色的大学内部管理体制，促进现代大学体制的建立和完善。

二、学术委员会制度的有效实施需要制度保障

如今任何事情都讲制度，教育也是如此，而任何一项制度的有效执行都需要法律法规的制度保障。我国高等教育史上，最早的大学法规是蔡元培先生接任北京校长之后颁布的《大学令》，这也为北京大学的成功改革奠定了基础，提供了制度保障。新中国成立以来，我国颁布了一系列的法律如《中华人民共和国高等教育法》《中华人民共和国教师法》等法律法规，其中高等教育法中也明确规定了学术委员会的职责，但是对学术委员会的地位及其权利的定位却没有具体的说明，没有一定的制度化，这就导致了一旦出现这方面的问题，就不能很好地运用法律法规来解决，也就影响了学术委员会制度的实际执行情况，导致了学术事务管理的错位。《国家中长期教育改革和发展规划纲要(2010～2020年)》中也指出，"各类高校应该依法制定章程，依照章程规定管理学校"，"学校要建设完善符合法律规定、体现自身特色的学校章程和制度"，这些措施有效地促进了大学章程的建设和完善。

大学的规章制度是学术委员会制度正常运行的保证因素之一，教授群体参与学术管理作为一项学术权力，保证教授群体在大学中的地位，必须通过高校内部的制度给予保证。另外，大学学术委员会制度本身的章程和规则条例也要随着大学的发展和学科的建设进行不断的修改，它是一个动态发展的过程，要从大学的整体发展出发。因此，有必要完善和健全大学的章程和学术委员会本身的规则章程，为学术委员会的有效执行提供一定的法律制度保障，这是我国大学学术委员会发展的重要前提。制定高校章程，是高校推进科学决策、建设现代大学体制的迫切任务。学术委员会制度的设立是以学术为价值取向的，坚持以学术为本位，符合高等教育发展的特点，有利于促进学术的发展。

除了大学章程和学术委员会本身的制度章程，也要加强国家立法，通过依法治校来保障学术委员会制度的顺利实施，高校不能脱离社会独立存在，因此，大学学术委员会制度的发展与完善必须要依靠国家强有力的法律措施来保障。另外，学术委员会制度的章程建设受到国家制度文本的影响，因而迫切希望国家教育机关能够制定出一系列条例来促进学术的发展，使大学的学术委员会制度发挥应有的效应，真正做到学术自由和大学自治，促进大学的健康发展。

三、权利与组织之间要权责分明

《国家中长期教育改革和发展纲要(2010～2020年)》提出了"去行政化"的

理念，因此，明确大学内部的行政权力和学术权力的界限显得尤其重要。但是目前，我国高校普遍存在的情况是行政权力和学术权力之间没有明确的分界线，往往是行政权力干涉学术权力，甚至是代替学术权力的执行。行政权力和学术权力的冲突起源于双方对大学的性质和使命的不同认识，学术权力崇尚“自由和平等”，行政权力提倡“效率和约束”。虽然高等教育法中明确规定学术委员会的职能，但是在实际执行过程中，却只有部分职责可以得以实现。学术权力的实施，往往还要通过行政部门来执行。在现代大学体制改革中，虽然重视学术权力的作用，但是根据我国的国情，在大学中真正实现大学自治是不可能的，学术自由也有一定的限度，是一种相对的自由。再者，管理一个大学，也不仅仅单靠学术权力就是可以的，还需要学术权力和行政权力的协调配合，使学术权力和行政权力相互制衡，适当分离，在实际的操作过程中不能忽视任何一方，在学校管理中有意识地强化学术权力。学术委员会要做到二者关系的平衡，作出的决策应该既有学术性又有行政性，坚持学术自由，保持大学的学术特色。各个大学要根据自身特色健康合理发展，调整行政权力和学术权力的结构分布，确保学术权力在高校中的地位，这样才可以保证学校的管理平衡，促进大学的整体发展。学术委员会制度的确立，巩固了教授群体在大学中的地位，突出了学术权力的作用，也成为牵制大学行政权力的因素之一。另外，在学术委员会成员构成上尽可能扩大成员的覆盖范围，最大限度地代表全校成员的利益。

强调大学的学术权力并不是否定行政权力，从大学的本质属性来看，学术权力是大学权利的基础。大学行政权力和学术权力的协调配合实质上是规范行政权力，加强与学术权力的有机结合，对促进学术的发展有重要的作用，对于大学的整体发展也有重要的意义。行政权力和学术权力各有局限性，单纯地依靠行政权力或者是学术权力来治理大学、处理大学事务都是不可能的，只有将二者结合起来，才能促进大学的长久发展。同时，大学学术委员会需要同院系的教授委员会以及其他学术组织协调配合，相互监督与审核，不应该是领导与被领导的关系。另外，我国高校众多，不同的高校，其学术委员会制度的具体情况是不同的，所以高校之间的学术委员会要相互学习，取长补短。

四、加强大学内部管理体制改革

制度建设在大学管理活动中起着不可替代的作用，特别是随着大学功能的不断延伸，旧的大学体制已经不能满足大学发展的需求，现代大学体制的建设显得更为迫切。现代大学体制的核心是确立学术的价值，保障学术的自由。由上述可知，大学内部管理体制的完善成为一种必需的改革。科学合理的内部管理体制是学术权力得到充分体现的前提保障。国外一流大学的发展都说明了一个道理，要想提高大学的质量，必须要有活跃的学术氛围，充分发挥学术自由，重视学术的力量，使学术权力得到充分的体现，实现科学决策和民主管理。改革开放以来我国高等教育也进行了体制改革，但是与世界一流大学的现代大学体制的要求还相距甚远，我国高校内部的管理具有浓重的行政色彩，依然沿用旧有的管理体制。要有效发挥学术委员会的学术权力，必须要从制度上进行变革，将学术委员会上升到高校的内部管理体制。

大学内部管理是大学健康发展的根本保证，大学内部管理体制的完善首先表现在行政管理和学术管理上，如今大学的发展不仅体现在质量的提高上，大学规模的扩大也是其突出表现之一，大学规模的扩大当然也增加了内部管理的难度，这就要明确行政事务和学术事务的区分度。完善我国大学的管理机制特别是学术委员会制度，不仅是优化内部机构的关键，也是提高大学科研水平和提高大学整体质量的关键，由此可知大学内部管理体制建设与完善的重要性。其次，建立并完善现代大学体制，必然少不了民主管理制度的完善，这就要求全校师生尽可能多地参与学校的管理。另外，学术自治也是建立现代大学制度的重要内容之一。由于学术自由与学术价值观是相辅相成的，保证学术自由的同时，应该保持学术价值观的时代性，要跟随社会的发展，与社会的发展密切相关。学术也是动态发展的，应该更新那些滞后的学术价值观，引入先进的成分，形成新的学术价值观。

建立中国特色的现代大学制度，有利于充分发挥大学学术委员会的作用，促进学术的规范性及学术的发展，反过来学术委员会制度的完善也有利于深化我国高校内部的管理体制，促进高校的整体发展。学术委员会制度的建立与完善是历史发展的需要，也是完善现代大学制度的重要环节。学术委员会制度的发展与完善为我国大学的内部管理体制改革注入了新的内涵，也为现代大学体制的建立与完善提供了理论上的可能性。

参考文献

[1][英]约翰·亨利·纽曼：《大学的理想(节选本)》，徐辉等译，浙江教育出版社 2001 年版。

[2]毕宪顺、甘金球：《我国高校学术委员会制度研究述评》，《黑龙江高教》2008 年第 4 期。

[3]梁明伟：《大学学术管理的法律保障：文本解读与法理分析》，《当代教育科学》2008 年第 13 期。

[4]倪潇：《当代英国大学内部治理结构的组织分析——埃克塞特大学的经验》，《理工高教研究》2010 年第 2 期。

(作者单位：山东政法学院教务处)

中国特色的公立大学董事会探讨

苏晓轶

大学产生于中世纪，经过近千年的沉淀与发展，单纯从精神理念层面解读大学组织已经不能够全面概括大学制度具有的现代性特征。具体而言，现代大学制度是在与现代社会政治经济环境的互动中产生，并通过与法律文化的互动而固定的社会组织运转规则。社会环境的任何变迁，都可能影响大学组织的稳定性，大学组织则在动态的社会环境中不断寻求稳定并在这一过程中保证其制度不断得到完善。

一、大学董事会及其作用

大学董事会，英语名称为“board of trustees”“board of regents”“board of overseers”“governing board”等。尽管名称各异，但这些机构的地位、作用和功能等却大体一致，基本上都是大学的最高权力机构。“大学董事会”一词一般被认为是西方大学的专利，近代以来经过引进和不断发展，我国的不少大学也设立了董事会，但与之相比，所拥有的权力则相对较为温和一些，特别是公立大学的董事会。李水山、王振如主编的《简明中国农业教育辞典》认为，大学董事会“是指相关社会力量参与学校民主管理的一种组织形式”，根据办学组成的不同分为三种类型：一是私立学校对学校内部实行管理的最高权力机构；二是学校与企业、科研单位的联合体，在上级业务部门指导下，对学校办学进行监督、审议、咨询、指导、决策；三是以政府为主体，社会各界共同办学的新机制，董事会是学校的最高权力机构，实行董事会领导下的校长负责制。

我国学者目前对大学董事会概念的研究可归纳为，根据我国社会发展和高等教育管理体制改革的需要，依照相关法律法规和大学章程成立并组织起来的，由大学内外各利益相关群体的代表组成的一种参与大学治理的集体决策或咨询指导机构，对学校的发展方向、人事、财务等重大事务具有一定的决策权或咨询指导权。

二、中国公立大学董事会存在的问题

自1978年以来，我国公立大学借鉴美国大学的办学经验，恢复发展了大学董事会至今已经走过了30多年的历程。在长达30多年的发展中，公立大学的董事会在运行中存在很多问题。

(一)董事会的产生机制有待完善

1.大学董事会的创设缺乏法律依据。目前我国公立大学董事会只是根据学校发展需要而成立的社会参与学校合作办学的组织，其设立还没有任何的法律依据，而董事会章程也只是相当于一个双边的协议而已，并不具有真正约束激励的法律效力。虽然《国家中长期教育改革和发展规划纲要(2010～2020年)》作出“探索建立高等学校董事会或理事会，健全社会支持和监督学校发展的长效机制”的规定，但对于建设一个什么样的董事会，董事会在学校的地位、性质、职责、组成等仍然还没有任何说法。

2.董事会成员遴选方式不够规范。我国的公立大学董事会，除了个人董事外还包括大量的董事单位。成员产生方式大都比较混乱，大多数公立大学还没有形成规范化、制度化的遴选机制。特别是董事长和副董事长的产生方式更是多种多样，有的董事会由校长或上级教育主管部门领导直接担任，有的由国家领导人担任，有的由董事会选举后报上级教育主管部门批准产生，有的则直接由董事会全体会议选举产生。

(二)董事会职能异化

大多数公立大学董事会的章程，只是把董事会作为一种社会参与合作办学的协调机构，并没有对学校治理进行决策的权利，其职责除了对学校重大问题的决策给予咨询、评议、审议或指导外，最重要就是筹集资金支持学校办学和发展。然而，在美国，大学董事会对学校重大事务进行决策，任命校长并委托其对学校进行有效管理，对我国高校董事会职能的转变有一定借鉴意义。

(三)董事会的结构问题

1.成员构成的代表性不足。从多数公立大学董事会的章程来看，其董事会成员一般由上级教育主管部门的领导、校内主管行政的领导、董事单位代表、校友代表、社会各界知名人士和专家学者等人士组成，但各方利益相关群体的代表性仍不足，作为大学主体成员的教师和学生反而没有被吸纳其中。

2.职位结构泛化。大学董事会的职位结构主要是依据其基本职责设置的。我国公立大学的董事会中只有正副董事长、正副秘书长和常务董事是董事会较为重要的职位，也是董事会开展工作的核心成员，其他大多数只是一种象征性的虚设职位。

(四)董事会的运转机制问题

1.成员任职机制不够健全。科学的成员任期制度是大学董事会富有活力和运行高效的重要保障。目前,我国大多数的公立大学董事会对其成员的任期也作出相关规定,一般为3～5年,大多数为4年。除了未作任期规定的,大都可以连任,但是,对于成员连任的期限和年龄的限制都没有作相应的规定。

2.会议制度存在不足。我国公立大学的董事会也主要是通过会议的形式来履行其职能的。由于我国公立大学董事会的规模一般比较大,董事会会议的召开时间跨度较大,无法高效地解决大学存在的问题。

三、健全中国特色的公立大学董事会制度

(一)确立董事会的法律地位

建立符合我国国情的大学董事会,要考虑到我国实际,既要有法律保障,又要循序渐进,不能照搬照抄美国的经验。美国公立高校董事会分为具有宪法权力的公立高校董事会与具有普通法规权力的公立高校董事会两种类型。在我国,通过国家宪法对高校董事会的法律地位进行规定的做法在现阶段是不现实的,但可以通过《教育法》《高等教育法》等来赋予董事会的法律地位,并对董事会的组织构成、董事的产生方式和任期等作出具体的规定。只有对高校董事会予以立法保障,使高校成立董事会有专门的法律依据,其运行机制有法可循,才能保证制定的大学章程具有法律效力,保证高校自主管理的健康运作。

党委领导下的校长负责制是我国高校,特别是公立高校的一个客观实际,因此,在党委领导下的校长负责制基础上建立的董事会,是我国高校董事会制度的一个特色。基于此,作为高校治理机构的公立大学董事会应有党委领导的参与。

(二)确立符合中国国情的董事会人员构成

通过对美国公立高校董事会成员组成的分析发现,其主要是由校外人士组成,包括政府官员与关心教育的社会各界人士。我国大学章程的主要功能在于厘清大学与政府、大学与社会以及大学内部之间的权责关系,因此,借鉴美国经验并结合国情,我国的公立高校董事会人员构成应包括政府官员、书记校长、与教育关系密切的社会各界人士、学校教师和学生代表。

(三)加强公立大学董事会的非营利观念

“无论是创造知识还是传授知识,大学都不适合作为营利性机构而存在”,非营利性是大学特别是公立大学的基本特点之一。而董事会要成为我国公立大学治理结构的核心,其最主要目标应该是提高大学的治理效益,因此非营利性是我

国公立大学董事会的必然要求。要进一步培育我国公立大学董事会成员的志愿精神，因为志愿精神是大学董事会有效运作的基本动力。在很多教育发达的国家，董事会的董事作为志愿者经常为所在大学奉献时间、金钱与智慧，却不领取任何薪水和报酬。大学董事会的董事很多是校友，在社会上享有很高声望，他们把志愿服务当作是对母校的热爱和对教育事业的贡献。而在我国，很多个人和企业功利主义思想严重，志愿精神十分缺乏，因此要想让大学董事会完全摆脱功利性是很难的。所以，应该把培育适合我国公立大学董事会需要的志愿精神作为目前改革的重点，为董事会的运作提供持续动力。

(四)明确公立大学董事会的定位

高校董事会的定位关系到高等教育事业的发展，应当有利于高校与企业的产学研结合，最终服务于社会经济发展。高等教育为企业培养人才、研发成果，为企业的发展提供重要的生产要素。因此，在高校董事会的各项活动中，也应该按照市场经济的一般规律进行。根据《现代汉语词典》对董事会的定义，董事会应该是领导机构。董事会通过适当形式在一定程度上进入高校的领导机构，并不会影响到高校教育的社会主义方向。所谓“适当形式”，是指在合理合法的基础上，董事会派出能代表董事会意志的代表(不是高校领导，更不会是政府官员)进入高校党委或高校行政系统，通过参加党委会、校务委员会、学术委员会或教学委员会等，审议、决定学校的发展规划、重大改革、重大投资、重大决定，在民主集中制的原则下将企业的意志、需求体现在高校的教学、科研上。企业拥有大量资金、设备，高校拥有人才和科研成果，以企业为主体的董事会进入高校的领导层，必然会有利于社会主义高校和社会主义企业的大联合、大发展，最终推动经济社会的发展。

四、中国公立大学的治理

从大学自身来说，拥有了自主权就意味着大学可以更好地应对市场的变化和挑战，可以自主地决定未来的发展方向并构建自身的特色与优势。而要切实达到这些目标，还需要大学建立起良好的治理结构，只有这样，大学才能够制定高效的政策规划，更好地向大学利益相关者及公众负责。因此，必须优化治理结构，确保大学切实获得更大的发展空间，并且要尽力以高效且经济的方式来运营大学，从而避免浪费公共资源。

(一)强化大学董事会的任命与职能

赋予大学自主权，一个重要的方面就是要改变教育部与大学董事会或领导阶层的关系，使大学董事会切实成为大学的主要负责人。大学董事会是大学发展的关键，为此，必须建立高效的董事会，改变原有大学理事会的规模和结构，根据成员的专长、预期承担的责任以及对于大学和理事会的贡献来确定人选。

大学董事会的主要职能仍以“管理”为核心，主要有：(1)引导与规划大学的战略发展方向，确保大学发展目标得到贯彻和实施；(2)任命和评价校长；(3)确保大学资源得到有效使用。为了辅助董事会对于大学的管理与监督，大学还要设立多个分委会，如执行委员会、审计委员会、提名委员会、劳资委员会、投资委员会、学校规划与发展委员会和创业委员会。每个分委会都由一名董事会成员担任主席，分委会可以根据自己的情况确定发展目标与作用。

(二)大学内部治理

首先，任何一个机构都需要有效地平衡自上而下的指令与自下而上的创新二者之间的关系，这是保证生机与活力的关键，大学更是如此。如果大学内的教职工没有任何的权利和能力对大学的决策与发展有所影响，那么他们将难以对大学产生归属感，更难以与大学形成休戚与共的关系。新加坡大学通过赋权，优化大学内部的治理结构，充分调动大学利益相关者参与大学改革与发展的积极性与主动性。这样，大学教职工不但可以形成共同掌权与相互尊重的意识和精神，更可以积极地表达自己的意见与建议，同时，教职工也可参与课程和学术质量等方面的教育决策过程。这种开放的氛围也可以吸引学生和校友积极参与到塑造学校文化和特色的行动之中。

其次，要建立合理的绩效评价与资源分配的体系与程序。为了最有效地使用有限的资源，资源的分配必须要向那些对学校有更大贡献的人员倾斜。为此，为了保证高效与公平，必须建立严格且公开的绩效评价和资源分配的体系、程序与步骤等，如果出现争议，还要有可以进行复议和纠正的渠道。

最后，对自治大学来说，还需要建立和培养自己的支持网络。一方面大学董事会可以为大学发掘和培育外部赞助者并寻找其他的经费来源；另一方面，大学还要通过多种措施来培养群体认同感，让大学的所有利益相关人——教职工、学生、校友、捐资人和支持者等更加尽心尽力地为学校发展服务。

大学治理一直是大学管理者关心的问题，现代大学制度的建立应该适应时代发展要求，应大胆借鉴西方国家成功的经验，利用董事会制度制衡权力。大学治理结构是现代大学制度的基石，完善大学的治理结构是实现有效治理的基本条件。我们并不缺乏办好大学的理念，而是缺乏把理念贯彻为行动的制度安排。建立中国特色的董事会制度，正视全新的大学管理理念，将有力地推动大学的国际化进程。

参考文献

[1]湛中乐、苏宇:《对中国引入大学董事会制度的反思》,《陕西师范大学学报(哲学社会科学版)》2011 年第 5 期。

[2]朱同琴:《论我国公立高校董事会的法律地位》,《教育学术月刊》2012 年第 9 期。

[3]吴高臣:《董事会:公立高校治理结构的改革》,《中国行政管理》2011 年第 11 期。

[4]龙宗智:《依法治校与高校领导体制的改革完善》,《北京大学学报(哲学社会科学版)》2005 年第 42 期。

[5]吴景松:《论高校董事会角色定位》,《江苏大学学报(高教研究版)》2003 年第 1 期。

(作者单位:山东政法学院外国语学院)

对当前大学科研激励制度建设的几点思考

姜世健

对于大学的功能，传统上一般认为有三个，即教学、科研和社会服务，而其中科研在现代高校中所占的分量也越来越重，几乎所有的高校都把科研作为学校的一项长远发展战略，甚至当前各种各样的大学排行榜也几乎都把科研作为一项至关重要的指标，赋予其极高的权重。在当前，几乎所有的高校都制定了完备的科研评价与激励制度，然而，如果仔细观察一下这些科研制度，就可以发现有一些问题值得进行深入的探讨与思考。那么这些问题是什么？该如何看待？我们需要什么样的科研激励机制呢？接下来本文将对此予以初步的分析与探讨。

一、当前大学科研激励制度存在的问题

科研激励制度是激发教师们从事科研的热情，并着重从物质上予以奖励的一种制度设置。各大学几乎都有较完备的科研激励与考评制度，而且这些制度几乎从内容到形式上都表现出某种一致性，即大都是一种量化的考评机制。这种机制对老师们的科研工作量都有明确的要求，比如发表多少篇论文、论文所在期刊的级别高低、申请课题的多少、课题的级别、配套经费多少等等规定都需非常详细。一般来讲，如果教师论文发表得越多、所在期刊的级别越高、申请的课题越多、课题级别越高，则科研的分数就越高，也即表示一个人的科研能力和水平越高。

这样的一种激励机制其实非常符合管理学中的泰勒科学管理制，泰勒制的核心思想就是提高劳动生产率，而要达到最高工作效率的手段，则是“在管理实践中，建立各种明确的规定、条例、标准，使一切科学化、制度化，是提高管理效能的关键”。量化的科研激励制度中的文章发表期刊的级别、课题的级别等就相当于泰勒制中为工人工作所设定的标准，文章和申请课题的数量则成了泰勒制中的差别计件制，在这里，科研工作的考量被简单等同于工厂中的计件工资制，文章发表多、级别高，就相当于单位时间内计件多、质量好。如此一来，大学的科研岂非成了工厂的标准化车间了吗？如果科研真像工厂生产产品这么简单，这样

的激励制度倒也无可厚非，值得大力提倡，我国的科研水平和科研创新也就不成问题了。

比如课题制，本来是一种很好的制度，尤其它能充分发挥集体攻关的长处，现代社会一些大型的研究项目不能单凭一己之力就可完成，制度本身无可厚非，问题在于怎样运用这种制度。但现在这项制度有走向极端的趋势，高校倾向于把所有研究工作都“课题化”，课题的多少甚至直接关系到收入水平。而且，若不将研究工作组织在某个“课题”中，除非是名望较高的资深学者，否则个人研究著述几乎寸步难行，评职称不被承认，发表、出版都成问题；甚至很多大学将课题到账经费的多少作为一项重要的考评依据。把课题人为拔高到如此程度，尤其是分门别类赋分、凌驾所有科研之上的这种制度，似乎已经偏离了课题制的本意。实际上并非所有的研究工作都可以课题化，人文、社会科学方面的研究主要是个人的创造性劳动，有些并非一定要联合攻关。“板凳须坐十年冷，文章不著一句空”，这是对一个学者理想境界的最高要求，但在当前的科研体制下似乎是一件奢侈的事情，课题要在一定的时间内结题、评职称需要在若干年内发表足够数量的文章，并且文章的级别都有明确的规定，试想在这样一种急功近利的体制下，怎么可能会容忍你在若干年内不出成果？如果真不出成果，不仅相应的职称评不上，可能连饭碗都有可能保不住了。

因此我们看到，在这样的一种体制下，学术界表面上出现了空前繁荣。有证据表明：“近年来，我国科研论文发表数量突飞猛进。最新的媒体数据显示，我国科技人员发表的期刊论文数量，已经超过美国，位居世界第一。然而据统计，这些科研论文的平均引用率排在世界100名开外。真正极好的论文，在中国还是凤毛麟角。”在这种空前繁荣的背后则是大量的学术腐败和学术垃圾，这当然与当前的重数量、轻质量，重形式、轻内容的科研激励机制是密不可分的。在这种浮躁的学术风气背后，彰显的其实更多的是学术上的短视、学术成果的肤浅，高质量的学术成果难以涌现。这就使得那些真正需要潜下心、踏踏实实、数十年如一日去做的基础研究，没有多少人愿意并且敢于去做，十年磨一剑在体制上是不被允许的。大家试想一下，我国为何到现在都没出几个诺贝尔奖获得者？为何我们产不出大师？这难道不值得深刻反思吗？

二、科研的本质与科研激励

(一)科研的本质

科研真的就像工厂生产产品那样简单吗？科研的本质是什么？记得有位学者说过：“前人治学本无课题之说，读而思，思而有得，形诸笔墨，遂成著述。这里思想是自己的，题目是自选的，时间也没有特殊的规定，短则一两年，长则十年，甚至以毕生之力成就一部传世之作。”科研的本质其实是来自于对未知事物的好奇与兴趣，是对悬而未决问题的无尽探秘。科研主要是一种精神创造性劳动，而精神创造的特点是在一个领域中钻得越深，就越欲罢不能，古今中外大学者都不是鞭打或利诱出来的。另外，科学上的发明和创新在很多情况下是偶然因素的结果，是在相对自由状态下深入思考、灵感迸发和偶发因素的结合，比如盘尼西林的发明，就很好地体现出科研的这一特点，在科学史上这样的例子不胜枚举。

科研的这种特点决定了对科研的激励绝不仅仅是物质奖励和刺激这么简单，科研工作的长期性、难以预测性、不确定性、无规律性决定了这项工作是独一无二的。我们进行一项科学研究工作，不能确定它能否成功、不能确定它能否取得预期的成果、不能确定它什么时候一定能完成，而正是这种不确定性和难以预测性反而使得很多科研工作者沉迷其中、乐此不疲，而这也正是科研的魅力之所在。

科研激励从制度设计上其本意在于激发科研人员的积极性，使他们更乐于从事这种艰苦的脑力劳动，对于作出杰出贡献者予以物质和精神上的鼓励和奖励。这从理念上讲是没有错误的，也是为促使科研水平的提高而必须有的一种制度设计。但现在的这种以数量论英雄、以课题定成败的科研激励机制似乎正离科研的本真越来越远。

对科学研究的兴趣是促使科研发展的原动力，但从科学社会学的角度来看，科学研究也是对优先权的争夺。著名社会学家墨顿指出，人们从各个方面提醒科学家，增进知识是他的任务，实现这种任务亦即大大增进知识则是他最大的幸福。当然，这只不过是说，在这种科学制度中独创性非常受重视。因为正是通过独创性，知识才会以较小或较大的增幅得以发展。当科学的制度有效地发挥着作用时，对那些最出色地履行了自己角色的人，以及那些为公共知识的积累作出了真正开创性贡献的人，人们的承认和尊敬就会自然增加……因此，对一个人所取得的成就的承认是一种原动力，这种原动力在很大程度上源于制度上的强调。对独创性的承认成了得到社会确认的证明，它证明一个人已经成功地实现了对一个科学家最严格的角色要求。科学家的个人形象在相当程度上取决于他那个领域的科学界同仁对他的评价，即他在什么程度上履行了这个高标准的极为重要的角色，正如达尔文曾经指出的那样：我对自然科学的热爱……因有心要得到我的自然科学家同行们的尊敬而大大加强了。因此，通过科研成果的发表，得到科学共同体的认可和承认，也是从事科学研究的一项重要的动力。

（二）科研激励

那如何进行科研激励呢？著名心理学家马斯洛曾指出，人的需要是分不同层次的，最低层次是生理需要，然后逐步往上是安全需要、归属和爱的需要、尊重需要，最高层次是自我实现的需要。需要层次理论有两个基本论点：其一，人是有需要的动物，其需要取决于它已经得到了什么，还缺少什么，只有尚未满足的需要能够影响行为。其二，人的需要都有轻重层次，某一层需要得到满足后，另一层需要才会出现。马斯洛认为，在特定的时刻，人的一切需要如果都未能得到满足，那么满足最主要的需要就比满足其他需要更迫切。只有排在前面的那些需要得到了满足，才能产生更高一级的需要。而且只有当前面的需要得到充分的满足后，后面的需要才显示出其激励作用。对于科学研究者来讲，如果没有一个稳定的工作环境，如果天天为生计、为能否保住饭碗而惶惶不可终日，显然是难以潜下心来去进行深入研究的。只有在低层次的需要满足后，才有可能去追求更高层次的需求。科研其实从本质上来看更属于马斯洛的最高层次的自我实现的需求，因为通过艰苦的科学研究，实现自己的价值，使自己的成果得到科学共同体的认可，这可看作是科研人员的最高追求，也是促使他们孜孜不倦从事科研的最重要的动力。因此，如果从需求层次理论来看，科研激励就不应该仅仅是物质的刺激，它更应该是提供一种稳定的工作环境，建立一种完善的、科学的评价体系，使科研工作者真正愿意去搞科研。

在管理学中，美国麻省理工学院教授道格拉斯·麦格雷戈提出的X理论和Y理论对于科研激励非常富有启发意义。麦格雷戈X理论的观点主要是：普通人生来厌恶工作，而且只要有可能就想逃避工作；由于厌恶工作是人的本性，因此对于绝大多数人必须使用惩罚措施来强迫、控制和胁迫他们；普通人倾向于受人指挥，希望逃避责任，相对而言几乎没有进取心，将工作安全看得重于一切。而Y理论的观点则是：普通人并不是生来就厌恶工作的；人们愿意通过自我指挥和自我控制来实现他们具有认同感的目标；对目标的认同是一个关于奖赏的函数，而奖赏则与他们的绩效相关。那些最为显著的奖赏，例如自我满足与对自我实现的需求，能够直接导致人们努力实现组织的目标；在合适的条件下，普通人不仅懂得接受责任，而且懂得主动承担责任；在所有人当中，有许多人，而不只是少数人，能够在解决组织的问题时，发挥相对较高的想象力，灵活性和创造力。对比两种理论可以看出，它们对于人性的假设有着截然不同的观点，X理论基于的是人性恶的假设，而Y理论基于人性善的假设。按X理论来看待人的需要，进行管理就要采取严格的控制、强制的方式，而如果采用Y理论，则更重视人的主动性，管理者需要创造一个能多方面满足人的需要的环境，以使人们的智慧、能力得以充分发挥，从而更好地实现组织和个人的目标。由于科研工作的特殊性，单纯采用X理论的管理方式，在强制和胁迫下，未必就能达到好的绩效和目标，这已被现实中的大量事实所证明。当然，X理论和Y理论也并非就是绝对的好或坏，美国的乔伊·洛尔施和约翰·莫尔斯就曾对此两种理论进行过实验，研究结果见表1。

表1　X理论和Y理论实验结果

管理思想＼试验对象的性质	任务易测定的工厂	任务不易测定的研究所
X理论	效率高(亚克龙工厂)	效率低(卡美研究所)
Y理论	效率低(哈特福工厂)	效率高(史托克顿研究所)

资料来源:周三多等:《管理学》,复旦大学出版社2009年版,第74页。

由表1中可以看出，采用X理论和Y理论的单位在效率上也都各有千秋，但仔细观察可以发现，在任务不易测定的研究所这种单位中，采用Y理论的史托克顿研究所的效率要高于采用X理论的卡美研究所，这还是非常富有说服力的。这说明在研究所等对人的创造性要求非常高的组织和单位中，惩罚、强迫等激励措施远不如实行更为人性化的Y理论的激励措施，这对于我们反思当前的大学科研激励机制还是非常富有启发和警示意义的。

三、改进科研激励机制的措施与建议

(一)改革过于注重量化的考评机制，实现由重量到重质的转变

过于注重量化的科研考评机制带来诸多的弊端，而科研工作的特殊性决定了科研的产出不可能像工厂生产产品一样，这不可能做到标准化，科研成果的水平不是靠数量来决定的，与其鼓励生产大量的学术垃圾，还不如鼓励和引导注重学术质量的提高。学校不必非得硬性规定发表多少篇论文、核心还是非核心、出版社是一级还是二级等，在这方面，像西方一些大学推行的较为成功的代表作制度、终身教授制等还是很有借鉴意义的。比如代表作制度，就是实现对一个人的学术评价由重量向重质的转变，看一个人的科研水平，不是看发表论文的数量，而是看代表作的水平，能不能提交出代表作，代表作的质量如何，这才是表明一个人真正科研水平和能力的标志，而这样的制度可以在很大程度上避免盲目追求速度和数量的学术导向，促使科研人员真正愿意去坐冷板凳，愿意静下心来去真正搞研究，如此，科研才可回归它的本真。

(二)弱化课题与科研考评的关系

课题制的本意是国家和相关部门将重大的和亟待解决的问题交给最适合的科研人员去研究，但课题本身并不是科研水平和能力的标志，因此，将课题与科研考评捆绑是不科学也不合理的，科研能力和水平的高低要看一个人的代表作，而不是搞到了多少课题，这是有本质区别的。要让课题制回归其本质，大学可以去申请课题，但不应该将课题赋予如此高的地位和比重，课题不是招商引资，经费的多少更不应该成为评判科研水平和能力的标准，这一点如果不改变，将使大学和科研单位逐渐失去其本质，蜕变成一个个的经营企业，这将会偏离大学的定位。

（三）塑造宽容的学术自由环境

如前所述，科研的本质在于对未知事物的好奇与兴趣，科学研究的创造性、无规律性、长期性决定了对待科研工作不能急功近利，这更不是靠惩罚和胁迫手段所能达成的。外在的物质奖励能够取得一定的成效，但这不是促进科研的根本；反之，过于强调物质刺激与奖励反而容易引发学术腐败，容易导致急功近利等短视行为。事实上，在科学史上，重大的发明创造有哪几项是物质刺激的结果？牛顿发现万有引力、爱因斯坦发现相对论、居里夫人发现镭元素等，他们哪个是单纯追求物质利益的？我国华裔诺贝尔奖获得者丁肇中就曾深刻指出，为了拿诺贝尔奖而工作是非常危险的。

要营造宽容的学术环境，就需要对科研工作者进行人性化的管理，要从根本上相信他们，解除他们的后顾之忧，允许他们犯错误，要敢于承担他们未必能做出重大科研成果的风险，如此，才能激发科研工作者的积极性和创造性，最大限度地发挥他们的能力和潜力，让科研回归它的本真，从而涌现出大批的具有原创性的和有深度的科研成果，涌现出若干像陈寅恪等能融汇中西、通晓古今的大师级人物。

（四）正确认识和对待教学与科研

当今大学，很多专家和学者都将教学和科研两者不自觉地对立起来，要想搞好教学，就要在科研上作出牺牲，而要想搞好科研，就要牺牲教学。但事实上，这两者根本不是对立的，大凡优秀的教学名师，也都是科研的佼佼者，为何？因为一个人要搞好教学，必须要有科研做支撑，不去深入研究，不去广泛涉猎、多读书、看文章，哪能教好学？许多大学老师都深有感触，要想上好一堂课，非得下足工夫、精心准备不可。一堂课，可以一天备好，也可以几天、几星期甚至数月备好，但效果却是很不相同的，这就说明了科研在教学中的分量。大学的课堂不同于中小学，它对老师提出的要求更高。它要求老师必须通晓教材的体系、了解此学科领域的发展历史、最新动态、学术前沿，要求老师必须既博又专，否则老师是很难教好一门课的。因此，好的教师必然也是好的研究者，所以教学中就必然包含着科研，这两者怎么会是对立的呢？而之所以大学老师有这种感觉，最根本的还是当前的科研评价体制的不合理。所谓的科研，在管理者那儿，无非就是看一个人写了多少文章、出了多少专著、申请了多少课题，只有这些才叫科研；对老师的评价，也是看这些硬指标。而教学，虽然有科研，但看不见、摸不着，怎么评价？这是事实，也是很多大学的无奈。但很显然，教学和科研是密不可分的，关键是如何改进教学和科研评价制度的问题，教学中的科研并非不能评价，像同行评议、教学督导专家评价、学生评教等其实都是可以反映出来的。这其实牵涉到对科研的评价由量化向质性的转变的问题，只要不再绝对迷信量化绩效考评，这个问题其实不难解决。

参考文献

[1]周三多等：《管理学》，复旦大学出版社 2009 年版。

[2]《我国论文数量居世界第一，引用率排在 100 名开外》，http://news.sina.com.cn/c/2011-02-10/041921930596.shtml，2014 年 12 月 26 日。

[3]资中筠：《斗室中的天下》，清华大学出版社 2005 年版。

[4][美]R. K. 墨顿：《科学社会学》，鲁旭东、林聚任译，商务印书馆 2003 年版。

[5][美]丹尼尔·A·雷恩：《管理思想史》（第五版），孙健敏等译，中国人民大学出版社 2009 年版。

（作者单位：山东政法学院公共管理学院）

我国高等学校自主权的历史演变与发展路径探析

陆　红

自 1977 年恢复高校招生以来，高校自主权逐渐成为大学校长办学的难题，难在高校自主权既是办好大学的必要条件，又涉及高等教育体制中的高校领导权、高校与政府的关系等政治敏感问题。然而，30 多年过去了，我国高校自主权问题非但没有得到实质性解决，反而引发了世纪之交高校学生状告母校的浪潮。本文试图就高校自主权的相关问题作简要探讨。

一、我国高等学校领导体制的变化

新中国成立以来，我国高等教育领导体制历经数次变化，可以粗略地将之分为以下四个阶段。

第一个阶段(1949～1958 年)。高等教育领导体制以高度集中为基本特征，即强调高等教育部以及中央人民政府各业务部门对各高等学校统一领导。1953 年高等教育部根据政务院《关于修订高等学校领导关系的决定》发出通知，确定 148 所高等学校的直接管理关系，归地方管理的高校只占总数的 25.86%。

第二个阶段(1958～1962 年)。高等教育领导体制的特征是下放权力，即中央除了保留对少数综合性大学和某些专业学院的直接领导之外，把其他高校下放给省、市、自治区来领导。中共中央于 1958 年 4 月 4 日发出《关于高等学校和中等技术学术下放问题的意见》，教育部根据这一意见，会同有关部门将原中央领导的 229 所高校中的 187 所下放归地方领导。

第三个阶段(1962～1985 年)。这一阶段主要基于前两个阶段的经验与教训，尝试既能保证中央对高等学校的有效领导，又能顾及地方的积极性的领导体制，这集中反映在中共中央、国务院颁发的《关于加强高等学校统一领导、分级管理的决定试行草案》，这一文件基本确立了中国的高等教育领导体制。

第四个阶段以 1985 年 5 月 27 日《中共中央关于教育体制改革的决定》为标志，一直延续至今。在这一阶段中，扩大高校办学自主权被提到议事日程，并明确了高等学校的一些具体权限。1986 年 3 月 12 日，国务院颁发的《高等教育管理职责暂行规定》进一步明确并扩大了高等学校的管理权限。1991 年初，国家教委批准南京大学、东南大学进行校内管理体制的改革，同年底又批准 5 所高校进行试点改革，扩大高校办学自主权政策逐步开始落实到高等学校改革的实践之中。1998 年 5 月在《中华人民共和国高等教育法》中，关于高校办学自主权的规定在第 11 条中予以明确，即“高等学校应当面向社会，依法自主办学，实行民主管理”。

二、我国高等学校自主权的性质

我国虽然在法律理论上没有明确承认公私法制度的分野，但民法与行政法分立的立法体制和司法体制，事实上承认了私法和公法分立的制度。就《中华人民共和国教育法》《中华人民共和国高等教育法》所规定的高校自主权而言，显然突出表达的是以公法为主的权利体系。

(一)高校与学生关系

在高校与学生的关系方面，高校自主权表现为教育管理权和教育教学权，是国家教育权的延伸。《中华人民共和国教育法》第 21 条规定：“国家实行学业证书制度。经国家批准设立或者认可的学校及其他教育机构按照国家有关规定，颁发学历证书或者其他学业证书。”可见，从高校自主权的来源上说，高校自主权是在国家教育主权的基础上，由政府下放给高校并由高校在法律法规范围内独立行使的行政权。从高校自主权的内容看，各级各类高校从招生到学生毕业都纳入国家计划，学籍、学历、学位更是行政机关严格管理的办学事项。高校在管理过程中作出的不颁发毕业证、学位证，或退学、开除学籍等决定，对学生的名誉及将来的发展都会产生极大影响，是典型的行政行为。因此，高校自主权表现在与学生的关系上就是自主维护学校的教学秩序、工作秩序、生活秩序，保证学生受教育权的实现，这既是高校对公民宪法权利的落实，也是高校自主权的最高法律依据。

(二)高校与政府关系

高校是政府与学校间法律关系的行政相对人。《中华人民共和国高等教育法》规定：“国务院教育行政部门主管全国高等教育工作，管理由国务院确定的主要为全国培养人才的学校。”“省、自治区、直辖市人民政府统筹协调本行政区域内的高等教育事业，管理主要为地方培养人才和国务院授权管理的高等学校。”政府主要通过制定标准、审批、评估和监督等手段履行管理职责，对高等教育的规模、结构、质量、效益等方面予以宏观调控。高校与教育行政管理部门间表现为典型的行政法律关系，高校是行政主体的原告，其目的是通过法律保障政府对高校自主权的尊重，使高校能从法律上对抗政府的干预，也是高校要求政府或司法对其自主权提供法律保护的依据。

三、我国高等学校与西方大学两者自主权的差异性

通过对西方发达国家和我国大学自主权历史演进的梳理，得出两者在自主权演进的路径、大学自主程度、政治文化基础上存在极大的差异。

(一)自主权演进路径的不同

从12世纪至今，发达国家的"大学自治"基本上沿着以下的路径演进：大学是学者和学生组成的行会→大学不断壮大，受到世俗王权，尤其是教会的关注，大学与教会之间的矛盾不断出现→学校被教会垄断→民族国家形成，国家政治实体不断巩固和发展，国家开始管理高等教育→政府权能日益强化，对大学干预日益增强，大学自主权呈递减趋势。

中国大学的产生和发展无不受到西方高等教育的影响，甚至在某种意义上也可以说是伴随着西方高等教育的传播而发展起来的。我国大学自主权的演进路径如下：在"教育救国"的思想下建立大学→以欧洲大学为蓝本，将大学自治理念"移植"到中国，与以皇权依附为主要特征的封建主义教育传统存在内在冲突→欧洲大学自治理念被修正、被中国化，自主程度低→以苏联为蓝本，中央集权型高教管理体制确立，大学自治被政府对大学的直接管理所取代→随着国家权力全面进入大学，大学完全变成了政府的附属机构，大学精神迷失。我国的大学在整个社会中失去了自我，高等教育自身的逻辑犹如大学的灵魂，失去灵魂，失去自我的大学，又谈何自主权。

(二)大学自主程度的差异

发达国家大学与我国大学产生的基础不同，决定了两者在自主程度上存在巨大的差异。西方近代大学是自治体、行会组织，研究和传递高深学问，始终与社会保持一定距离来维护其学术研究和教学自由的历史传统。在发达国家，不论其高等教育管理体制属于哪一种模式，高等学校都是法定的自治机构，拥有独立的教育活动自主性。

1.法国高等教育管理体制属于中央集权型模式。虽然高等教育的最高决策权力机构是中央的国民教育部，但1984年颁布的《高等教育法》明确规定："公共高等教育事业是中立的，不受任何政治、经济、宗教或意识形态的支配；公立高等学校是享有法人资格，在教学、科学、行政、财务方面享有自主权的国立高等教育和科研机构。"

2.美国高等教育管理体制属于地方分权型模式。美国“教育权力在州”，即高等教育的管理和决策权力不在中央政府，而在地方政府及其他集团手中。无论是州立大学还是私立大学，都有比较大的办学自主权，尽管州政府可以通过立法和拨款对大学的人事、财政等方面实施方向上和宏观上的影响，但也无权直接插手大学内部的具体事务。

3.英国和德国的高等教育管理体制属于复合型模式，介于中央集权型和地方分权型之间。英国大学传统上就是独立的自治机构，在法律上是私立的，享有合法的自主权，有的靠有名的信托财产而生存，有的靠政府授予的大学特许状而生存。

(三)政治文化基础的迥异

综观发达国家大学自治的演进历程，不难看出其高教管理体制的政治文化基础是“校本位”，即在政府与大学的关系中大学处于主导地位，大学是法律所规定的独立的办学实体，政府所制定的高等教育政策要获取高校的同意，使大学的权力和利益得到充分的保证和尊重，政府在高等教育管理中不能为所欲为。“校本位”决定了发达国家高等教育的变革走的是“自下而上”的路线，大学享有高度的办学自主权，大学自身的发展推动着高等教育的改革和发展。我国大学从产生之日起便与政府交织在一起，“大学是政府出钱创办的，政府自然是大学的所有者。政府成为大学的主人，对大学各方面进行支配和控制是天经地义和理所当然的事”。由此，我国高教管理体制的政治文化基础与西方发达国家正好相反，是“政府本位”，即在政府与大学的关系中，政府处于主导和决策地位，政府与学校是上下级、控制与被控制、统治与被统治的关系，高校必“政府本位”决定了我国高等教育改革走的是“自上而下”的路线。

四、我国高校自主招生政策有效性的探讨

(一)探讨自主招生政策有效性的意义

我国高校自主招生改革自从2003年进入大面积试点以来，至今已经走过近十年的历程。自主招生政策的执行者与接受者对于这项政策的评价，已经从一开始的“集体狂”转入一种理性认同，赞同与反对的声音共存。在政策实施的初期，人们对于该项政策的认同会受到政策宣传动员等因素的影响。而随着政策实施的深入，对自主招生改革认同的直接因素就是课程改革实施的效益问题。自主招生改革在总体上运行取得的成果，对于增强人们改革的信心具有重要的作用，对于进一步推动政策的有效执行也有着巨大的作用。因此，我们有必要探讨自主招生政策实施的效益问题。

(二)实现了选拔特殊人才的价值

统一高考,以分数论英雄,以规定必考的学科成绩总分为决定性的评价标准。考生往往要各学科全方位优秀,才能以高分取胜,这对那些在某方面有特殊才能的偏才怪才十分不利,甚至常常遭受总分排名靠后的打击,参加统一高考极易被"淘汰"。而高校自主招生,通过加分照顾、破格录取等政策可弥补这些考生在统一高考中可能出现的劣势,为其提供接受高等教育的机会,也充分体现了"不拘一格降人才"的理念。

(三)实现了创新人才评价方式的价值

高校自主招生政策的价值目标之一就是创新人才选拔的方式,从实施情况看来,各高校在这方面都取得了一定的成绩。高校自主招生考试内容多样化、考核面广泛,所有参加试点的高校,都采用了综合考试这一种形式。例如,部分学校采用了文科综合卷和理科综合卷的形式,同时,大部分学校设立了面试这一环节,且面试成绩有着举足轻重的地位,注重对能力的考察,突破了统一高考"一考定终生"的局面,从关注学生的学业成绩逐步转变到注重综合素质、创造精神和实际才能的培养。

在创新人才评价方式方面成绩最突出的是 AAA 测试(高水平大学自主选拔学业能力测试),这是在高校联盟中的通用考试部分,由高校共同委托专业考试机构执行;AAA 测试成绩将在采用这种测试的高校之间互认,各高校间可以彼此参考。各高校由于特色不同、选材理念不同,因此对成绩使用的方式也各不相同。另外,联盟中面试时间也将尽量协调,使得学生有更多的选择机会。而且与专业命题机构的联合是 AAA 考试的一大突破,高校委托专业机构命题、招考分离进一步提高了考试的公信力,也更容易获得人们的认同。

五、政府对高等学校管理的绩效矛盾

当前高校管理体制中,政府的管理在政治领域实行的以党组织为政治核心的"党委领导的校长负责制"或董事会领导下的校长负责制,无论是在制度结构方面还是在运作模式上都强调高校党的建设的重要性;在经济领域,"政府掌控下的高校财务'财政化'、高校'国有化'"的制度结构设计及"政府对高校财务从拨款到审计、校产从拥有到处置的全程性管理"的具体运行模式都表明政府掌握着高校的钱袋子,虽能对高校财务收支状况进行实时监管,但也可以大量"伸手"高校具体事务;而在行政领域,政府统筹指导下的高校行政"执行化"管理,导致高校缺乏自身制度选择权力,更多地扮演着政府政策的执行者和实施者的角色。

(一)高等学校的主体

由政府行政管理权与高校自主权碰撞与摩擦所带来的最直接的问题或矛盾是“高校治校主体究竟是谁”。而以党组织为政治核心的“党委领导下的校长负责制”又将治校体复杂化与模糊化。之所以出现这么多的治校主体,最主要的原因在于政府的行政管理权过多地挤压了高校自主发展权,其根源主要在于《高等教育法》,该法赋予了政府太多的“自由裁量权”。正是借着法律赋予其宏观指导与管理的权力,政府在介入高校微观管理时行使着“自由裁量权”。高校若想切切实实地行使自主发展权,在法律制度上还需要《高等教育法》的进一步修改与完善。

(二)高等学校自主权缺乏自主实施方案

我国的教育法对高校办学自主权的规定过于笼统,缺乏具体的解释,可操作性差,并且只规定了高校办学的自主权,却没有限定政府的权力范围。而且,在政府对高校的监督问题上,没有明确政府进行监督的方式,这就使得政府与高校之间缺乏清晰的权力边界。在高校行使自主权方面,没有明确高校行使某项权利的法定形式和程序,以及高校的办学自主权受到非法侵害或干预时的救济途径。

(三)高等学校的教育评估

从已有的高等教育评估状况来看,虽然社会评估的影响力不断地上升,我国高等教育评估仍然以政府评估为主导、社会评估为辅助。高等教育评估中政府行为和行为主体的单一化使我国高等教育评估功能的发挥受到很大限制。评估活动通常是为了满足政府主管部门的需要,由政府及教育行政部门主导。管理者过多地将注意力集中于评比和评定的功能,“以评促建”“以评促改”“以评促管”功能似乎已经成为评估界的共识,同时也被认为是当前高等教育评估最主要的功能。这种评估一般很少考虑和研究在办学资源配置、捐资办学趋向等更为广泛的社会领域内如何充分有效地利用评估结论。同时,在实际的操作过程中,“以评促建”更多地表现为政府对高校的问责而非为了发展。也就是说,目前的评估相较于高校的发展而言,更多的是为了政府方便管理,更多的只是一种行政管理手段。

六、我国高等学校实现自主权的路径探讨

目前,我国高校的行政化问题愈演愈烈,伴随着《国家中长期教育改革和发展规划纲要(2010~2020年)》中“克服行政化倾向”的提出,高校去行政化改革被提上了议程,依据高校行政化所产生的问题及其形成原因的路径分析,高校去行政

化改革也应当从以下三个方面来进行:高校办学的理念转变、高等教育管理的法制建设和高校内部管理体制改革,从内外两个方面进行变革以促使我国的高等教育走上健康发展道路。

(一)高校去行政化改革的理念转变

高校的行政化首先是由长期的"官本位"思想观念造成的,去行政化当然要从转变思想观念开始。伯顿·克拉克指出:大学本质上是围绕学科和行政单位组织的矩阵组织,作为从事高深专门知识加工和传播的高校,学科知识是组织形式,是大学结构的基础,是学科而不是行政单位把学者组织在一起。因此,只有端正了人们对大学基本理念的认识,大学的去行政化才能够比较顺利地进行下去。

(二)"行政本位"向"学术本位"观念的转变

在"官本位"大环境的熏陶下,高校的"学术本位"观念都倾向于"行政本位",要改变当前高校行政化倾向,首先就要改变人们的思想观念,只有正确的观念才能指导正确的行为。在政府层面,应改变高校是政府下属机构这一观念,明确高校与政府的关系只是委托代理关系而非行政隶属关系。高校是一个独立的组织机构,以学术研究、学术自由为主要特点,它不是一个行政单位,而是一个学术文化可以自由交流碰撞的园地,政府对高校的管理只能是宏观引导而不是行政领导,政府应当放手让大学按其自身规律去自由发展,而不是事无巨细都要对高校的各个方面进行掌控。

(三)不断完善我国高等教育法

笔者认为,必须更加健全、完善我国高等教育的相关法律法规,以保障大学自治的顺利实现。完善相关法律首先可以厘清中央与地方的关系,中央的职权在于制定高等教育的大政方针和宏观规划,保证高校的社会主义办学方向;其他的统筹决策权可以交由地方政府,由地方政府对当地高校进行管理,而委托人与监督人的角色则由中央政府来扮演。其次,可以明确政府与高校的关系即委托代理关系,法律应明确政府的职权范围,其主要职责是制定和实施与国家高等教育发展战略相统一的规划来对高校进行管理,通过拨款、政策指导、检查评估等手段控制高校的发展方向,保证高等教育的发展重点,调整高等教育的发展结构等,严禁政府用各种方式将触角伸入高校对高校的内部事务进行干预。

参考文献

[1]蔡国春:《高等学校办学自主权:历史与比较》,《现代教育科学》2003 年第 1 期。

[2]蒋后强:《高等学校自主权概念研究》,《西北大学学报》2007 年第 4 期。

[3]张亚群:《高校自主招生改革:动因、问题与对策》,《北京大学教育评论》2010年第2期。

[4]敬然:《政府分权下大学自主的实现》,吉林大学博士学位论文,2011年。

[5]沈娜:《我国高校自主招生政策的价值分析》,首都师范大学硕士学位论文,2012年。

[6]王思婷:《问题与对策:我国高校去行政化研究》,湖南师范大学硕士学位论文,2012年。

(作者单位:山东政法学院图书馆)

大学文化与大学精神

大学之道

——文化育人体系建设

林　爽

文化传承创新是大学的四大功能之一，文化体制与制度建设也是现代大学制度建设的重要组成部分。人是文化的存在而不是本能存在，坚持社会主义先进文化前进方向，坚持“以人为本”“立德树人”，弘扬山政精神，把发挥文化育人功能、服务人才培养作为文化建设的出发点和落脚点，提高全校师生文明素质，培育和提升软实力，系统建设山政文化体系应当是山政文化体制与制度建设的主题。

这个文化体系应当是精神文化、制度文化、行为文化、物质文化四位一体。系统发挥高层精神文化的主导引领作用、中层制度文化的竞合规范作用、深层行为文化的实践创造功能、表层物质文化的示范表征功能。

一、精神文化建设

精神文化孕育人的精神家园，是意识形态的集中体现，具有价值导向、精神源泉、民族凝聚的功能属性，集中反映了社会主义先进文化的前进方向，社会主义核心价值观和马克思主义在意识形态领域的指导地位，是文化的旗帜与灵魂。

(一)建设学习型党组织

党的十八大指出：“坚持教育优先发展，全面贯彻党的教育方针，坚持教育为社会主义现代化建设服务，为人民服务，把立德树人作为教育的根本任务，培养德智体美全面发展的社会主义建设者和接班人。”坚持把立德树人摆在突出位置，以马克思主义指导思想建设、社会主义核心价值观建设和中华优秀传统文化建设为主要内容，以领导班子和党员干部为重点，以提高思想政治素养为根本，以建设学习型党组织为抓手，抓好党建和思想政治工作。

学校党委要认真研究意识形态领域问题，坚持党委中心组学习制度，每月至少安排一次集中学习，并根据形势政策需要随时安排学习，讲学习，讲政治，讲正气，坚定理想信念，确保党的领导、社会主义办学方向和马克思主义的指导地位，牢牢把握意识形态领域主导权，与党中央保持高度一致，保证学校科学发展内涵，坚持特色发展。

党总支、党支部为责任单位切实落实党员和教职工集中学习制度，重点将每周二和周四下午的业务和政治理论学习落到实处。提高思想政治学习的针对性和实效，发扬理论联系实际的学风，系统掌握马克思主义立场、观点、方法，用马克思主义中国化最新成果武装头脑并指导实践。

（二）坚持德才兼备原则，促进干部队伍和人才队伍建设

坚持党管干部原则，坚持以人为本，把德才兼备、以德为先原则落实到领导班子和干部队伍建设中去，体现到干部教育培训、选拔任用和管理监督等各个方面。把“德”的培养锻炼放到更突出位置，践行精神文化，强化党性锻炼，提升政治品质、思想作风和道德修养，确保把政治上靠得住、工作上有本事、作风上过硬、群众信得过的干部选拔到各级领导岗位。

坚持党管人才原则，实施人才强校战略，坚持德才兼备原则，全面提高人才队伍素质，把树立正确的世界观、人生观、价值观融入培养、吸引、用好人才工作全过程，教育和引导各类人才学习践行社会主义核心价值观，在实践中砥砺品质、锤炼作风，倾心本职岗位，注重工作实效，干事创业，改革创新，争创一流。

（三）充分发挥课堂教学的主渠道作用

学生层面，围绕立德树人的根本任务，将马克思主义理论课和思想政治教育课两课教学覆盖到所有受教育者，用马克思主义中国化最新成果教育学生，配齐配强教师，编好选好教材，改革教学方法，做好马克思主义指导思想、社会主义核心价值观和中华优秀传统文化“进教材、进课堂、进学生头脑”三进工作，发挥其“铸魂”与“扎根”功能，突出育社会主义之魂，扎中华民族之根，凝聚共识，增强民族自豪感和对中国特色社会主义的自信力。

鼓励教师把教学与科研相结合，充分利用山东省省级教学团队思想政治理论课教学团队、山东省“百人工程”理论人才、山东政法学院思想政治工作研究会等平台，做好学术研究，推进理论创新。

（四）发挥重要节庆日传播精神文化和社会主流价值的独特优势

一个民族感恩而不忘本才有光明的未来。重要革命纪念日、重要节庆日和中华传统节日蕴藏着丰富的教育资源，利用这些节日开展革命传统教育、中华传统文化和传统美德教育，开展感恩教育和寻根教育，避免单纯崇尚圣诞节、情人节等西方节日的不良倾向，弘扬以爱国主义为核心的团结统一、爱好和平、勤劳勇敢、自强不息的伟大民族精神和以改革创新为核心的时代精神，树立对党的深厚感情、对民族的深厚感情，树立对实现中华民族伟大复兴的中国梦的自信豪情和进取豪情。

（五）牢牢把握正确舆论导向

坚持正面宣传为主，提高舆论引导的及时性、权威性和公信力、影响力。建设巩固宣传阵地，互联网、手机等新兴传播媒体信息平台、校报、广播、各种刊物、宣传栏等网络媒体、平面媒体和影视媒体等形成联动，增强宣传针对性，把马克思主义指导思想、社会主义核心价值观和中华传统文化贯穿到日常形势宣传、成就宣传、主题宣传、典型宣传、热点引导和舆论监督中，高举旗帜，围绕大局，服务师生，改革创新，弘扬主旋律，传播正能量，不断巩固壮大积极、健康、向上的主流思想舆论，牢牢把握舆论主导权和主动权。

二、制度文化建设

制度是社会共生关系的主要约束条件，制度文化是在集体生活中所结成的各种社会关系的总和，是校园文化的内在机制，体现为一定的规则和稳定的秩序，是校园文化建设的保障系统。制度文化是有组织的规范体系，包括理性设计并建构的制度文化和相应的机构组织等实施机制。

（一）坚持制度设计导向

坚持合法、合理、合情、和谐的指导思想和责权利统一原则，合规律、顺事理、和人心，尊重人的主体地位，体现以人为本、人文关怀和人性化，符合高等教育发展规律和学校实际，把爱、信、诚、情、严、和、美、德、智、韧、强、健等精神文化贯注在每一项规章制度之中，全方位研究规章制度，以现代大学制度建设为核心，建立完善的制度文化体系。

规章制度内容科学细致，操作性强，做到事事有章可循。通过制度设计汇集各方面资源，统一各部门、各层面工作和师生员工的思想意识，各级各类制度都一致体现和服务于校党委办学指导思想和学校人才培养这一根本任务。通过制度设计引入竞争和激励机制，体现贡献与回报相一致；保障师生权益，在发展成果共享的基础上，向教学科研一线倾斜，向高层次人才和成果倾斜。以制度的导向性与规范性激发师生员工的积极性、主动性、创造性，引导师生员工的工作和学习方向。

（二）建立保障制度贯彻落实的文化氛围和管理网络

明确制度的权威性，严明纪律，严格管理，通过制度落实，增强各基层组织和师生的执行力，维护学校党委权威，保障学校党委决策的完全贯彻。

制度的贯彻落实靠内外两种机制联动，制度是规范约束和服务于人的，制度也要靠人来贯彻执行，如果忽略了道德、信仰、理想、道义这些文化软性约束，再健全的制度也不能充分发挥其相应作用。在内力方面，提升师生自我管理能力，加强工作作风建设，引导师生摆正个人与学校的关系，正确认识荣辱与共、同舟共济、水涨船高的道理，把个人利益和集体利益紧密地联系起来，不计较一时得失，不斤斤计较个人得失，树立爱岗敬业的岗位意识、爱校如家的主人翁精神，自觉贯彻落实规章制度，把规章制度内化为主动行为，形成自我激励、自我约束、自我管理的制度文化氛围。在外力方面，建立健全监督和检查网络，在学校党委领导下，职能部门负责职责与业务范围制度的落实与督促，学校办公室、纪委和组织人事部门定期督导并问责，整肃工作纪律，提升管理人员工作效能，治理管理人员庸、懒、散、拖、横、冷等不良习气，将对制度落实情况纳入干部年度考核，分工明确，职责分明，考核到位。

三、行为文化建设

行为文化是在实践中产生的文化现象，集中反映了学校的价值取向、发展理念、精神风貌等文化特征和师生的文化素质。充分挖掘"山政精神"各要素的深刻内涵，加强校训、校徽、校风、校歌等标志性文化建设，使"山政精神"入脑、入心、入行，将认知与实践有机结合，把山政核心文化贯穿于每个山政人的一举一动、一言一行，养成行为习惯，塑造山政品格、山政风格、山政形象。

(一)行为养成

习惯是第二天性。师生群体行为决定了学校整体的精神风貌和发展高度。马克思认为，道德的本质精神是自由自律。把精神文化、思想道德自觉自愿自发内化为自己的理想和事业，转化为实际行动是做人的应有之义。对优良的大学精神文化和道德行为不断加以强化、内化，使之稳固下来，成为师生的品行，融入师生的人格，塑造学校形象，维护学校荣誉，养成良好行为习惯。

1. 学生行为养成。注重"大学第一课"教育。把每年 9 月份的迎接新生入学和入学教育、军训等作为山政学子的大学第一课，通过人性化的管理服务和山政精神系统教育，为山政学子的山政之路奠定坚实思想与文化基础。

践行"乐学、勤学、真学、活学"学风。学习是学生的天职，学生要树立远大理想和人生抱负，做好人生规划，制定个人奋斗目标，坚持乐学、勤学、真学、活学的优良学风，立志成才，磨炼意志，勤奋攻读，学有所成，提高综合素质，培养兴趣特长及创造能力，培养"母校"意识与"爱校"意识，培养健康情趣，守住道德和做人底线，远离恶俗、粗俗、低俗、媚俗、庸俗，养成良好的行为习惯，为以后走向社会奠定坚实的基础。

用好载体，选树典型，发挥第二课堂教育功能。在校园文化建设中，学生既是校园文化建设的主力军，又是行为主体，是校园文化的参与者和组织者。按照"文明修身，文化养成，素质拓展，全面成长"的团员教育指导思想，以全国学校共青团重点工作"打造高校学生第二成绩单"创新试点项目等主题教育活动为依托，开展养成教育，将志愿服务、创业大赛、辩论赛、主持人大赛等优势项目做成具有较大影响的山政品牌。通过学习宣传先进典型和丰富多彩的素质拓展活动，提高学生的思想认识水平、道德判断力和道德荣誉感，树立正确的世界观、人生观、价值观。

2. 心理健康养成。一个人没有振奋的精神和坚强的意志，不可能成为高素质人才。积极做好学生心理健康教育和咨询工作，配备专职心理咨询指导老师和兼职教师，为学生提供心理健康指导与服务；所有的教职员工特别是任课教师，都负有关心大学生心理健康、主动做好大学生心理健康教育工作的责任；开设大学生心理健康教育方面课程或专题讲座等，广泛普及心理健康知识；切实帮助学生处理好学习成才、择业交友、健康生活等方面的具体问题，帮助学生健全完善人格，养成优美丰饶心灵。

3. 教师行为养成。梅贻琦先生的名言“大学者，非有大楼之谓也，有大师之谓也”，其核心含义是以优秀人物为大学人格化的象征，名师名校相辅相成。学高为师，行为世范，鼓励教师在实践中提高思想道德水平和学术水平，既做“经师”也做“人师”，努力成为品学兼备的名师，成为在校内和社会具有重要影响的山政标志性人物。

其一，注重“慎初”思维和行为养成。把新进教师岗前培训作为教师加入山政大家庭的第一课，让教师了解山政历史、山政精神、山政特色及履行教师职责所必需的职业操守，增强山政人身份认同和进取豪情，尽快融入山政，践行山政精神，建设山政。

其二，培育和践行学术文化。通过学术道德建设强化学风，引导教师遵行学术制度，规范学术行为，培育科学精神。践行坚持真理、探索真理、实事求是、严肃严谨的求真求是精神；学在前沿、追求卓越、永不自满的创造精神；艰苦奋斗、刻苦钻研、坚韧不拔的进取精神；遵纪守法、文明自爱、保护知识产权、尊重他人劳动和权益的法制精神。净化学术空气，避免急功近利，力戒学术风气不正、学术道德失范，建构正面的学术风气、学术形象、学术环境和学者队伍，形成科学健康、规范有序的学术文化。

（二）“山政精神”社会化

形象也是生产力，适应开放办学形势，紧密联系社会，坚持走出去战略，主要通过对外宣传、学生社会实践、教师社会服务、师生社会交往和山政毕业生在用人单位的良好表现等营造外部文化环境，塑造和树立“山政”和“山政人”社会形象，形成“山政”品牌效应，提高学校的社会知名度、美誉度、影响力和吸引力。

（三）完善学校、社会、家庭三结合的教育网络

形成课堂教学、社会实践、家庭教育三位一体的文化育人平台，以良好的家庭氛围和社会风气巩固学校教育成果。文化属于道德范畴,从本质上讲是人格、人性、人生的教育,是整个教育的灵魂,是一项开放的系统工程,学校教育是重点,家庭熏陶是开始,社会锻炼是补充。文化育人需要学校、社会、家庭各方面的合力,渗透于全部教育过程中。

学校培养的人才最终要交给社会、服务社会,社会这个大课堂是天然教材。注重发挥社会实践的养成作用,完善实践教育教学体系。团学组织、各院系部、工作委员会等充分利用第二课堂,拓展各类文化道德实践活动,组织学生广泛开展社会实践,建立校外实践教育基地,广泛开展志愿服务,倡行社会公德,增强思想政治教育的力度和效果;切实发挥好学生党员、学生干部以及社会信息员的作用,建立学校与大学生家庭沟通协调机制,做好毕业生离校后的就业状况跟踪服务工作,以增强学校教育的针对性。

四、物质文化建设

物质文化是文化要素或者文化景观的物质表现。参照《山东政法学院校园建设"十二五"发展规划》,文化建设软硬兼顾虚实结合,建设精雅、精致、精美、精品校园。

(一)校园规划和建设

1. 全盘考虑,统一规划。校园建筑和景观突出同质风格,主体建筑突出文化特色,发挥统领作用,同时适当体现变化性和活泼性,形成浓厚的立体环境文化,实现校园山、水、园、林、路等使用功能、审美功能和教育功能的和谐统一,用优美的校园环境激发师生的爱校热情,陶冶师生关爱自然、关爱社会、关爱他人的美好情操。

2. 建筑色彩控制。浅灰色与石岛红相结合,浅灰色庄重而不失活跃,石岛红鲜明而活泼,二者结合,适合营造符合学校政法特色的文化氛围。建筑色彩的分区控制:根据校园的区域划分对建筑色彩进行分区控制,各分区建筑色彩应与校园主色调石岛红相协调。南区:建筑以石岛红为主色调,浅灰色可作为辅助色。西区:建筑以石岛红为主色调,知行楼的白色可作为辅助色。东区:建筑以石岛红为主色调,致远楼与文体馆的白色可作为辅助色。

3. 山水园林景观建设。绿化、美化、文化一体,建设好五顶茂陵山和鼎山。

4. 人文环境建设。搞好文化设施设计规划,完善校园文化活动设施,建设好大学生素质拓展中心、大学生信息服务中心、文体馆等学生文艺体育活动场所,满足学生学习成才需要。坚持文化设计与周边环境和谐统一,建设以法治文化广场为核心的广场文化,建设维护好健身广场、音乐广场、红色广场、学思广场等。

5. 文化载体媒体建设。全校统一运用校园网、电视片、宣传画册、电子画册、山东政法学院报、电子校报、校园导航系统、公共信息平台、公共活动平台、纪念册、宣传材料、课件封面、学生刊物等传媒，在显要位置标识校名、校徽、校训等山政标志物，形成整体化、系统化的山政文化形象标识，架构和彰显独具山东政法学院风格、特色和气派的“山政文化”。搞好校志、校史和办学成果展室、电视宣传片、画册、电子画册、档案室、资料室等建设，通过资料记载和实物展示，反映学校办学历程和办学成就，激励学生继承和弘扬学校优良传统，增强师生进取豪情。

6. 微观文化建设。搞好部门文化、班级文化和宿舍文化建设。各部门单位根据工作职能与行业专业特色，充分利用地理优势，主要在各自管理使用的公共区域创建各具特色的微观文化环境；在学校统一规划的基础上，对于班级和宿舍文化的微观环节，各院系和使用者各自掌握，在整体性中彰显个性。

（二）群众性文化创建活动

深化群众性文化创建活动，倡导爱国、敬业、诚信、友善等道德规范，旗帜鲜明弘扬主流文化，百花齐放创造多元文化，坚持文化为人民服务、为社会主义服务的方针，牢固树立群众观点，走群众路线，搭建文化平台，支持群众文化团体建设，教职工以各级工会、妇委会和群众性文艺体育协会为主，学生以各种社团为主，大力开展群众性文化活动和精神文明创建活动。

以服务师生为根本，以满足精神文化需求、和谐人际关系、构建和谐校园为目标，以师生员工广泛参与为基础，抓住党和国家大事要事，重要节庆日、纪念日、中华传统节日、各级各类评比竞赛节目、学校重要纪念日、各种社会公益活动等时机，丰富文化创建的主题、内容和形式，广泛开展主题鲜明、丰富多彩、健康向上的群众性活动，激发文化参与热情，以爱国主义主旋律教育为主要内容的各种报告会、各类知识讲座、辩论赛、讲演赛、各种征文比赛、读书工程、科技艺术节、学术讲座、公益活动、服务社会、社会实践活动等为载体，创建文艺、科技、影视、音乐、舞蹈、美术、摄影、体育、益智、休闲、公益和服务社会等文化活动，推动各项群众性文化活动，提高群众性文化的覆盖面和凝聚力，发挥师生兴趣和特长，提高群众文化素质，打造一批群众文化精品，形成山政文化品牌。

参考文献

[1]贺善侃:《从文化传承与创新看高校的文化育人功能》,《思想理论教育》2011 年第 11 期。

[2]徐显明:《大学的文化使命与大学文化建设》,《国家行政学院报》2009 年第 2 期。

（作者单位：山东政法学院宣传部）

浅析现代大学管理中的文化构建

田　丽

20世纪90年代后期,我国高校开始扩招并通过“合并”的方式创建了一大批“巨型大学”。21世纪初,我国高等教育完成了从“精英教育”向“大众教育”的转变。随之而来,出现了一系列问题,如高校的教育质量下降、教育资源配置不合理、高校教师师资水平不够和高校学术造假等将我国高等教育又一次推向了风口浪尖。因此,如何深化我国高等院校的体制改革,如何实现高等院校“教书育人”的使命,如何缩短我国高等院校与世界一流大学之间的距离已经成为我国高校亟待解决的问题。

毋庸置疑,一流的管理制度是建设世界一流大学的重要基础,也是世界上所有成功大学的基本特征。管理是处理制度、文化与人之间关系的一种规约,最高层次的管理就是依靠文化管人。大多数人的思想和行为具有从众心理,一旦文化成为大多数人的思想自觉和行为自觉,学校中的个人思想和行为就会以群体为参照,自觉规范自我的言行。因此,应正确认识大学管理活动与文化的关系,构建多层次的大学文化,并且依靠文化把握和处理高校管理中的各种矛盾关系,从而有效提升我国大学的管理水平,为缩短我国高校与世界一流大学之间的距离提供可借鉴的经验。

一、现代大学管理与文化

管理学意义上的管理是指导某一组织机构或其部门的相关活动。大学管理隶属于管理学,但也有别于普通意义上的管理,这源于大学组织和制度的特殊性。王建华从管理学的角度提出了大学管理活动中三个最基本的问题:管理中的资源稀缺性,人性假设,环境变动与管理模式的选择。① 首先,大学作为一个非营利组织,本身创造资源的能力有限,这就造成大学在资源配置上对政府的依赖。其次,所有的学科存在的基础都是“人”,大学管理也不例外。大学管理对于

① 参见王建华:《关于建设中国特色现代大学管理体系的思考》,《中国高等教育》2007年第22期。

人性的假设决定了大学的管理模式。最后，大学在发展过程中，一直在探索适合于当下环境的最有效的管理模式，这就是环境变动与管理模式的选择。

高校管理从教育工作来划分，有行政管理、思想政治教育管理、科研管理、教学管理、后勤管理等；从管理对象来划分，有人（教师、学生、教工等）、财、物的管理等。但这些归根结底是对"人"的管理，笔者认为根据人在教育活动中的工作类别不同，大学管理中的人可以分为三种类型：管理者、教师和学生。这些"人"是教育活动的主体也是客体，他们的一切活动都受到一定的社会习俗、道德、法律的约束。换言之，人所进行的一切有关大学管理的活动都属于文化的范畴。

"文化"的概念始于 1871 年，人类学家泰勒提出文化包括知识、信仰、艺术、道德、法律、风俗以及作为社会成员的人所具有的其他一切能力和习惯。对文化的界定和认识发展至今，学者普遍赞同文化有狭义和广义之分。广义的文化指人类后天获得的并为一定社会群体所共有的一切事物，它使人区别于动物，是人类对生活环境进行加工改造的结果。文化可以分为四个层次，即物态文化、心态文化、行为文化和制度文化。

大学管理无论从参与者还是具体内容都隶属于文化范畴。首先，大学管理的主体与客体——管理者、教师和学生都是在一定的社会文化背景中成长起来的，其所有活动行为都受特定的习俗、文化、信仰、道德和知识的影响。其次，大学管理的具体内容包含大学管理制度和大学精神文化，如办学理念、大学精神、校训和校风等。大学管理制度属于广义文化中的制度文化范畴，大学文化精神等本就是文化的一个部分。鉴于以上所述，大学管理活动的本质是一种文化活动。

一所大学的管理活动与大学文化是相互影响的。大学管理一个永恒的主题就是探索与当下环境相适应的最佳管理模式。受制度文化、办学理念和其他文化因素的影响，一所大学特有的大学文化也在潜移默化中形成。优良的大学文化对大学活动的所有主体起到积极的影响，他们主动规范自己的行为，使自身可以更好地融入到大学文化中。

二、主体性大学管理观是大学管理的核心

如果说管理是建设一流大学的基础，那么先进的管理理念就是基础中的基础。一所大学的管理理念会体现在相关制度的制定、执行以及相关的教学实践活动中，属于大学管理中的隐形文化因素。笔者认为，本着"以人为本"的宗旨构建主体性大学管理观是大学管理的核心。所谓主体性大学管理观是指一种把受教育者、被管理者作为教育活动和管理活动的主体，并使之成为社会活动的主体

的观念。主体性涵盖人的自主性、独立性、能动性和创造性。康翠萍提出，主体性大学管理观体现在国家的宏观调控方面就是国家尊重大学的特殊性。[①] 一方面，国家要把大学当成一个相对独立的系统，使之具有一个相对稳定的价值取向和相对自主的运行机制；另一方面，国家应该给地方政府和大学一定的自主性，充分调动他们的积极性和主动性。笔者认为，主体性大学管理观的核心在于给予教师和受教育者充分的尊重。首先，强调教师在学校管理中的主导地位，以调动教师的积极性、创造性为核心思想，促进教师的全面发展；其次，突出学生在学校管理中的主体地位，切实考虑学生在成长成才中的需要，保证学生在学校管理中的发言权、参与权和主动权。

三、大学管理中多层文化的构建

（一）构建合理的大学管理制度

所谓制度无外乎是一系列规则或规范的集合，从法律和道德两个方面对个人的行为起到约束性的作用。大学管理制度的诞生是为了维持大学的运行秩序，保证大学的效率，规范全体大学活动参与者的行为。大学管理制度是由一套繁杂的体系构成的，上到大学党政机关的管理政策，下到日常教学的管理规章。从制度的作用来看，大学的管理制度可以划分为两个层次：第一层是法人管理结构方面的管理制度，如与党政、工会等依法运行相关的管理制度，属于根本制度；第二层是日常科研工作、教学、学术方面的管理制度，如学术成果的界定、教学设备的管理和使用、教学的日常规范和资金的使用与管理等，属于非根本制度。

大学管理两个层次的制度体系构成了大学的制度文化，其对全体大学人起到规范约束和激励的作用。制度产生的根本原因是对人的行为的规范，因此大学管理制度最为根本的功能是规范和约束。大学管理制度通过显性和隐性两种方式对全体师生的行为和思想进行规范和约束。在显性方面，大学管理通过各种成文的规章制度规范大学的党政管理工作、教学科研工作和学生管理工作等；在隐性方面，大学管理制度则通过约定俗成的校风、校训和内在的校园文化和人际伦理关系准则约束每个成员的思想。

科学合理的管理制度不应该仅仅着眼于通过制度将人“管住”，而应该通过激励机制极大地激发人的积极性和创造性。作为传播文化和知识的重要机构，大学的特殊性在于个体智力的成果无法量化，其智力劳动具有一定的独立性、自主性和创造性，这就要求大学管理制度应该给予大学员工充分的学术自由。要

---

① 参见康翠萍：《创造性人格的建构：现代大学管理的根本使命》，《辽宁教育研究》2004 年第 10 期。

发挥制度的激励功能，就要坚持“以人为本”的发展理念，赋予制度以人情味和人性化，创造良好的校园氛围，让规章制度的“人文性”替代传统制度偏重的“教条性”，使制度的制定与实施得到更广泛的理解和支持，使制度运行的渠道更加畅通，从而促进学校的和谐。

(二)构建大学精神文化

大学精神文化既是大学文化的一个重要层面，也是一般意义上的精神文化的具体化和个性化。它是大学人在长期的办学实践中逐渐积淀、凝练而成的精神成果，它体现着大学的办学理念及其作为学术共同体的价值诉求。有关大学精神文化的组成要素，不同的人有不同的见解。卢晓中提出，大学精神要素可以从价值层面和实践层面来划分。大学精神、理念、校训等精神文化要素属于价值层面的精神文化，这些精神文化要素着重体现和申明一所大学的价值诉求；校风、学风、教风、管理作风等精神文化要素则属于实践层面的精神文化，它们从实践的角度告诉人们应当如何去践行大学的价值诉求。[①] 向仲敏则提出，大学精神、办学理念、校训、校歌和校风构成了大学精神文化的基本要素。[②] 笔者认为，大学精神文化是大学文化的隐性组成部分，基本要素包含大学精神、办学理念、校训和校风四个主要方面。大学精神和办学理念渗透到大学管理的所有方面，是一所大学整体风貌的反映；校训和校歌则是大学精神文化最为直接和显著的表现。之所以没有把校歌纳入大学精神文化的基本要素，是因为其不具有普遍性。

大学精神体现着大学这一学术共同体的伦理准则与价值诉求，其要义是学术自由。大学理念体现大学主要创始人和主要管理者的办学思想，它集中反映在对两个问题的回答上，即办什么样的大学和培养什么样的人才。大学精神与办学理念决定着大学顶层设计的走向，是大学的真正灵魂，自然也是大学精神文化的核心要素。校训是对大学精神文化的箴言式表达，通过箴言将大学的精神律令和治学做人的根本原则凝练出来。校风即一所大学的精神风尚，体现出大学独特的精神文化品位。校风很大程度上取决于校长的精神气度、学识风范与人格魅力，对师生具有极强的引领辐射作用。除校长外，学识卓越的教授群体对校风的形成也具有极大的影响作用。梅贻琦曾经用鱼在水中游泳的比喻绝佳地注解了“大师级”教授群体对校风的引领作用。他说：“学校犹水也，师生犹鱼也，其行动犹有用也，大鱼前导，小鱼尾随，是从游也。”

---

① 参见卢晓中：《大学精神文化刍议》，《教育研究》2010年第4期。

② 参见向仲敏：《论大学精神文化的基本要素》，《西南交通大学学报(社会科学版)》2013年第7期。

四、结 语

科学合理的大学管理应该充分重视大学文化的重要性，将文化管理贯穿大学活动的始终，并自觉地把大学文化建设放在大学管理的中心位置。只有充分重视大学文化对于大学发展和建设的重要性，才能在大学管理中切实体现主体性管理观的办学理念，才能最大限度地激发全体大学人的积极性和创造性，从而使大学富有活力。

参考文献

[1]康翠萍：《创造性人格的建构：现代大学管理的根本使命》，《辽宁教育研究》2004 年第 10 期。

[2]卢晓中：《大学精神文化刍议》，《教育研究》2010 年第 7 期。

[3]孙绵涛等：《教育管理哲学——现代教育管理观引论》，武汉工业大学出版社 1997 年版。

[4]王建华：《关于建设中国特色现代大学管理体系的思考》，《中国高等教育》2007 年第 22 期。

[5]向仲敏：《论大学精神文化的基本要素》，《西南交通大学学报(社会科学版)》2013 年第 7 期。

(作者单位：山东政法学院外国语学院)

大学文化建设系统的构建及要素分析

刘丽彦

学术界对于大学文化的内涵有很多不同的见解。在本文中，大学文化是指基于大学办学实践的基础，在外部环境不断改变的基底下，通过大学自身的积淀从而形成的文化态势，展示了一所大学所拥有的特色精神。大学文化是大学的灵魂，是一所大学亲和力和凝聚力的重要源泉。本文关于文化的研究是特指立足于我国特色的大学文化。从根本上说，大学文化是大学文化历史发展的产物，是我国社会主义文化的重要成分之一，是大学在长期的教育实践中创造并形成的物质精神财富的综合体。大学文化是一所大学的灵魂与瑰宝，是其生存与发展不可或缺的基础。大学文化以潜在的"指令"的形式渗透到学校发展的方方面面，指导人们的行为，是潜在的一种组织力量和协调力量。从社会视角看，大学文化的社会功能有文化引领功能与文化创新功能；从自身发展的角度看，大学文化对师生员工具有约束功能、激励功能、塑造功能和审美功能，这属于大学文化的内在功能。所以，大学文化具有引领功能、传承与创新功能、约束功能、激励功能、塑造功能、审美功能等几个方面的功能。

大学文化建设的系统设计应遵循大学文化自身的特性和发展规律，从以下六个方面进行：一是大学精神文化系统；二是大学制度文化系统；三是大学物质文化系统；四是大学行为文化系统；五是大学文化传播系统；六是大学文化评价系统。在这个庞大的系统工程中，大学精神文化系统是根本，是灵魂；大学精神文化系统主要通过大学制度文化系统、大学物质文化系统、大学行为文化系统作为载体而反映出来，这四者通过大学文化传播系统来运行，通过大学文化评价系统发现不足，从而反馈给系统其他要素，进而促进整个系统更加完善地实施。各部分互相作用，互相渗透，组成一个辩证、有机的形象体系。

一、大学精神文化系统的构建及要素分析

大学精神文化系统包括大学精神、大学价值观、办学思想、办学理念、办学传统、办学特色等内容，是大学长期发展过程中形成的独特气质和价值规范体系，

是大学一切活动的基础和依据。其中，大学精神是灵魂，是大学文化建设系统的关键，指导其他系统的设计与实施，大学的独特的文化系统建设是否能顺利进行首要依赖于大学精神文化的设计。正如亚伯拉罕·弗莱克斯纳所指出的那样：大学精神在保障大学的高水准方面比任何设施、任何组织都更有效。大学的价值观是指导大学活动的依据，是一种思想观念，是一所大学在其漫长的发展过程中沉淀下来的对学校教育活动的理性认识和科学评价。有什么样的大学价值观，就有什么样的大学理念和办学定位。当今社会正处在一个急剧变革的时期，机遇与挑战并存，如何体现自己的办学理念、如何进一步准确定位，这就需要大学根据自身的文化秉性不断调整。大学精神文化会因时制宜地变更自身的形态和内容，但它始终是大学向前发展的巨大推动力，是全体大学人的精神支柱，因此，继承和发扬优秀传统文化是大学精神文化建设不可或缺的元素之一。

大学独特的文化个性往往是形成办学特色的重要保障，是一所大学的象征，是推动大学办学特色更加突出、竞争优势更加明显、办学成效更加卓越的原动力。大学精神文化系统的设计首先要分析与研究学校历史和现状，经提案、调研、设计的思路等步骤，对学校的价值观、教育思想、校训、校风、发展与管理模式等基本模块进行总结提炼、重塑和提升，以此凝聚士气，规范行为，打造独具特色的大学精神文化，树立大学全新形象。

二、大学制度文化系统的构建及要素分析

大学制度文化系统的构建由机构设置、大学章程、制度建设、制度实施四部分组成，是大学在长期办学实践中形成的用来规范大学人行为的有关教学、科学研究、管理、服务等方面的制度和规则的总和，是实施大学文化建设系统的保障。新制度经济学的创始人道格拉斯·诺斯认为制度是为人与人之间的相互关系而人为设定的具有制约性的“游戏规则”。在大学制度文化建设过程中，首先要有为制定“游戏规则”而设立的专门负责大学制度建设、组织机构建设和队伍建设的部门，机构设置是一切大学制度产生的根本和来源，它使文化成果以制度的形式固定下来。大学章程作为国家高等教育立法体系以外的且与高等学校内部管理密切相关的制度规则，关乎高等学校权力配置、发展目标、师生权利义务实现、社会资助与回馈等重大问题，是指导大学依法自主办学的纲领性文件。

大学制度文化是大学一切文化活动的基本准则。一方面，它构成了大学人的行为规范，规定和制约着大学人的行为方式，促进他们形成良好的行为习惯；另一方面，它又引导着大学师生员工的价值观，即制度内化为个体符合制度规范的自觉要求。制度制定是指大学制度文化的来源，从这个角度看，大学制度文化

可分为宏观和微观两个层次。其一是有关大学建设发展的指导性较强的宏观方针政策。这部分的内容非常广泛，且指导性较强，适用于国家对大学的宏观管理以及大学对国家教育方针的贯彻执行。其二是操作性、针对性较强的大学内部的微观管理制度。这一部分的内容复杂细致，涉及大学工作的方方面面，具有很强的操作性和针对性，是确保大学的规章制度得以执行的保障机制。

三、大学物质文化系统的构建及要素分析

大学物质文化系统由硬件设施建设、软环境建设和经费保障三部分组成。硬件设施建设包含内容繁多，具体有教学设施、科研设施、图书馆、自习室、实验室、办公室、校史馆、博物馆、大型文体场馆、校报校刊、校史年鉴、广播、宣传板、标志性建筑、校园内的绿化美化、雕塑、喷泉、假山等；软环境建设有学风、校徽、校旗、校歌、名誉称号、引路牌等；经费保障是指设置专项经费、专款专用。

大学物质文化系统是大学文化的物质形态，是大学文化建设系统最基础的组成部分和外在形式，是大学校园内各种物质设施与校园硬环境呈现出来的文化价值，是大学综合实力的重要标志。它以直观的形象被广大师生员工以及外来人员所感知，是大学文化的具体表现形式。物质文化虽是看得见摸得着的文化，但其涵盖内容众多，所以给大学物质文化系统的构建增加了难度，在建设大学物质文化系统过程中应注意整体规划、精心设计、合理布局、经济实用、因地制宜、因时制宜，寓思想和文化教育于物质文化建设中，使艺术性与时代感紧密结合，体现出大学人共同的思想追求、自然情感、高尚的审美观等精神文化内容。

四、大学行为文化系统的构建及要素分析

大学行为文化系统，其内涵丰富，由师德师风、学风、学术氛围、榜样引领、社团活动、文化节日、服务社会等要素构成。它是大学精神文化系统的具体化，是大学文化建设系统的保障工程。大学行为文化对内反映出大学的管理水平和文化氛围以及师生员工的综合素质；对外通过学校以及师生的行为方式反映大学的形象，是大学文化核心价值体系在全体师生员工身上的动态体现和具体折射。大学行为文化系统的规划与设计应与大学精神文化保持一致，通过学校的各种行为特征来展现学校的办学风貌，提升学校的整体形象，主要涉及学校为处理好与学生、教师、教学服务者、社会公众之间的关系所开展的一切活动及规范所有师生员工行为的准则等。这些问题可参照本文理论基础部分对企业文化的启示进行解决，在此不再赘述。同时，大学行为文化系统通过大学人的工作及社会服

务行为来充分体现大学的精神、宗旨、价值观等要素，使之外显于公众。提升大学形象可以借鉴公共关系学理论的内容，在大学对外展示、向外辐射过程中充分重视良好大学形象的塑造。

总之，通过大学行为文化系统的构建使师生员工在日常的行为习惯、服务社会的过程中践行学校办学理念，从而使学校获得良好的办学声誉。

五、大学文化传播系统的构建及要素分析

大学文化传播系统是大学行为文化、物质文化、精神文化和制度文化得以展现和推广的重要途径，是构建大学文化建设系统的推广环节。美国法学家哈罗德·拉斯韦尔教授提出并总结了传播要素的“五个 W”理论，即 who，what，which，whom，which effects。大学文化的传播也是由五个要素构成的，即以教职员工为主体的传播者；以大学生及社会大众为主体的接受者；以大学的精神文化、物质文化、制度文化、行为文化为主要传播内容的信息；以校园媒体、校园文化活动及文化活动场所、文化设施、新兴载体等为载体的媒介；传播效果的反馈（作用结果）。大学文化传播系统在大学文化建设系统中起着把大学的理念文化、行为文化等信息源源不断地向大学内外进行辐射的作用。

六、大学文化评价系统的构建及要素分析

大学文化评价系统是在一定的大学文化价值观的指导下，运用科学的手段，系统、全面地收集、整理、处理和分析相关信息，对大学文化的价值系统全面地作出判断。近年来，大学文化建设得到了大学领导者与大学研究者的高度重视，许多大学制定了大学文化建设规划，成立了负责大学文化建设的专门机构，设立了大学文化建设的专项经费，大学文化建设工作如火如荼地在各大学开展。但是，想要了解大学的文化建设的实际效果就必须进行大学文化建设评价。大学文化评价系统是大学文化建设系统的最后一环，是在整个系统其他各要素运转后对系统的运行进行效果评估和测量的手段，它就像一面镜子，映射出系统的现状和出现的问题，为系统实施提供直观和理性的建议。所以，大学文化评价系统的构建要以促进大学文化建设为目的，要与大学的实际相结合，以取得全校师生的认可；要兼顾大学文化的各个方面，既要重视全体成员也要关注个体，既要关注传统文化又要提炼当代文化，既要激发主体精神又要充分利用自身的文化要素，发挥最大的文化价值。评价指标要具体、可测、可观察，评价方法要定性描述与定量统计相结合；评价结果要反馈给相关部门和决策领导，为决策提供依据。

构建大学文化评价系统可以在理论上进一步健全大学文化建设研究，使其更加科学化、全面化、系统化。在实践中，大学文化的建设与评价具有诊断、改进、激励、导向、调控和服务等作用。实施科学的大学文化评价，一方面，可以引导大学文化建设的前进方向，激发全校师生形成积极向上的精神面貌，在无形中优化大学的形象，提升学校竞争力；另一方面可以帮助大学及时调整大学文化建设工作的方针措施，改进学校的工作作风和工作思路，改善学校文化氛围，优化大学形象，促进内涵发展，增强学校的文化软实力。本文认为，可以从大学文化内涵分类与构成入手，设计关于精神文化、行为文化、制度文化、物质（环境）文化、传播文化等五个方面的评价指标体系。

总之，大学文化建设系统不仅仅可以用来帮助大学文化建立新的秩序，而且还可以用来破坏以至于颠覆大学文化中现行的意识形态及权力构架。所以，在构建系统的过程中一定要在正确的理论指导下进行合理的构建，要做好大学文化建设系统中各要素的工作，避免出现“木桶效应”，要强化系统的贯彻和落实；要重视评价和反馈，注重各要素的自身建设并与系统的整体性相结合。只有如此，才能确保系统的实施产生良性的效果。

参考文献

[1]常成：《高校在文化大发展大繁荣中的作用》，《新疆职业大学学报》2012年第8期。

[2]蔡劲松：《文化传承创新与大学文化建设体系构建》，《高校理论战线》2011年第6期。

[3]侯光明：《抓住历史机遇，建设世界一流电影学院》，《北京教育》（高教版）2014年第1期。

[4]何致瑜：《关于大学文化建设的思考——重视与加强高等学校的文化建设》，《中国高教研究》2007年第12期。

（作者单位：山东政法学院信息学院）

树立法治精神，彰显人文品质

——关于开展现代大学制度背景下的校园法治文化建设的几点思考

苏　愔

长期以来，大学改革在诸多方面明显滞后于社会其他领域的改革，这在很大程度上影响着大学培育高素质人才、推动国家经济发展和引导社会进步等方面功能的充分发挥。近日，日趋高涨的高等教育改革呼声，急剧变化的人才竞争形势，特别是当下弘扬法治的社会大背景，给国内高校的生存发展带来严峻考验，也为建设具有中国特色的现代大学制度提供了前所未有的机遇。

法治，作为治国治校的基本方式，强调一种良好的动态治理机制和价值追求。具体而言，法治主要体现在运用法治思维和法治方法深化改革，推动发展，化解矛盾，进而维护社会和谐的过程中。治理体系的法治化，直接关系着治理体系的现代化。现代大学制度的建设，离不开依法治校，离不开以法治教。依法治校，不仅要健全完善现有的章程制度，以实现学校管理和运作机制的有法可依，而且还要尽快将法治文化融入校园文化之中，使二者有机结合，以文化的形式引导个体树立正确的法治观念，用文化的魅力去感染群体形成法治习惯。

校园文化建设，反映着一个高校的“软实力”。在商业化大潮的冲击之下，在法治化社会的背景之中，高校特别是政法类院校，如何充分利用法治环境提供的新机遇，开拓法治教育普及化的新平台，对提高依法治校的针对性，增强师生参与法治文化建设的积极性与主动性，确保相关法律法规的具体实施，彰显高等教育的人文品质，提升法治教育的社会属性，皆起着至关重要的作用。这无疑是值得每一个高等院校工作者反复思考与探索的现实课题。

当前，就“现代大学制度”这一话题的全方面多层次的理论研究已屡见不鲜，就“校园法治文化建设”的相关实践也在现实中初显成效，但其间已经暴露出的问题，可以总结出的教训亦不是少数。诸如部分高校法治文化建设存在着内容单一化、形式模板化、宣传书面化、管理薄弱、监督无力等亟待解决的问题，而如何处理好部分学科的课程设置、教学安排、科研活动等日常组织活动的章程规定，与社会发展需求有脱节这一遗留问题，如何明确大学法治精神建设的相关原则，防止校园法治文化建设浮于表面、留于口头，更是做好高校法治文化建设、完善现代大学制度的当务之急。就此，本文将对如何更好地开发利用校园法治文化建设，以法治精神建设去带动大学应有的人文品质和社会属性，使其在建设现代大学制度中发挥出最优效果，提出部分具有可行性建议和规范性措施，亦是本文创新之所在。

一、大学校园文化建设的一个新趋势：树立法治精神，营造法治文化

大学是社会的道德灵魂，引导社会发展，督促时代前进。现代大学制度是高等院校变革发展以增强自身竞争力的必然要求，是大学培养适应教育市场需求的高素质人才的自主选择。校园文化是现代大学制度建设的精神依托，反映高校的办学理念，关乎高校的发展前景。

在此处必须指出的是，高校校园文化由大学精神衍生而出，却不完全等同于大学精神。大学精神是一所高校从自身长期发展历程中形成的文化积淀中不断总结、抽象、概括、提炼出的优秀文化传统。大学精神常常较为具体地体现在大学校长的气度才能、大学教师的文化修养、大学行政人员的效率作风、大学学生的综合素质以及大学的内在品位与外在形象等诸多方面。这些林林总总的影响因素一旦形成，便成为相对稳定的大学精神载体，在短时间内不易改变突破。而大学校园文化则具有超乎寻常的兼容整合能力，往往可以同时容纳当下社会最多元化乃至看似互相矛盾的思想观念为一体，相比大学精神，其将更鲜明地流露于师生的言谈举止之中。这一特点，使得校园文化极易受社会环境、经济形势、文化取向乃至于网络媒介宣传等诸多不稳定因素的干扰，在很大程度上存有良莠不齐、藏污纳垢的可能性。

现代大学制度建设中，许多大学官方较为注重对自身已有的大学精神的传承，加以全方位多角度的巩固，并已取得被社会广泛认可的成效。诸如用自然景物或人造景观来意蕴大学的某种精神文化或思想理念，对自然物的特质作出与自身的核心价值观相一致的教育诠释。几乎所有大学都有自己的标志性景物或象征性建筑，但是也都或多或少地忽视了对处于“草根环境”下诞生的校园文化的引导疏通。而校园文化，同时具有横向上的互染性和纵向上的遗传性，更为直接地决定着一所现代大学的风气。在此种情况下，校园文化建设必须引起高校管理层面必要的重视，而且需要将其尽快纳入大学精神建设的整体进程之中。这一任务，在理论阐述上看似简单明了，但在实际的具体操作中却很容易变得混乱而复杂。如无法可依，建设大学校园文化，整治高校校园风气，则会出现“一盘

散沙，无从下手”的窘境。无疑，依法治校是对校园文化最有成效的管理途径和最有权威的监督渠道。

中国共产党第十八届中央委员会第四次全体会议审议通过的《中共中央关于全面推进依法治国若干重大问题的决定》指出：“法律的权威源自人民的内心拥护和真诚信仰。”同时文件强调：“必须弘扬社会主义法治精神，建设社会主义法治文化，增强全社会厉行法治的积极性和主动性，形成守法光荣、违法可耻的社会氛围，使全体人民都成为社会主义法治的忠实崇尚者、自觉遵守者、坚定捍卫者。”上述论述深刻阐述出法治氛围、守法意识、法治精神在法治中国建设中的重要性。同理，高校建设适合现代大学制度的校园文化，归根结底还是需要依法治校。而依法治校，既离不开完备的法律规范体系、高效的法治实施体系，也离不开严格的法律监督体系、完善的法律保障体系。而在一所高校中，最为有效的法律保障体系和监督体系是由内向外的，是落实法治教育和建立法治信仰双管齐下之后产生的法治氛围，是萦绕于全校师生头脑之中的法治意识。

综上，树立法治精神、营造校园法治文化既是大学制度现代化建设的客观要求，又是校园文化建设规范化的内在自然诉求，更是建设法治国家的社会必然需求。就高校而言，依法治校，加强校园法治文化建设，就是将法治的精神、法律的思维贯彻到学校教育教学活动和各种行为当中的一种具体实践，是当前大学校园文化建设不容忽视的新趋势。

二、建设校园法治文化的两大原则：增强归属意识，强化榜样力量

科学的依法治校理念是高校法治文化建设的重要前提和必要保障，起到基础性的决定作用。学生的精神风貌是大学校园文化的具体化反映和个性化表现，有着最为广泛且持久的影响力。因此，建设校园法治文化，一是要利用群体氛围约束个体行为，二是利用个体行为提高群体意识。前者需要校方的大方针上的宣传引导，后者离不开每一个学校成员的自我学习。具体而言，可从以下两大原则入手：

（一）归属原则：完善法治宣传，巧用德育引导

国家和社会治理，需要法律和道德共同发挥作用。校园法治文化的建设，亦需要法治与德育并重。高校大规模分专题的法治宣传，可令学生明确知晓“不应该去做什么”；大学已有的法律教育模式下的德育引导，可使学生逐步意识到“应该去做什么”。法治与德育，在增强学生对校园法治文化的归属感上，可谓是殊途同归。

法治宣传，是由外向内的灌输。由于部分历史原因，法治宣传在高校传统法治教育模式中占据较为明显的优势。在传统高校法治宣传工作格局中，法治宣传工作主要依托较为机械刻板的法律教育来开展，可概括为法律知识的专题普及和法律理论日常学习，学生容易知“法律”而不懂“法治”，“知法”而不能“用法”。在新媒体时代开放多元的大环境下，不同的社会文化和价值观念相互激荡，大学生接收到的信息较之前更加多样，眼界更加开阔，思维方式更加现代化。传统的普法宣传日益暴露出诸如组织方式单一、内容单调、实效性不强等现实问题。针对上述问题的出现，引入学生耳熟能详的新媒介，促进传统法治宣传工作的变革与创新迫在眉睫，刻不容缓。基于网络技术而诞生的微博、微信、飞信、QQ、MSN等新型传播媒体，越来越深入地改变着大学生的日常生活和思维方式。网络社区的非区域性、虚拟性、空间性催生出新的传播领域，在潜移默化中改变着高校传统的教书育人模式。大学校园法治文化建设，务必要利用好网络这一崭新的平台，打破自上而下的法治宣传思维，实现法治宣传的实时便捷，确保法治宣传的双向互动，以去中心化的个性化宣传来吸引学生的注意，以案例化实时交流引起学生共鸣，让学生感知到法治不再是千里之外的陌生字眼，而是身边随时随地都可以发生的切身事件，进而对法治产生归属感，营造出人人知法、守法、用法的校园文化氛围，保证个体在健康的法治氛围下完成大学阶段的成长，产生对法治社会的归属感。

德育引导，是由内向外的渗透。抓德育建设，绝对不单单是促进学生德智体美全面发展这么简单，必须于课内课外大力弘扬社会主义核心价值观，弘扬中华传统美德，培育社会公德、职业道德、家庭美德、个人品德，不可以为此是老生常谈。德育固然不是空洞的教条，但绝对不可以缺少可供参考学习的理论依据和道德标准。法治，要求高校重视发挥校规校纪的规范作用，最大程度地增强学生对高校法治的参与度。而德育则重在发挥道德的教化作用，要求高校以法治体现道德理念，以道德滋养法治精神，强化道德对法治文化的支撑作用。为避免高校德育建设工作仅成为纸面上量化的数据，德育引导必须用得“巧妙”，方可起到法治与德育兼顾统一的预期效果。法可有法条，尚可闻而知之，知而后行；德必须有典范，需身体力行，见而后知，行而后知。德育引导中的法治归属感，离不开高校对具体德育活动的组织发动，如高校组织的大学生集体的社区服务活动，便可以是德育引导通往法治归属的良好载体。社区服务引起的“以德向法”的归属感，在政法类院校中尤为明显，需认真组织，切实规划，切莫流于形式化宣传。

（二）榜样原则：彰显人文品质，实现自我超越

进一步来讲，建设法治校园文化，进行法治宣传、德育引导，都需要学生群体的“榜样效应”。大学校园中的榜样效应具有一定的特殊性，并不是单纯靠奖励守法标兵、表彰道德模范便足以实现,需要彰显出大学的人文品质。现代大学制度的真正确立,不能脱离蕴含于高等教育之中的人文品质,此亦是大学教育与中学教学的一大区别。人文精神,是一种人类普遍的自我关怀,表现为对人的尊严、价值、命运的维护、追求和关切,对人类遗留下来的各种精神文化现象和制度成果的珍视、研究、再创造,对一种全面发展的理想人格的肯定和完美人性的塑造。大学中的人文社会学科相对集中地展现出人文精神的知识教育体系。何谓大学中的人文品质?大而言之,即是对个体生命的关怀,对个体全面发展的关注,对群体社会价值体系的建构,对以人为本的管理理念的实施。具体来说,高校中的人文精神,一般体现为教育平等、思想宽容和对学生的人格教育。建设高校法治文化,真正实现法治教育与德育教育统筹兼顾,必须注重培育具有人文品质的榜样典范。例如,大学教育工作人员在处理学生事务诸如评奖评优、助学贷款、保研推研时,要有法可依、有法必依,本着公开、公平、公正的原则,让学生感受到大学的神圣,知晓制度的尊严,理解何谓人文品质,明白怎样方为"法治"。高校日常教育活动,处处能够体现出公平正义之所在,本身便是对学生极好的法治"榜样教育"的载体,所依据的规章秩序不能无故破坏。以高校之大,损害一小规矩影响并不明显,但其间接损害了一种法治原则,便极易引起校园文化中锁链性的不良反应。

同时,法治文化建设中应遵循的榜样原则,应是从自我认识层面到自我实践层面的过渡,是从法治文化对个体的制约向个体法治文化的自觉过渡,即不断地为自我设置新的"法治道德榜样"以实现对自我的超越和发展。这种自我完善性的榜样原则,大到整个高校,小到每个个体,都可以从具体的实践中感受到法治带来的秩序与规范,进而从自我完善追求更进一步的自我超越。大学文化的多元兼容状态,也唯有在法治有序的"自我规划"之下,方能满足大学生对文化多元化的选择需求。

三、建设校园法治文化的三个转变:化法律教育为法治信仰,变法律体系为法治体系

加强中国特色现代大学制度建设,要从完善治理结构、加强大学章程建设、扩大社会合作、推进专业评价四个方面入手。四大方面中,前两个方面强调校园法治氛围对现代大学制度建设的重要意义,后两个方面则反映出社会对于现代大学制度紧跟时代需要的期待。通过上文的论述,可得出"高校氛围法治化"与"大学制度现代化"两者之间是相互依存、相互促进的关系,必须齐抓共促、齐头并进,才能真正实现高校法制化,才能切实确保大学现代化。针对校园法治文化

的建设现状，完善当下的校园法治文化，尚需进行如下三个转变：

（一）变罚为法：变学校强制为师生自治

法治应包括两重含义：已成立的法律获得普遍的服从，而大家所服从的法律本身又应当是制定得良好的法律。[①] 中国的法律体系，向来易“以罚为法”，即通过严厉的惩戒措施，强制个体遵守法律规定，并不十分重视个体了解参与法治运作的程度。这一特点，中国不少大学的校纪校规中尚有较为明显的遗留痕迹，甚至于让“以罚治校”代替了“依法治校”。关怀个体生命的校园法治文化建设，不应当仅仅从“制度规章的设立”开始，更多的应当从“法律氛围的培养”起步。高校的内部制度建设，应符合学校实际情况，经过科学的实践考察，坚持法治原则，合理合法，程序民主，一切设计和构造都以维护全校师生员工的根本利益为宗旨。变罚为法，知而后罚，坚持按照现代大学制度要求来逐步完善学校内部体系。培育法治氛围，落实法治监督措施，实现学校管理机制的制度化与规范化，进而有效促进各文化元素的丰富与发展，把握现代大学文化法治精神的发展趋向。

具体而言，可通过推行“法治文化进校园”工程，在校园文化的软硬件建设中皆融入法治内容，传播法治文化，弘扬法治精神，营造法治氛围，使得法治文化与校园文化有机结合。

（二）化律为治：变法律体系为法治体系

高校实行依法治校，建设法治校园，是依法治国方略在高等教育领域的具体体现，既是时代选择的新的治校方略，也是深化高等教育改革、推动高等教育发展的必然要求。[②] 高校内部管理规则如何从无序走向有序，如何从随意性走向标准化，关键在于从静态单一的法律体系向反映整体过程的法治体系的良性转变。

法律体系是指由一国现行的全部法律按照不同的法律部门分类组合而形成的一个呈体系化的有机联系的统一整体。而法治是一个过程，既包括了静态的法律规范制度，同时也包括了法律的实施监督。高校内部法规应切实保障大学按照自身规律运行，覆盖高校法治建设的各个领域，将立法、执法、守法的各个环节都纳入其中。变律为治，体现出法治的整体要求，增强法律的权威性，使得全体学生及教职工对法律有必要的敬畏，进而提高个体对集体法规的自我认同感。

（三）化法于心：变知识灌输为法律信仰

一个国家要实现法治化，就必须使绝大多数社会公众在对法律的尊重、认可

① 参见[古希腊]亚里士多德：《政治学》，吴寿彭译，商务印书馆 1965 年版，第 199 页。

② 参见刘余香：《论高校依法治校的现实障碍及实现路径》，《湖南学院学报》2010 年第 8 期。

和接受的基础之上，形成一定的法律信仰，铭刻于人们内心，否则，法治将会沦为人治。大学生作为国家未来发展的储备力量，其法律素养直接影响着大学生综合素质的提高，关系到大学教学环境的优化，关系到高校为法治社会建设输送合格人才这一历史使命的最终实现。因长期受应试教育模式的影响，大学法律教育手段单一，法律教育存在偏差。接受法律知识教育的大学生缺乏必要的对法律的敬畏，这是目前高校法治教育存在的最大问题，亦是潜在的社会法治危机。

高校要真正实现依法治校，就必须变法律知识灌输为树立法律信仰，激发起高校管理者和广大师生员工内心对法律的信赖与尊重，并进一步培养其对法律的忠诚信仰，这种忠诚的信仰会促成依法治校精神的形成，可以促进校园法治文化氛围的形成，进而加速建设现代化大学制度的历史进程。

法治是现代教育治理的基本特征，对教育事业科学发展具有稳定持久的保障作用。树立法治精神，彰显人文品质，是依法治校、建设校园法治文化的有力保障，亦是现代大学制度建设中不可缺少的一环。大学校园法治文化建设，应当充分尊重校园文化的特征，寻求适合的基点，使用恰当的路径，增强大学人的归属意识，强化法治的榜样力量，变学校强制为师生自治，变法律体系为法治体系，变法律教育为法治信仰，进而使法治成为一种管理习惯、一种校园文化。

参考文献

[1]何敦培、许金生:《法治视野下的高校内部制度建设》,《当代教育论坛》2005 年第 12 期。

[2]刘余香:《论高校依法治校的现实障碍及实现路径》,《湖南学院学报》2010 年第 8 期。

[3]胡建华:《论高校法治文化建设存在的主要问题及对策》,《长江师范学院学报》2008 年第 11 期。

（作者单位：山东政法学院刑事司法学院）

浅谈现代大学制度、精神文化与隐性文化的作用

肖立宁

一、现代大学制度

现代大学制度是建立在对现实生活高度之上的制度，主要内容包括平衡大学与政府之间的关系、完善大学与社会之间的关系、规范大学与大学之间的关系以及提高大学自身管理水平。在知识经济迅速发展的形势下，大学必须及时快速地对社会需要作出反应，力求达到培养的学生能够为社会提供服务。而要实现这些要求则需要大学通过制度建设加以保证。

(一)现代大学制度概况

进入知识经济时代，大学功能将发生根本变化，逐步走向多元化、多学科的大学，而服务于现代大学的制度即是现代大学制度。在全球快速发展的当代，中国的大学既要面对世界高等教育发展的挑战，又要看到自身发展过程中存在的很多问题。对此，建立现代大学制度的紧迫感必须引起我们的重视。由于中国的国情，现代大学制度是在政府的宏观调控下，大学作为法人和办学主体所具有的权利和责任，充分体现了大学与政府之间对于制度规范和行为准则的共同治理模式。

现代大学制度是高等教育实践理性的产物，有了高等教育的实践活动，才保证了大学这一教育基地和学术机构的生机活力，并形成了现代大学制度的产生、发展和规范实施。由于各国的体制不同，我国的大学就要适应我国的国情。综观我们现行的大学制度，其形式和内涵与西方现代大学制度存在着巨大差异。

由于高校的属性不同，所以现代大学制度并不是一个通行公用的制度，因此各个大学制度要与本国国情相适应，与本学校校情相一致，还要与一定的社会历史条件和文明程度相匹配，既符合现代大学管理模式，又要适合学校本体。从大学内部制度上看，现行的组织架构和管理模式，仍然是政府行政支配管理模式。对此，现代大学首先要解决好大学与政府的关系，同时还要处理好大学自身的管理问题，在社会发展逐步依赖知识生产的历史进程中，借以促进大学高度社会

化,并维护大学组织健康发展的结构功能规则体系。现代大学制度是工业革命以来大学制度的延续,大学制度必须符合知识经济背景,并与市场经济运行机制相联系。

(二)大学制度的时代性

如今,全球化迅猛发展,中国大学既要迎接世界高等教育发展的挑战,又要解决自身发展过程中存在的一系列问题,由此引发我们对建立现代大学制度的重要性和紧迫性的深度思考。建立现代大学制度有利于加快我国高等教育的时代步伐,高等教育需要与之相适应的现代大学制度作为保障和依托。我国作为高等教育的欠发达国家,很多大学的许多制度尚处于空白,因此,建立合理合法的现代大学制度,有利于大学自身可持续发展。

在高等教育开放式发展中,大学之间的发展与差距,在某种程度上也是因制度的不同所致。世界上很多一流大学之所以长盛不衰,就在于其有健全的、长效的、动态的制度作为保障,所以建立现代大学制度有利于依法办学、依法治校。大学校园是一个牵扯各方面的复杂系统,只有建立合理有效的大学制度,用制度处理各种关系,才能促进大学有序、和谐、稳定地发展。各个学校应该遵循自身的发展情况,理顺好自身与政府和社会之间的关系,处理好学校本身的内部事务,实现自我发展、自我管理、自我约束的有机统一。

建立高校现代大学制度要与时俱进,适应国家政府和社会的实际,也要认真借鉴发达国家和本国高校成熟的先进经验,依照大学自身的性质和特征,符合高校本质的发展规律,建立行之有效的现代大学制度。当代社会高度依赖知识生产和大学所具有的优势地位,客观上也使大学日益走向社会的中心,从而促使大学在某些方面趋向社会化,这样既有利于大学与社会之间的互动机制发展,为满足社会服务提供充足的帮助,也有利于大学生更好地适应社会,服务于社会。

(三)大学制度要与时俱进

建立可行的大学制度要与时俱进,要建立与时代特点相符合的大学制度。良好的大学制度是促使大学适应社会需要而不断变化的动力,也是大学发展的标志。解决好现代大学所遇到的各种问题,就要勇于创新。很多复杂多变的问题,需要有与时代相一致的大学制度来解决,从而平衡各方面关系。

近代以来,随着大学于社会重要性的不断彰显,政府加强了对大学的重视程度和管理范围,使各级大学得到迅速发展。这样做不仅提高了学校自身的地位,学校也从中获得了政府给予的经费。随着知识经济时代的到来,大学的繁荣对知识社会是极其重要的。在知识经济快速发展的情况下,社会对大学的需求越来越多样化,既有类别上的差异,也有层次上的差别。在学校统筹合理的架构中,各学院可以获得结构性的统一,做到不同专业领域平等的发展,和而不同,相互促进，协作并举。

如何能按照自身特点平衡发展，也是现代大学制度需深度解决的问题。现代大学制度是建立在市场的基础上的，可行性制度要经得起从学校到社会市场的检验，从而达到健康可持续的发展，为国家、政府、社会各阶层输送有用的人才，培养学生适应社会经济发展的需要。

二、大学制度与精神文化

大学制度是废除科举后最早由蔡元培提出来的，经过几代文化人的不断修改，对于大学的功能、性质、使命、制度组织等作出了认知和构建，奠定了比较成熟的现代意义上的大学基础，建立了现代大学制度和大学精神。

大学精神是在大学基础制度的支配下，经过所有大学人的努力，长期积淀而形成的共同追求、理想和信念，不仅仅是教学楼、图书馆、林荫道等固定的建筑群落，也不仅仅是人才的集散地，而是人、思想、价值观念、立新思考、创新、智慧与博大胸怀的代表。世界上任何一所知名大学都有自己独特的大学精神，这是一笔宝贵的精神财富，也是大学的魅力所在，是大学制度载体的灵魂。

大学的根本任务不仅是传授专业知识，而且是“立人”。良好的教育首先是启发学生学习兴趣，潜移默化地让学生从中受到教育，提高学生的精神境界、健全人格。

(一)大学的精神文化

大学精神是大学制度的凝练和大学文化的升华，大学文化是大学精神形成的基础，没有积极健康的大学文化，不可能形成具有一定品位的大学精神。目前，由于受到社会方方面面的干扰，大学精神出现了相对来说比较广泛的精神“虚脱”，在这种状态下，我们需要重新寻找和坚持求真求实的精神，树立优良的校园文化；传承精华，去其糟粕；培养学生学会独立思考，有兼容并包及对人和社会关怀的精神。

大学精神和大学校园文化是相互联系、相辅相成的。大学精神引领大学校园文化的建设，而大学校园文化是培育大学精神的根基。我们需要通过坚守自治大学校园文化的理念，坚持大学校园的人文精神和科学文化精神，形成富有创新精神的校园文化氛围和严格遵守、执行有力的校园制度，加强校园的精神文化建设。

(二)大学精神文化的重要性

大学精神是大学文化的核心。大学精神集中反映了大学的凝聚力和向心力，是推动大学发展壮大前行的力量，是引导大学走向未来的内在动力。大学的精神文化目标，是让学生成为一个健全发展的人，在大学校园里要接受价值塑造、能力培养、知识传授“三位”一体的教育。大学精神文化教诲学生应该具有认知能力、社会适应能力，能够适应人生的角色转变，成为追求理想、付诸实际、有责任感的社会化人才。

一所大学的发展史，就是不断壮大教育事业的过程，也是不断丰富和提升大学精神的过程。大学的魅力就是大学精神文化的魅力。在一所大学的发展历程中，大学文化是影响深远的精神力量，如何发挥大学在民族价值共同体中的作用，是我们建设大学精神文化的关键所在。

大学精神文化能引导和服务更多的青年学生创新创业，充分体现当代大学生卓越优异的创新潜能和奋发向上的青春风采。在全面深化改革、推进依法治国的进程中，大学精神应践行“勤学、修德、明辨、笃实”的实际行动，树立社会主义核心价值观，开启创业理想，投身创业实践，引领创业风尚，鼓励学生通过坚韧的意志、聪明的智慧和勤劳的双手，为走向社会写就精彩的故事。高校培养创造性人才，主要价值不单纯是钱的问题，有人曾说假如金钱能打造出最好的教育，世界上最优秀的大学应该在沙特阿拉伯或者海湾的国家，然而，在抗日战争年代，条件极其简陋的西南联大也同样走出了多名大师。大学的力量关键是精神文化，没有精神文化的高校，无论硬件多么现代、招生多么红火、论文出了多少，都将只是一具空壳。

大学精神文化还有维护社会稳定、维持世界和平的重要作用。20 世纪人类社会动荡不安，高校学生自杀、他杀等悲剧频繁发生，这一切都对社会、高校学生产生不良影响，对此，大学必须注重精神文化的建设，向学生传播正能量，使其具备分辨优劣、追求真理的精神文化素质。

(三)精神文化对于当代大学生的影响

大学精神在高校校园文化建设中具有十分重要的地位和作用。精神文化是一个学校风格和精神的集中体现，承载着课堂教学无法替代的价值功能。高校的精神文化涉及各个方面，如制度文化、行为文化、社团文化、媒体文化等。如今，在繁杂多变的社会环境下，学生的思想意识也受到很大的干扰，大学生是一个特殊的群体，经历着从思想意识不成熟逐步到相对成熟的成长阶段，良好的高校文化氛围就显得尤为重要。

改革开放的社会不断冲击着学校固有的秩序，各种不同的思想、信念、价值观对于在校学生是新的挑战；新技术革命的信息量大，知识更新非常快，冲击着落后于时代的教育体制以及校园制度。面对空前开放的环境，大学生受到了全球现代意识的冲击，飞速发展的网络世界直接影响着当代年轻人，对此，大学可以充分利用校内网站宣传校园文化，利用网络技术宣传正能量信息，以专业性、娱乐性、趣味性的原则宣传学院的文化精神，让学生在良好的网络娱乐中陶冶自己、健康地成长。

当今社会环境丰富、复杂、多元，大学生面对来自学习成绩、家庭经济、情感纠葛、毕业就业等各个方面的压力，针对年轻一代的心理健康，学校的精神文化宣传至关重要。高校老师要充分利用精神文化宣传，协助学生做好心理疏导。校园文化也是大学精神的具体表现形式，校园内良好的环境，美丽的自然景观、人文景观彰显着校园的活力、智慧和人文关怀；具有文化品位的壁画、雕塑、建筑等能够美化人的心灵，启迪人的智慧。高雅的艺术享受有利于学生精神放松、激发人的灵感。

现代社会的发展促使学生勤于思考、勇于探索、敢于开拓。大学的各个社团弥补了课堂的教学不足，加快了学生的信息交流，也加强了不同学科之间知识的相互渗透。校园精神文化融入其中，可以使学生娱乐身心、增进友谊、提高文学艺术素养和身体素质，为适应更广泛的社会需要打下一定的基础。

三、高校隐性文化精神

自1968年美国教育社会学家杰克逊首次提出隐性课程的概念以来，教育界及课程专家掀起了一场关于隐性课程研究的热潮。隐性德育课程是隐性课程和德育课程两个概念的结合，实际上，隐性课程并不是习惯意义上的课程，而是一种比喻的说法，高校重要的教育资源是隐性德育课程重要的载体。当前，我国高校隐性德育功能并没有得到足够重视，巨大的德育价值也没有充分挖掘出来，隐性制度很大一部分是精神文化的体现，对当代大学生具有熏陶感染、益智健体的作用。引导学生在学好知识技能的同时，道德情操行为规范是不可忽视的必修课。

(一)隐性文化内涵

一所优秀的大学，文化传承充分体现在独具特色的校风上。校园文化不仅是文化课程的传授，不是简单的说教和灌输，而是要用心感悟文化精神，沐浴文化传统。每个人在接受教育的过程中，曾留下过许多记忆，但记忆中最久最深的，不一定是所学的专业知识，而是影响人一生的一段情感体验，由此而形成的情感记忆，比知识记忆更恒久、更深刻。古人说“厚积薄发”，厚积是基础，薄发则靠顿悟，哪怕是薄到了一层纸，能助你捅破那层纸的动力，就说明是厚积的力量所在，这就是隐性文化神奇的作用。

高校显性的制度文化、精神文化都有一定的物质形态，有人说：“大学之大，究竟指什么大？大楼还是大校园?”意味深长的语言值得思考，大学之大是人人向往的，但是，大学同样也印证了中国国情的应试教育、瞬息万变的社会现状，忽略了精神文化的教育，真正缺失了隐性文化精神。

(二)隐形文化的精神导向

高校隐性文化建设的目标是培养学生良好的个性，而教师品格对于学生的影响最为直接，在传授知识的同时潜移默化地影响着学生。高校教师，首先要有高度的历史责任感和崇高的理想，还要有坚定的信念和奉献精神。梁启超曾经说过："教育是什么？教育是教人学做人。"教师的言行举止在学生身上会留下深深的烙印，有的甚至会改变学生的人生轨迹，这其实就是校园隐性文化的一种影响力，润物无声地渗透给学生，这就是好的范本和榜样的力量。

当代高校在以文化素质为切入点的同时，还要营造良好的精神文化氛围，把道德建设放在重要的位置。保持良好的校风和教风，进行系统道德教育，教师在其中担负着义不容辞的责任。高校师生群体素质的提高直接影响着社会公民，能充分发挥思想道德建设、社会精神文明建设的示范作用。

隐性文化能使人情感丰富，更具人文性，有助于受教育者在良好的环境氛围中和谐发展，人文性是隐性文化最重要的特性之一，它能起到化知识为智慧、化智慧为情感、化情感为人格的作用。

(三)隐形文化与道德修养

当代大学生是国家未来的主人翁，是将来民族事业的开拓者，不仅要掌握丰富的科学文化知识，拥有健康的体魄，还要有良好的道德修养。如何加强大学生思想道德修养的教育，是我国教育体制改革需要探讨的问题。目前，高校还没有关于道德修养教育完整的科学体系，但是，针对当代高校出现的道德层面上的问题，大学及相关部门已经引起了重视。

大学生毕竟是经过激烈竞争的优胜者，在中学阶段的教育是以题海战术为主，父母、老师一般都认为学生成绩好就是好学生，而其他方面的缺点都被良好的成绩所掩盖，这叫"以优遮百丑"。面对丰富多彩又鱼龙混杂的社会，内在理性和人文素养的养成尤为重要。前苏联教育家说过："教师是人类灵魂的工程师。"英国哲学家培根也说过："教师是种子的传播者，文明之树的培育者，人类灵魂的设计者。"高校老师要致力于传道、授业、解惑，以高尚的人文精神感化学生，让学生在耳濡目染中得到启示，学会知恩图报，懂得奋发图强。

行大学之道，成君子之风，希望当代大学生经过大学生活的砥砺，以自强不息、厚德载物的广阔胸襟，为中华民族的复兴和人类进步作出自己应有的贡献。

参考文献

[1]冯向东：《从精神生产视角看中国特色现代大学制度建设》，《高等教育研究》2015 年第 4 期。

[2]王洪才：《试论现代大学制度建设的价值导向》，《复旦教育论坛》2004 年第 4 期。

（作者单位：山东政法学院商学院）

大学文化视角下的制度构建

李　亚

大学校园文化是一所高校的隐性品格，其主要通过基本价值理念以及基本准则来体现，缺乏具体的表现形式。校园文化的构成要素是多元化的，制度建设是其重要方面，如何利用制度规范完善校园文化建设是目前高校亟待解决的问题。

一、大学文化和制度构建的含义及特性

(一)大学文化的含义及其特征

文化是一个相对复杂的概念，其浸润到社会生活的方方面面，包含物质、精神、制度以及生活等多种因素。而校园文化是限定在特定场所即大学校园里的文化展现方式，对于校园文化普遍认同的观点是：大学校园文化是以学校办学理念、价值观为核心，在学校发展的进程中逐渐形成的一套大家普遍认可的价值取向和行为准则，其主要由物质文化、精神文化和制度文化三部分构成。其主要特点有以下几个方面：(1)普遍性。校园文化作为高校的精神基石，应该是为广大师生普遍遵守的共同标准，应该体现其普适价值的特征。(2)内隐性。校园文化作为精神世界的产物，其存在方式是相对抽象的，表现在成员普遍的价值观念、道德标准和情感气质中，难以用具体的形式将其表现出来。(3)稳定性。校园文化是经过长时间的文化传承与积淀形成的一套价值体系，与学校治学标准、发展特点等要求相互磨合，其产生的无形影响力具有相对稳定性。(4)渐进性。校园文化的作用不是立竿见影的，其作为一种软性调节方式，产生效果的过程是缓慢的、渐进的。

(二)制度构建的含义及其特征

俗话说："无规矩不成方圆。"这里的规矩按照一定的形式、要求形成体系化规范就是制度的产生方式。制度是对人员、组织机构等主体作出的行为约束，具体到大学这一特殊主体环境，大学制度即指导和约束广大师生的规范所形成的制度体系，其主要特点包括以下几个方面：(1)约束力。大学制度作为大学内部

人员的行为准则，其规范并改变着人们的活动，所以构建的大学制度必须具有约束力，能对相关人员的行为产生影响力。其具体表现在它为个人提供了什么可以做，什么不可以做，采用怎样的行为方式能取得最好的效果等一系列行为准则。(2)可执行性。大学制度作为高校办学理念的体现，通过规范调节将办学理念融入制度规范中，建立相应的实施办法和细则，使大学人员能够按照办学理念的要求调整自己的行为，使原本难以掌控的理念性要求具有可执行性。(3)可变更性。由于外在环境总是发展变化的，大学制度的内容也需要与时俱进，根据大学治学的环境、条件以及人员等要素的变化而作出相应的调整，避免制度过于僵化，以便更好地发挥其效能。(4)体系化。大学的制度建设应该符合体系化要求，应该涉及校园建设的方方面面，从学校的整体性角度做好顶层设计。

(三)大学文化与大学制度建设的关系

厘清大学文化与大学制度之间的关系，对于大学文化的培育以及大学制度的构建都具有十分重要的意义，其作为大学建设的重要组成部分，二者是相辅相成、相互支撑的关系。

大学制度建设是大学文化建设的有机组成部分，是大学精神培育的重要支撑和保障。塑造大学精神、培育大学文化，必须建立科学合理的办学制度、招生制度、培养制度、科研制度与评估制度等制度体系，通过制度的约束与保障，形成约定俗成的行为规范，进而演变成精神层面的文化内涵。总之，大学制度建设是大学文化建设的重要保障，是大学文化浸润的载体，它制约着大学的发展目标、价值理念等要素的内涵。

大学文化对大学制度的构建和发展具有指引作用。一所高校的校园文化一旦形成，会依照其价值理念的要求反过来指引学校制度建设的方向和目标，也就是说，大学的制度构建必须符合大学普遍遵守的大学精神文化的要求。生活在校园文化中的个体，既是大学文化培育的参与者，同时也受到大学文化的鼓励，积极主动地参与大学制度的构建和认真践行已经形成的制度规范，并按照外部条件的变化不断创新大学制度，进而形成一种新的制度文化。这种存在于大学制度之上的大学文化像一双无形的手，将大学里的各种资源要素整合在一起，推动学校的进步与发展。

二、培育大学文化背景下大学制度建设的重要性

(一)培育大学文化的重要意义

随着人们精神文化需求的提高，大学校园文化建设也逐渐引起学校的重视，大学文化建设在这一阶段取得了一定成绩，但是高校校园文化建设不尽如人意

的现象也时有发生。目前大学文化建设的现状有以下几个方面:(1)文化活动肤浅化。社会娱乐主义盛行,使校园文化过于娱乐化,例如灰色的网络文化、非主流的宿舍文化、盲目崇拜的潮流文化等,都是大学校园文化肤浅化、庸俗化的体现,逐渐丧失了大学生展现蓬勃朝气、奋力追求理想的青春气息。(2)文化活动缺乏整体意识。有些高校为了使校园文化展现"欣欣向荣"的局面,开展各种类型的文化活动,看起来丰富多彩,但是活动本身缺乏甄选,没有整体效果,缺少对大学文化整体氛围和深层价值取向的思考。(3)文化活动功利化。大学文化建设不可避免地受到市场经济的影响,例如学生活动缺乏经费支持,学生向校外的商业主体寻求赞助,这种功利性的诱惑,容易歪曲大学生的价值取向。(4)文化活动带有盲目跟风的性质。当党和国家在精神文化建设方面有方向性的引导时,各个高校"闻风而动"开展一系列的文化活动来响应号召,诚然,我们必然要跟着党和国家的文化主旋律走,但是不能盲目跟风,不能搞过于形式化的活动,以免造成资源浪费。

基于以上大学文化建设中不合理的现状,构建全校师生认可的、体现学校办学理念和价值取向的大学文化是十分必要的,从而让全校师生沐浴在和谐良好的校园环境中,让学校焕发可持续发展的活力。

(二)大学文化走向制度规范的重要性与必要性

大学制度为学校形成正确的价值追求、理念导向以及良好的环境氛围提供坚实的保障,脱离了制度文化建设势必导致大学文化建设的形式化。大学文化建设流于形式具体表现在围绕大学文化建设需要把握的价值理念、发展方向等要求并没有转化成对大学成员有约束力的行为规范,大学文化建设作为大学建设的核心要素没有真正地实现其价值。

要解决大学文化建设流于形式这一难题必须从其根源入手,分析导致这一现象的深层次原因即大学在制度建设方面存在缺陷。从制度构建的角度来看,学校规章制度的制定主要是满足学校管理的刚性需求,规章制度作为学校管理的工具手段,大家对于文化建设的制度化建设缺乏意识;从制度执行的角度来看,学校内部的规章制度的约束力不强,大学人员钻制度空子的现象时有发生,即使学校校园文化有充分的制度保障,但是制度本身的执行力不强,大学文化建设会成为空谈。

大学制度建设作为大学文化建设中重要一环,必须保障大学文化建设顶层设计的体系化与规范化,加强制度的执行力度,做到文化建设有章可依、有章必依,提高大学文化建设的层次和水平。

三、大学制度建设融入大学文化的主要举措

(一)践行以人为本的理念,发挥师生主观能动性参与大学制度建设

在大学制度建设中坚持以人为本包括两个方面的内容:其一,就是要以广大师生为中心,充分尊重和保障广大师生员工的利益和需求。其二,充分发挥广大师生员工在大学制度建设中的主观能动性,采取措施调动他们的积极性和参与度,例如在大学规章制度的构建过程中,广泛征求师生意见,让更多的人参与到大学制度的制定、修改和完善中来,这样做也能有效地保障制度的执行,因为只有真正反映民意的规范,人们才能够遵守和实施;完善职工代表大会制度,确保职工对学校的重大事项有知情权;完善民主监督,对于侵犯员工合法权益的行为,有可申诉的途径。

(二)加强以精神文化为核心的文化制度建设,将大学文化融入到制度规范中去

精神文化作为抽象的事物,其具体的表现方式只能通过所开展的文化活动来体现,因此合理规范大学里的文化活动是将大学文化融入制度中的有效举措。开展对优秀教师和教育工作者的表彰活动,通过对这一优秀群体的宣传,展现名师良好的精神风貌,为培育大学文化提供良好资源;针对学生群体开展一系列的学生活动,比如感动学校的学生人物表彰活动,让同学们在了解其他同学的感人行为的同时能传播正能量;注重大学生社会实践能力的培养,学生通过实践的过程将所学的理论知识与社会现实状况结合起来,在实现自我价值的同时了解了社会需求,以便培养社会需要的品格;加强校园文化建设,例如校歌、校训、学风与教风等学校标志性文化符号建设工作,通过口号化的宣传,将学校对价值理念的追求与定位融入师生血液中,从而加强其对校园文化的认同感;完善网络规章制度,培养学生健康的网络意识,加强网络监督,对网站上不健康的内容及时地清理,在校园网站主页上培育一些精品文化栏目,使网络成为促进学生发展的良师益友。

(三)保障大学制度规范的约束力与执行力,使其能有效地执行和落实

制度设计得再完美,如果得不到有效的执行,也起不到好的效果。大学制度一经制定应该具有普遍的约束力,用制度来规范广大师生的行为,做好对制度执行的考核与监督工作;对违反制度的行为,要按照相关规定予以惩处,不给任何所谓的"特殊人群"开制度的口子,树立制度威信。

(四)保证制度运行的可持续性,注重制度创新

要保障一项制度的长久生命力必须注重它的传承和发展。一方面,对于已经构建的校园制度,要保障它的延续性,不能朝令夕改,这就要求在制定制度的

时候有前瞻性，对制度以后的实施有理性的预期。而且要注重制度的整体化建设，不能头痛医头、脚痛医脚。另一方面，高校环境日新月异，办学条件与治学要求也在不断变化，及时调整、修订那些已经不符合现实的规章制度，使其更顺应学校的发展目标和办学理念。根据学校发展要求对已有的规章制度进行梳理，并根据新的发展需要制定新的规范或者完善已有的规章制度，确保学校建设的各个环节都有制度保障。

参考文献

[1]刘宝存:《大学理念的传统与变革》，教育科学出版社 2004 年版。

[2]杨东平:《大学之道》，文汇出版社 2003 年版。

[3]陈平原:《中国大学十讲》，复旦大学出版社 2002 年版。

[4]张俊宗:《现代大学制度》，中国社会科学出版社 2004 年版。

[5]刘理、彭时代:《大学制度与大学特色发展》，《高等教育研究》2005 年第 4 期。

[6]曾小华:《文化、制度与制度文化》，《中共浙江省委党校学报》2001 年第 2 期。

[7]王树国:《大学的根基在于大学的文化》，《中国教育报》2008 年第 11 期。

[8]何祖健:《从校园文化到文化校园——校园文化建设整体性的思考》，2008 年 12 月 5 日《光明日报》。

（作者单位:山东政法学院研究生处）

大学精神对高校学生的教育发展问题研究

于万涛

一、大学精神的内涵

大学精神代表着一所大学的价值取向,代表着一所大学区别于其他的大学的独特内涵,大学精神分散于学科建设之中,大学精神分布于校园文化建设中,大学精神渗透在大学制度之中。在地理概念上,大学具有地域性,大学只是局限于某个城市的某个角落,一个地方的大学不能跨越另一个地域而存在。但在精神上,大学不仅具有地域性,同时又会超越地域的范围,大学可以通过自己的方式传递知识到地域外界,通过知识的流动而将大学精神传播到世界各地。关注大学精神对学生的教育发展方面的重要性已经成为教育界和社会一直关注的问题,探析大学精神的构建首先需要解析大学精神与学生教育发展的内涵。

二、大学精神的表征与载体

大学精神的载体很多,如校训、校风、学风、教风、工作作风以及校歌、校徽等综合构成的校园文化、学科精神、育人氛围、规章制度等。有的可以外化,有的可以内化。校风、学风、教风和校训是大学精神的四大表征,校园文化建设、制度建设以及人才培养建设是大学精神的三大载体。

(一)校风

大学的校风是要在长期的实践与互动中形成的,表现为风格的文化,就是这个群体思维时的共同价值判断、行为时共识的潜规则。校风是一所大学风气的总和、总称,包括学风、教风、学校的领导作风等。它既是大学精神的综合反映,又是大学精神的具体化与外化。走进一所大学,不需要通过走访、座谈和了解,就可以感受到这所学校的校风。校风代表着一所大学的品位和风貌,人们对于不同大学的感受,就是不同大学的校风对于人的熏染陶冶。

(二)学风与教风

学风即学习风气,是学习态度与学习行为方式的总和。学风既是一种学习风气、学校的氛围,也体现一所大学和大学人的精神风采与风貌。教风是一所高校教学风气与教师风范的总称,是一所高等学校教育文化力的外在表征。学风与教风应能体现学校发展的历史,同时内涵丰富概括,语句凝练,底蕴深厚,朗朗上口,便于对照与操作施行。

(三)校训

校训是大学精神的核心和灵魂,是立校兴学的宗旨,是师生立身处世、从教求学的规范,是一所大学教育理念、治学风格的高度概括,是办学传统与育人目标的集中体现,是大学对办学理念、人才培养要求和学校特有精神的一种表征形式,是对其人文传统、治学精神、办学风格的理性抽象。校训能影响学校的改革、建设和发展,指导教育教学实践,并从人才培养和教学管理等方面促进学校发展。

三、大学精神与学生教育发展的关系

(一)大学精神对学生教育发展的影响

1.对学生精神品格的引领作用

应该说,每所大学都有自己的大学精神。经过应试教育的高考,进入大学教育的学生还没有充分展现自我。每所大学都有其独特的精神,正因为如此,才有百家齐放的景象,这不仅是促进竞争力提升的需要,更是促进人才发展的需要。教育的本质是要教育人从一个自然人向社会人的转变,自然人与社会人最大的区别是社会人有社会属性,人要在社会上发展,不仅仅要有生产能力、有求生的技能,还需要有健全的人格和好的品质。教育是过程而不是目的,大学的一切活动都是以培养人才为中心而展开的活动,大学在教育人的同时,也是管理并且合理地引导人找到自我的过程。

2.对学生价值选择的导向作用

大学精神对学生发展起着指导规范、凝聚动力、影响感染的功能。大学精神通过一代又一代的传承,成为大学人灵魂的旗帜,广大教师和学生在无形中受到影响成为理所当然的事情。大学精神作为一种丰富的文化传统和文化遗产,逐渐铸造出学校的形象和声誉,时刻浸润着大学人的灵魂。

(二)学生教育发展对大学精神的作用

1.学生的教育发展外化大学精神

作为大学的一个重要主体,大学生受到社会因素的影响,行为方式实际上就是大学精神的衍生、外化，离开了大学生，大学精神也就无从谈起，大学精神应该体现在大学生的言行之中。平等和谐的师生关系能为大学精神的形成、延续和发展营造良好的氛围。一代又一代的教师将大学精神传承给一批又一批的学生，而一批又一批的学生又不断地给母校的精神注入新的活力。雅斯贝尔斯指出，大学的理想要靠每位学生和教师来实践，至于大学组织的各种形式是次要的。如果这种为实现大学理想的活动被消解，那么单凭组织的各种形式是不能挽救大学生命的，而大学的生命全在于教师传授给学生新颖的、合乎自身境遇的思想来唤醒他们的自我意识。因此，大学精神的塑造若没有广大学生的努力，就没有大学精神的发扬。

2.学生的教育发展影响大学特色精神建设

经济是影响大学生就业的重要因素之一，经济的发展必将导致高等教育规模的扩大，导致社会职业类型的变化，导致社会人才需求层次的提高及人才需求数量的增加，经济发展的不平衡状况对大学生就业的地域流向也会产生重大的影响。随着我国大学生就业制度改革的逐步深入，人们在接受大学生自主择业模式的同时，也越来越清楚地认识到大学生就业并不是一项简单的人力资源配置工作，它是一项受政治、经济、教育质量等多种因素影响的复杂的社会活动，需进一步激发大学生择业与用人单位择人的双向选择机制的活力。

四、以人为本大学精神建设的思考

(一)完善大学制度

1.完善大学制度的思考

大学的制度文化强有力地影响着学生，完善大学制度的最终目的在于为学生的发展带来积极的作用，学生能否健康成长也验证大学制度的正确与否，并推动大学制度的进一步发展。大学制度对大学精神的塑造，可以通过改变人的行为方式来匡正。一般而言，制度是一种激励性因素，引导着人的行为的趋向性。而不断重复的行为又强化为信念，改变着人们的精神面貌。如山东政法学院在日常制度和活动中突出强调“依法治校、按章办事、规范运转、公平公正”，法制文化日益彰显，法治理念深入人心。

2.完善大学制度的关键点

一是加强章程建设。通过章程建设，凝练大学精神特色，推动学校形成以章程为核心的依法治理机制。二是要加强学术组织建设。注重整合校内学术组织，扩大学术组织在学科建设、专业设置、制定学术规划、分配学术资源、处理学术争议等方面的权力，处理好学术委员会和职能部门的关系。三是加大力度推进试点学院改革。重点从改革人才招录与选拔方式，改革人才培养模式，改革教师遴选、考核和评价制度，完善学院内部治理结构四个方面进行探索。

（二）完善校园文化建设

1. 完善校园景观建设

大学是知识分子思想自由奔放的家园，大学精神充分体现、弥漫于校园文化中。较之于社会的其他角落，大学校园显得更为纯净。身居其中的大学人也潜移默化地受到校园文化的影响和熏陶，而表现出不同的性格特质。校园文化的核心内容是精神、价值、作风和理想追求，美丽的校园环境多给人留下表面印象，而校训、学风、教风、传统、讲座等价值层面的成分才真正给人以深刻的启迪和实实在在的影响。因此，塑造或发扬大学精神也必须不断加强校园文化的建设。

学校的草、木、砖、瓦、人、景、食堂、宿舍都是人文精神的承载体，反映着这所大学最独特的精神气韵。建设富有标志意义的校园景观，将大学精神予以寄托，即实现了大学精神的物化。如山东政法学院建设法治广场和人权广场，设置法治之光雕塑，打造法律名人墙，教学楼内营造以法律箴言为核心的微观文化环境，同时紧密结合校园的总体规划和学校周围的自然环境，实现建筑与自然环境之间的和谐。

2. 改进信息素质教育

信息素质教育这个概念，是 1974 年美国专家波尔提出的，主要指关于如何使用信息技术、如何利用信息解决问题等方面的教育。信息素质能力代表的是处理信息的能力。信息素质作为基础素质和能力，要求大学生具有信息意识、信息能力、信息道德这三大素质。

图书馆可以作为信息素质教育的阵营，目前大部分高校的图书馆都设置了较为先进的网络设备，具备了硬件条件，高校可以通过信息素质教育教会学生信息检索、文献检索、教育技术学等一系列信息技术，提高大学生搜集、整理、利用信息的能力，将传统的图书馆封闭结构变成具有高层次信息咨询的载体，多功能多导向地满足学生及老师的信息咨询需求。

3. 增强学生社团文化建设

大学生团队发展要有计划性与目的性。大学生社团是学生群体活动的主要形式，社团的重要位置不言而喻。社团可以培养大学生团队意识、团队合作精神，因此，高校可以计划组织一些大学生的团队以反映教育的目的和计划，有效地培养大学生的团队精神。简而言之，在学校教学中心、课外活动和校园文化教育的各个方面，学校应该培养学生的合作精神、合作能力，使学生在教育教学活动中学会互相尊重、互相关心、互相支持，学会宽容和妥协。

(三)创新人才培养模式

1.强调学生的主动性与创新思维的培养

高校大学生并不缺少实践环节,但是这种实践大多是被动的,教师把时间目标、对象、方法都进行了规划安排,虽然这种实践教育方式同样有利于提高学生能力,但对于学生的创新能力的培养所起到的作用却是微小的。提高学生的主动性,就是要鼓励学生群体或个体积极主动进行钻研,尝试用不同的方法与程序去打成某个目标,在探索过程中,锻炼了学生的创新能力,提高学生的质疑力、观察力、协同合作能力以及领导力。

2.创新课程体系,完善资源配置

管理者要考虑学校的所有学科因素,在教学、课程设置、教学手段与方法选择上,更多考虑实际教学工作。在凝练大学精神的同时,高校一定要有所侧重,对学科设置进行一定的调整。做好目标规划,加强对学科的建设及其课程审查,通过课程设置,让学校的老师和学生共享优质教育资源,提高办学水平和教学质量。如山东政法学院按照"整体规划、分类实施、全面推进、重点突破"的思路,制定了《课程建设五年规划》等系列规章制度,明确课程质量标准。建设网络辅助课程,引进尔雅通识课,保证课程数量;建设优质课程和精品课程,实现课程精品化;建设课程群,实现课程综合化;建设小学分课程和微课程,实现课程多样化。

3.加强产学研合作教育

无论是理工科还是人文社科专业的学生,都需要与社会保持良好的互动。大学阶段的学习主要是储备知识,为今后的发展打好基础。由于行业的发展,业界所创造的新技术与新成果转化为课堂理论都需要一定时间和缓慢的过程,这就造成了大学生学成毕业之后,所学技能无法满足业界和社会需要的问题。要弘扬大学的社会关怀精神,要求学生必须具有一定的社会技能,满足社会需要,要求大学在建设过程中考虑到社会因素对于学生发展的影响,加强校企合作,与业界和社会保持密切联系,关注社会发展趋势,及时更新学生所学的知识,让学生能够尽快学到最新、最实用的知识。

参考文献

[1]孙冕:《大学生道德教育与法制教育关系的理性审视》,《连云港师范高等专科学校学报》2008 年第 2 期。

[2]王晖:《校园文化构建过程中大学精神培育探析》,《中国成人教育》2014 年第 1 期。

(作者单位:山东政法学院教务处)

蕴含于大学精神的大学图书馆精神解读

马晓雯

一、大学精神的内涵

(一)什么是大学精神

大学精神是"在大学发展过程中,长期积淀而成的稳定的共同追求、理想和信念,是为大学人所认同的价值观,是大学文化的核心,是大学的灵魂所在"。可见大学精神是大学在历史发展进程中形成的具有独特气质的精神形式,是全体师生共同认同的价值追求和共同意识。大学精神是大学的意识形态核心,也是从事教育事业的精神支柱。

(二)大学精神抽象而又具体,是普遍性与特殊性的统一

大学精神是一代又一代学人在勤奋耕耘中创造和传承的思想品格,无形无影却又无处不在。大学精神可跨越时空薪火相传,产生恒久的影响力。不同大学秉承的价值和追求是普遍的,是大学人普遍认同、共同遵守的基本原则和共同态度,其终极目标是培养用良知、理性、仁爱、知识、科技、创新造就的人格平等、思想自由、精神独立的文化国民,培养有社会责任感,能够独立思考和独立判断的和谐社会人。大学精神具有特殊性,因为大学精神是大学人经过几代人多年不懈努力,共同创造和不断追求的理想、价值和信念。每所大学,无论建校历史长短,都有其独特之处。这些独特之处既包括办公楼、教学楼、实验室、各种机器设备、文献信息资源、科研成果和学者名师等有形物质文化,也包括历史文化、道德准则、校风学风、办学理念、专业特色等无形精神文化,大学经过几十年乃至上百年文化积淀而形成的核心精神在这些有形或无形文化中得以完美体现,成为学校永恒的风景和无价的宝贵财富,成为大学精神文化的核心要素。

(三)不同大学具有不同的大学精神

就像每个人的气质不同一样,不同大学也具有不同的大学精神。不同的大学精神展现着学校不同的办学理念和办学特色,个性极为鲜明。例如,世界上著名的斯坦福大学,它孜孜追求的是"创新求异,一切指向前方"的精神,而耶鲁大学则把“书比钱更重要”精神作为自己的行为指南；普林斯顿大学重视民主治校，而威斯康星大学则更注重实用。在我国，北京大学一向崇尚民主与自由、为民请命与牺牲精神；而清华大学则奉行“自强不息、厚德载物”的严谨实干精神。

(四)以社会主义价值观为核心的大学精神对大学的影响

富强、民主、文明、自由、平等、法制、爱国、敬业、诚信、友善二十字是我们社会主义核心价值观，它必然成为大学精神的重要组成部分，引领中国教育的发展方向，决定大学图书馆的价值观。

大学精神是大学人群体共同的价值取向，大学精神主导下的价值观教育可以帮助学生树立符合当代社会道德标准的价值观，引导教师自觉践行献身教育事业的宏伟理想。广大师生对祖国的教育事业和建设事业强烈的认同感与责任感以及独特的校风、学风所构成的大学精神让大学成了一个相对独立的自主世界。在这里，人们能处处感受到尊重知识、尊重人才、尊重学术的气氛，感受到大学的独立和自主。丰富的校园文化净化着人们的灵魂，让人们在纷杂的社会大环境下始终保持一颗追求真理、崇尚学术自由的淡泊名利之心，从而为大学发挥其育人才、服务社会的功能提供了更多的可能。

二、图书馆精神

(一)图书馆精神的内涵

中山大学图书馆馆长程焕文教授曾经把图书馆精神浓缩为“爱国、爱馆、爱人、爱书”八个字。在《图书馆精神——体系结构与基本内容》一文中，程先生将图书馆精神明确定义为“原则精神、理想精神和学术精神”。原则精神是图书馆人必须具备的基本精神，属于图书馆的事业精神；理想精神是需要通过馆员的言行仪表得以具体体现的图书馆职业精神；而学术精神则是图书馆一般的学者精神，属于科学精神范畴。

由上可见，图书馆精神源自图书馆在长期历史发展过程中形成的，体现图书馆人价值观念和职业道德，有鲜明的特色，属于图书馆应共同具备的精神。图书馆积极倡导的以人为本的人文精神；实事求是、发现真理的科学精神；自强不息的进取精神和爱岗敬业的奉献精神是图书馆人追求理想、实现自我价值的应然写照。

“图书馆是大学的地标，是大学的象征，是大学精神的重要守护者。”在大学里，大学图书馆是最具代表性的校园建筑之一，它体现着学校的大学精神。在高校评估指标体系中，教育部将“图书馆状况”的测评规定为考察大学教学条件和办学水平的主要指标之一。大学的办学特色和学术水平从图书馆馆舍、馆藏、服务水平等方面就可略知一二。

(二)图书馆是大学精神的载体和继承渠道

高校图书馆文化涵盖了图书馆的物质文化、精神文化和行为文化三方面。高校图书馆是高校的文献信息中心，在高校教学、科研方面有着不可替代的地位。进入21世纪以来，我国高等教育得到了迅猛发展，随着网络信息技术的飞速发展，大学图书馆的文化建设也迈进一个崭新的新时代。文献信息资源建设开始呈现空前的发展态势，多样化、多载体的文献信息资源不断丰富，电子出版物数量快速增加，为高校师生的教学科研、学术交流和日常管理提供了坚实的文献信息资源保障。

德国哲学家卡尔·波普尔在《开放社会及其敌人》一书中写道:"假如世界毁灭了，图书馆还在，很容易重建世界。如果图书馆也没有了，我们就会变成原始人了。"图书馆对于人类发展的重要程度可见一斑。

书籍是人类进步的阶梯，是人类精神遗产的宝库。读者走进图书馆，面对浩瀚的知识宝库，一次潜心阅读无异于一次心灵的洗涤，如同与智者进行了一场酣畅淋漓的对话。社会迈入学习型时代，学习已经由阶段性变成了一种终生的事业，在这样的背景下，图书馆在培养人们自主学习和终身学习方面，有着学校课堂无法替代的作用。

正如中国著名教育家、思想家陶行知先生所说:"一种生机勃勃、稳定和谐、健康向上的环境氛围本身就具有广泛的教育功能。"走进图书馆，浓厚的文化氛围，催人向上、积极励志的名人名言和肖像，温馨舒适、自由开放的学习环境，无限广阔的阅读空间，可自由选择的学习方式，现代化的检索手段，馆员严谨的工作作风和热情周到的个性化服务、规范化管理，无不散发着催人奋进的气息，涤荡着读者的灵魂。这些外部条件的创造 极大提高了用户获取文献信息知识的能力，实现了"现代图书馆具有受众的社会性"的目标。

三、图书馆精神与大学精神密不可分

图书馆是大学的三大支柱之一，图书馆精神是大学精神在图书馆的具体体现。大学精神界定了图书馆精神的核心价值，为馆员树立了奋斗的目标和方向。大学图书馆精神与大学精神密切相连，相辅相成。大学中的人文精神与图书馆中的奉献精神相契合。大学中倡导的务实求真的科学精神与图书馆的敬业精神相一致;大学精神中的超越精神与图书馆的创新精神也有异曲同工之处。大学图书馆精神文化的高低优劣、是否具有真正以人为本、全心全意为读者服务的理念、思想和行动均受制于独特的大学精神特质。图书馆是否能够高效、快捷地为师生教学、科研提供丰富的信息资源和优质服务是衡量其大学精神的重要标志。

因此，图书馆精神与大学精神彼此相连，两者侧重不同，又有共同之处，共同引导人们的价值导向，传播知识和信息，传承社会文明与进步。

古往今来，大学图书馆是很多有识之士通往成功的必经之地。早期北京大学图书馆的李大钊、毛泽东；厦门大学图书馆的陈景润都曾与图书馆有不解之缘。曹禺、季羡林以及众多蜚声海外的科学家、学者忆起当年在图书馆的学习生活时，都会满怀深情地提及大学图书馆对自己的培养和老一辈图书馆人对自己学习生活上的帮助。

大学精神相似又独立，不同的大学因精神特质不同，从而会呈现出不同特质。这种特质经过几十年甚至上百年潜移默化的沉淀、积累和传承，会深深扎根于大学图书馆的核心价值。因此，大学图书馆只有遵循发扬本校大学精神，并将这种精神融合到工作和图书馆核心价值精神的研究中，才能更好地服务于读者，做好图书馆工作。

大学精神引领高校图书馆的未来，为高校图书馆的健康发展提供着价值导向、信念意旨和方法指导。中国现代图书馆经过百年沧桑的历史巨变，早已形成大学图书馆独特的精神文化。大学图书馆凭借得天独厚的条件，为校园文化的开展、学术交流提供重要场所。图书馆丰富的馆藏信息资源使图书馆成为当之无愧的信息集散地，百万册以上的纸质藏书、珍贵翔实的史料文献、大量的电子出版物为高校师生的教学科研、学术交流和管理提供了坚实的文献信息资源保障。人性化的管理与服务，为广大师生的研究和学习交流提供了良好的环境和服务保障，各种讲座、辩论赛、学术报告、新生入馆教育培训等丰富多彩的校园文化活动不定期地在此举行，高校图书馆成为大学精神文化开展的重要场所之一。

四、基于大学精神的图书馆精神文化

(一)以图书馆价值彰显大学精神

大学精神经过多年的发展已经深深根植于大学人的内心，潜移默化地影响着学校中的每个人。大学精神的价值导向也以同样方式影响着大学图书馆的核心价值，造就出独特的大学图书馆人文气息。馆员自强不息、开拓进取和兢兢业业、甘做人梯的精神与大学的思想自由、精神独立和具有人文关怀的气质在某种程度上颇有相合之处。

(二)以人性化细致服务构建图书馆精神文化

大学图书馆是反映大学精神的重要载体，服务是图书馆工作的第一要素。馆员应该牢固树立“读者第一，服务至上”的思想，为师生创造一个安静、舒心的环境，通过设立校史展，建立校园文化活动档案，利用专题以不同形式对学校不同历史时期重大事件的展示，丰富馆藏资源，丰富校园文化的内涵，实现大学精神文化的传承和创新。

（三）以良好形象的塑造提升图书馆精神文化

馆员服务质量的好坏和服务水平的高低直接决定了图书馆整体形象，因此，加强馆员的素质和能力培养，提倡奉献与责任意识，在图书馆服务工作中显得尤为重要。因此，关注图书馆精神文化首先要关注馆员的职业发展，通过各种方式促进馆员素质的全面提高。馆员良好的形象、精神饱满的工作状态，图书馆丰富的馆藏信息资源，“读者第一，服务至上”的服务理念使得图书馆精神文化得到了最大限度的体现，是图书馆精神文化乃至大学精神的集中体现。

（四）以互联网技术的运用拓展图书馆精神文化

社会高速发展的同时，社会的教育也就步入了高度发展时期。随着科学进步和发展，社会进入互联网时代，这是一个危机和发展并存、挑战和机遇比肩的时代。互联网的普及迅速颠覆了大学传统的一个老师、一个教室、一段固定时间的教育模式，同时也改变了读者利用图书馆的原有模式，使读者由过去的封闭式阅读变为开放式、透明式、全球式阅读。互联网的出现给人们打开了自助通往数字化信息源的大门，如何指导用户在浩如烟海的信息中筛选出有价值的信息变得越加重要，于是馆员的身份在过去基础上增加了一个符合时代特点的新名称“数码馆员”或者“数字馆员”，通俗讲即是“信息检索专家”，对用户进行信息检索技能培训成了数码馆员的一项重要工作。

综上，大学精神和图书馆精神互为补充、相辅相成，它们共同肩负着历史和现实所赋予的神圣教育使命，在将来大学的发展中也注定会发挥越来越重要的作用。

参考文献

[1]张文青:《高校图书馆与大学精神》,《科技文献信息管理》2013 年第 1 期。

[2]严冬:《论高校图书馆文化建设与校园文化传承》,《继续教育研究》2013 年第 11 期。

[3]郭大成、孙刚成:《大学精神是大学素质教育之魂》,《教育研究》2003 年第 10 期。

[4]陈伟利:《基于大学精神的大学图书馆文化研究》,《高校图书馆工作》2011 年第 1 期。

[5]杨攀:《大学精神与图书馆精神》,《改革与开放》2012 年第 9 期。

（作者单位：山东政法学院图书馆）

加强图书馆建设，培育特色大学精神

任大鹏

我们所熟知的现代大学，起源于中世纪的欧洲。中世纪的大学一经建立就高瞻远瞩，争取到了管理自治权和学术自由权，这对现代大学的发展产生了极其深远的影响。中国现代化的大学大多成立于清朝晚期到新中国建立初期，并且接受了西方现代大学理念的影响和启示。中国第一所现代意义上的大学——京师大学堂，也就是现在的北京大学，就是仿效西方的大学制度设立的。无论是在中国还是在西方，几乎所有蓬勃发展的大学都有一个共性，那就是都有一种无形的影响大学发展的力量，也就是大学精神。如果说把大学比作一个有血有肉的人，那么大学精神就是这个人的灵魂，没有大学精神，大学就像没有灵魂的人，徒有其形，很难存活下去。大学精神既深藏于大学之中，又游离于大学之外。世界上任何一所知名大学都有自己独特的大学精神，这不仅是一笔宝贵的财富，也是大学魅力之所在。总结世界知名院校的大学精神，不外乎"追求真理，追求卓越，社会责任，学术自由和思想独立"等几个主要方面。比如哈佛大学精神的核心是追求真理，独立思想和注重人文；而牛津大学所体现出来的大学精神就是对卓越有绝对的追求，无论是在教学还是科研上，都永远不会安于现状，持续地追求做得更好。斯坦福大学校训就是：the wind of freedom blows，即自由之风永吹，目的就是鼓励和保证学校师生能自由无阻地从事教学和相关的研究。从国内高校情况看，把大学精神定位于"育人第一"肯定是对的，问题是很多学校把"传道、授业、解惑"使命中应该放在第一位的"传道"弱化了。很多大学整天炫耀的是发表了多少论文、学生就业率多高等等，而对发生在很多学生身上的毫无追求、自私自利、肤浅、颓废、拜金、不劳而获、承受能力差等问题视而不见。育人，还是应把追求正直、卓越、社会责任感的培养放在最重要的位置考虑。

一、大学精神的概念及本质特征

所谓"大学精神"是大学自身存在和发展中形成的具有独特气质的精神形式的文明成果，它是科学精神的时代标志和具体凝聚，是整个人类社会文明的高级形式。当前面临知识经济的机遇和挑战，培育“大学精神”不仅是高等教育自身发展的需要，同时也是社会进步的需要，对大学保持旺盛的生命力和抵御腐蚀具有不可估量的作用。

大学里聚集着一群有知识、有理想和有活力的人，他们将来必成为社会的中坚力量。在踏入社会之前，他们大多数的世界观、人生观、价值观还未真正形成，当真正面对社会的各种挫折与诱惑时，这些人会冷静面对还是仓皇逃避，是对社会作出贡献还是危害社会，一切都是未知数。大学生要把自身的活力迸发出应有的光辉，大学就是促成他们迸发光辉的加油站与中转站。大学生大多是来自各个不同地区的精英人群，代表着各自地区的特色文化，这些人聚集在一起，更加有利于文化的交流传播。文化的交流传播必然会造成文化的碰撞，大学从另一种意义上也成了文化碰撞的战场，大学精神对如何将大学生打造成一群真正对社会有贡献的人，如何有效地在大学里开展科研、创新有着重要意义。大学精神的本质特征概括为创造精神、批判精神和社会关怀精神。

(一)创造精神

创造精神是大学存在的价值所在，是大学在社会有机体中保证自身地位的根本生命力。文化的传承不能仅仅依赖遗传，更应通过传递方式继承并发展下去。教育从一开始就成为传递和保留人类文化的重要手段。爱因斯坦正是在这个意义上理解学校的：“学校向来是把传统的财富从一代传到下一代的最重要的手段。”与过去相比，这种情况更加适用于今天。由于经济现代化的发展，家庭作为传统教育的传递者的功能已经削弱，因此，比起以前，人类社会的延续和健康，要在更高程度上依靠学校。大学教育通过确立教育内容，对人类文化进行选择，对人类文化进行整理；通过更新教育观念，更新人们的价值观念，更新人们的价值取向，从而改变思维方式，实现文化的再生。从洪堡提出教学与科研相统一的原则看，科学研究成为大学的一个基本职能，大学的科研成果的多少也就是标志着大学对社会贡献的大小。如果把大学为社会培养的创造性人才称为高素质的劳动者，那么大学的科研成果则是对社会生产力的又一直接贡献，二者共同构成了大学的生产力与生命力的标志。“斯坦福精神”之所以被世人称道，关键在于她拥有众多的诺贝尔奖及全美科学奖的获得者，拥有把科学研究转化为生产力的“硅谷效应”。大学是以人才培养为己任的，而创造性恰恰是人才的核心特质。曾任哈佛大学校长40年之久的艾略特认为，大学文化最有价值的成果是使学生具有开放的头脑，经过训练而谨慎的思考态度、谦恭的行为，掌握哲学研究方法，全面了解前人积累的思想。爱因斯坦更直接地认为：“学校的目标应该是培养有独立行动和独立思考的个人，不过他们要把社会服务看作自己人生的最高目的。”“一个由没有个人独创性和个人志愿的规格统一的个人所组成的社会，是一个没有发展可能的不幸的社会。”另外，大学也创造社会理想，并把这些理想传递给社会成员，通过人们的实践，使理想变成现实的文化实体。社会理想是社会需要的具体反映，这种需要是反映社会发展规律并以社会发展规律为基础的。由于在文化积累方面的特殊优势，知识分子，特别是集中在大学校园里的知识分子比其他社会成员更能认识社会发展规律。有了对社会规律的认识，就能够提出符合社会发展规律的社会理想。

(二)批判精神

与社会其他结构相比，大学在“批判精神”方面具有自身的优势，具体表现在大学是知识聚集的场所。大学是继承传统科技文化遗产，不断创造新科技文化的场所，聚集了古今中外各种知识，具有很强的知识容量，是思想观念和学术思潮的交汇处。在这里不同的学术观念可以并存，不同的思想可以通过学术交流相互影响，具有良好的争鸣传统。从欧洲中世纪早期的大学开始，就有了自治的传统，并以传播知识和研究学问为最高理想，相对超越于社会现实。大学的批判精神首先表现为大学教师在教学和科研过程中能够以科学的态度对待传统与现实，否定非科学的内容，破除迷信与保守主义，建立科学的知识体系。可以这样说，大学的教学与科研发展史就是科学过程的展开史，是一个肯定与否定相结合的扬弃过程。其次，大学批判精神是对社会现实的理性反思和价值构建。进入技术时代后，技术淡化了人性，使人失去了对他人的热情和敏感，结果，人性变成了技术的牺牲品。同时，人性又屈服于技术，把技术崇拜为神。科学与人文分离的结果就两个极端而言，出现了两种畸形人：一种是只懂技术而灵魂苍白的“空心人”，一种是不懂技术、奢谈人文的“边缘人”。现实社会改变这种“技术毒害”是无力的，而大学教育者，特别是人文社会科学教育却将其作为应有的内容。早在本世纪初，西方一些著名的大学就注意克服这种片面性，探索科技与人文的汇通之路。哈佛的学生在一二年级开设“通识课程”，广泛涉及人文、社会和自然科学的各个方面；麻省理工学院的工科学生要学占总课时22%左右的人文课程；我国现行被一再呼吁的人性教育、全人教育、通识教育、道德教育、心理教育等无不是针对技术对人的异化进行批判的结果。批判精神的最后一个方面是大学知识群体对政府决策的参谋和建议。科学决策是政府决策的关键，但是由于决策者自身素质的限制，做到科学决策并不容易，所以要倾听专家意见，请专家参与决策成为决策机制中的一环。专家之所以成为专家，就是因为他们职业所特有的对问题的科学态度和客观的批判精神。

(三)社会关怀精神

高等教育是社会发展的必然产物，社会需要是第一推动力。在工业化、信息化的社会里，大学已经被越来越深入地卷进社会机器的运转之中。关注现实、服务社会成为高校的第三职能，高等教育通过科学研究直接转化为社会第一生产力——科学技术；通过人才培养，为社会提供生产力中最活跃的因素——高质量的人力资源。社会关怀精神还表现在大学对社会精神文明的参与和建设。除了在生产力方面对社会的贡献外，大学通过直接的人文社会科学的研究和宣传为社会提供精神产品，包括哲学研究、文学创作与批判、思想道德建设等。知识分子在提炼和批判社会生活的同时，又把各种精神产品投资到社会，为社会主义建设提供直接的内容。

二、当前大学图书馆建设存在的问题

目前我国大学图书馆的建设还存在很多问题，而这些问题在一些非重点院校表现得尤为突出。主要表现在以下几个方面：

第一，很多高校图书馆在硬件建设追求“高、大、上”，照搬照抄严重，几乎千篇一律，不能体现本校的特色人文内涵，这又怎么能反映出一所大学区别于其他大学的独特魅力呢？

第二，图书馆的人才队伍建设严重滞后，员工的引进、培养和使用缺乏科学系统的机制。有一些高校几年甚至十几年没有为图书馆引进专业的图书管理人员，而是大量引进合同制人员以及安排教职工家属，给图书馆的建设带来了很多问题，也制约了大学精神的培育。

第三，很多高校缺乏对图书馆工作人员的科学有效的奖惩机制，工作干多干少一个样，干好干坏一个样，搞平均主义，不利于调动员工的积极性，图书馆建设自然缺乏创意与亮点。

第四，很多高校对图书馆的定位不清晰、不准确，仅仅把图书馆看作是学生读书学习和教师科研教学的存储资料的辅助机构，其实这是片面的。图书馆是一所大学的人文荟萃之地，是一所大学的学术思想交流之地，是学生教育的第二课堂。

第五，图书馆的组织氛围不够和谐，不利于通过员工的精神风貌展现一所大学的精神，主要表现是：员工的精神面貌不够积极向上；工作态度冷漠、蛮横，工作行为失当，不符合身份要求；部门利益和小团体利益严重；员工之间攀比炫耀之风盛行等等。

第六，图书馆利用网络资源等信息技术有待进一步提高。网络资源不仅仅是为师生学习、科研提供资源帮助，也不仅仅是为图书馆提意见、建议的门户，更应该是学术思想交流碰撞的网上阵地和大学精神传播的网上平台。

三、加强图书馆建设，培育特色大学精神之途径

针对以上存在的问题，可以从以下方面加强图书馆的建设：

（一）思想上要重视图书馆建设

高校应明确图书馆建设的重要地位，有的放矢地做好图书馆建设工作。图书馆建设是大学精神文化建设的重要方面，物质文化和制度文化建设应围绕精神文化这一主轴旋转。精神文化渗透于校园文化建设的方方面面，不单包括学生文化活动、校园自然景观建设或规章制度的建设，更体现在高校自身的校训、发展定位和办学理念中。图书馆的建筑物及室内规划，其风格要体现出本校的精神；一些馆内的规章制度可以本校办学理念、校训为精神支柱加以改造；借阅室、阅览室、网络室和大厅的装饰布置也要体现出大学的精神；图书馆应对学生的文化活动做好系统指导，形成品牌特色；图书馆应以本校的大学精神为指针，务求把学校的精神内化成每位员工的行为准则，打造独具本校魅力的精神。

（二）技术上要借助网络信息平台

高校图书馆要利用网络资源这一重要的宣传展示平台，充分发挥其优势面。图书馆充分发挥自身网络优势，抢占校园网络文化阵地，是当前大学精神培育的一项重要任务。校园网络文化建立要以形成良好校风为目的，以促进学生全面发展为重点，要引导师生树立正确的网络道德观，规范上网行为，合理利用网络资源；要健全网络管理的制度建设和技术设备的投入建设，加强校园网及论坛的监管工作，加入网络道德教育的宣传力度，及时对不良网络信息进行分析、鉴别和筛选，开展网络思想政治工作。

（三）组织上要激发馆员的积极性

高校图书馆应建立起对员工的科学有效的激励、评价机制，发挥员工主力军作用。大学精神文化建设的主体是生活在大学里的人，包括以图书馆馆长为代表的管理群体、以图书馆员工为代表的教职工群体和以优秀读者为代表的大学生群体，其中教职工群体在践行大学精神中处于主体地位，对学生具有非常重要的引导功能，是大学精神在“可见领域”的无形力量。因此，应探索相应的激励及评价机制，鼓励员工积极参与到大学精神的培育中来，比如鼓励教师对工作方法进行创新改造；参与相应的科研项目；鼓励员工积极参与校园文化建设，与广大学生一起为践行自身大学精神而共同努力。

（四）服务上要走出校园、融入社会

高校图书馆应当走出校园，注重发挥自身的社会辐射作用。被称为“社会亚文化”的大学精神，在更深层次上影响着社会发展轨迹，这对大学精神的培育提出

一系列新问题:怎样把大学精神推向社会,与整个社会文化同呼吸;怎样进一步发挥大学精神的先进作用,以带动整个社会文化向高层次、高文明发展。这都需要高校图书馆大胆地走向社会,走进社区,服务于基层群众的精神文化生活,与整个社会文化融为一体,进而推动整个社会文化向着健康、文明、民主的方向发展。

科学精神、功利主义或实用主义在今天或许已逐渐成为主导社会价值,很多大学也受到这种社会价值的冲击,高等教育也开始过度地实用化和工具化。但回顾大学发展历程,不难发现世界著名的高校能经历多个世纪仍是世界的创新思想之源,关键在于其坚守非功利的大学精神来应对时代的挑战。因此,无论在什么时代,社会如何变迁,现代大学应该要做到在两种方向上的平衡,既保持大学作为追求理想、追求真理、追求知识的象牙塔圣地,又要与现代社会现实紧密结合,保持大学的时代性。

参考文献

[1]金耀基:《大学之理念(增订版)》,三联书店 2008 年版。
[2]杨东平:《大学精神》,辽海出版社 2000 年版。
[3]杨寅平:《现代大学理念构建》,中央编译出版社 2008 年版。
[4]刘新生:《大学文化建设》,泰山出版社 2010 年版。

(作者单位:山东政法学院图书馆)

大学素质教育的系统建构[①]

——基于系统论的分析

来丽锋

一、大学素质教育系统论的分析框架

(一)大学素质教育界说

素质教育是指:“依据人的发展和社会发展的实际需要,以全面提高全体学生的基本素质为根本目的,以尊重学生个性,注重开发人的身心潜能,并注重形成人的健全个性为根本特征的教育。素质教育,就是把具有人的基本形态的高等动物培养成为具有人的基本素质的真正人的教育。”[②]高校素质教育的提出是从基础教育延伸而来的,它相比于基础教育,有着自己的内涵。

第一,人才培养是高校素质教育的根本目的。中小学的教育是培养学生的基本素质,为高等教育打基础的教育历程,是人才培养的前半程,而高等教育是人才培养的最后“完成者”。大学的素质教育的目的性主要体现在《高等教育法》中,其明确规定:“高等教育的任务是培养具有创新精神和实践能力的高级专门人才。”因此,可以说大学教育的目标是培养高素质的人才。

第二,大学素质教育不仅仅强调知识的占有,即文化素质,还强调知识的生产。大学不仅仅是传道、授业、解惑,还要生产和创新知识,这就是大学里学术为什么能够得到重视的原因。《高等教育法》明确规定,大学要培养的是具有创新精神和实践能力的高级专门人才。也就是说,创新素质是大学素质的核心,“创新素质包括创新精神和创新方法以及由此产生的创新能力。创新精神和创新方法其实就是学术研究所具有的精神和方法,创新精神就是学术研究所应具备的”[③]。

第三,大学素质教育是相对于应试教育而言的。应试教育强调的是学生对

---

① 本文系山东政法学院思想政治工作研究会课题研究成果。

② 《素质教育》,来源于百度百科词条:http://baike.baidu.com。

③ 王义军:《读经解典(教学卷)》,知识产权出版社 2012 年版,第 5 页。

知识的占有与记忆，而不重视对知识的运用和其他综合素质的提高，大学素质教育就是针对应试教育而产生的改革目标，通过素质教育来有效地改变应试教育的弊端，从而提高大学生的综合素质，为社会培养合格的人才。

(二)大学素质教育系统论的分析框架

系统论经过发展，其基本原理主要包括如下几个方面：一是系统的整体性原理。该原理是指一个系统是由若干个相互影响、相互作用的独立要素组成的有机体，表现出来的效果是整体大于部分之和的化学反应。二是系统的层次性。组成系统的各要素有着不同的地位与功能，从而表现出等级层次，一般呈现出系统—子系统—要素的层次性。三是系统的开放性。系统生存就必须与外部系统进行物质、能量和信息等方面的交换和互动，开放性的系统是系统得以提升与演进的条件，也是系统稳定性的必要条件。四是系统的目的性。系统在与环境进行交互互动中，是围绕着一个中心来进行的，围绕这个中心目的，系统中的各个要素来进行相互作用。

系统论的创立者冯贝朗塔菲在《一般系统论：基础、发展和应用》中认为，"社会科学是社会系统的科学。因此，它应该使用一般系统科学的方法"①。作为大学素质教育研究的社会科学，应该也使用系统论的分析方法来分析大学素质教育体系的构建。本文认为，大学素质教育体系应该是以学生为中心构建的学校内部的素质教育体系和学校外部的素质教育体系，同时沟通内外，形成内外互动的立体型素质教育系统。

大学素质教育系统应有如下的特点：一是中心主体的明确性。大学素质教育的中心就是培养合格的专门型人才，大学素质教育系统的目的和任务就是围绕大学生去打造一个适应于大学生成长成才的系统。二是系统内部的自洽性。系统一旦形成，内部各要素之间就会产生互动与协调，从而达到一种自洽，有利于整个系统的运转，最终达到整体大于部分之和的效果。三是大学素质教育系统的开放性。大学素质教育系统不仅仅是学校这一系统，还需要学校系统与社会系统的一种互动、交流，从而提高大学素质教育系统的适应性。四是大学素质教育系统的层次性。大学素质教育系统是由学生、教师、学校制度、课程体系、校园文化等内部系统要素和外部的社会系统要素来构成的，这些要素围绕学生这个中心要素来进行，从而体现出了层次性。

---

① ［美］冯·贝塔朗菲：《一般系统论：基础、发展和应用》，林康义等译，清华大学出版社 1987 年版，第 185 页。

二、大学素质教育系统的问题

(一)大学素质教育系统中心不突出

大学素质教育系统的中心目的是培养具有人文素养的人才,这一系统的中心目的明确,但是在现实的大学教育实践中,其人文素质教育受到其他要素的冲击,主要表现在:一是专业课程学分太多,占用了学生太多的精力,从而导致素质教育难以有效开展。人的精力是有限的,现在的大学教育系统多着眼于未来的就业和深造,因此,开设了大量的面向实务、面向就业的课程。这些课程大量地占用了学生的精力,从而导致"课业负担繁重,使得学生无暇进行积极和创造性的思考,学生事实上陷入被动应付的漩涡,有的学生为了节省出时间做点自己感兴趣的事情,或者为了抽出时间去消化课堂讲过的专业课知识,唯一可行的途径就是选择逃课,而面对逃课,教师又不得不选择考勤进行制止,结果是学生更加厌恶听课,如此一来便形成一种恶性循环"①。二是在素质教育过程中学生的中心地位不突出。很多高校提出了以学生为中心的素质教育理念,但是在实践过程中出现学生围绕教师转、教师围绕学校行政转、学校行政围绕政府教育部门转的现象,没有真正做到以学生的人文素质的诉求为核心去设计素质教育系统。

(二)大学素质教育系统不开放

大学素质教育开展以来,许多高校展开了探索,在课程系统、教学系统、校园文化系统等各个子系统进行了改革,但是从总体上讲,大学素质教育系统不够开放,形式比较单一。现有的大学素质教育系统多注重校园内部系统的建设,与外部系统的实践、信息交流不够开放,主要表现在以下两个方面:一是大学素质教育系统现在的主要着力点放在了学校内部的课程建设、第二课堂等方面,而缺乏与社会系统的链接,缺少社会素质教育的实践基地,学生的素质教育很多时候是纯理论教育,而缺乏实践的经验体悟,难以达到学用结合、知行合一的状态。二是大学素质教育系统与外界的信息交流不够开放。作为承载大学素质教育信息知识的课程多为校内的老师开设,而国内和国外优质的素质教育课程,特别是网络课程没有被纳入素质教育课程体系中来,因此,课程信息交流的开放度还不够。

(三)大学素质教育系统层次不够分明

大学素质教育系统的层次不够分明是现在大学素质教育中存在的普遍问题:一是大学素质教育系统的核心子系统不够明确,即大学素质教育的核心是什

---

① 陈锴:《大学生素质教育中的异化现象与矫正》,《贵州师范学院学报(社会科学版)》2015年第2期。

么，这一核心系统包含哪些要素，这些要素分别起着哪些作用；二是大学素质教育的基础子系统也不明确，即大学素质教育系统的基础系统是由哪些要素组成，分别起什么样的作用；三是核心系统与外围系统没有得到有效的分类与链接。在大学素质教育系统中核心子系统不够明确，外围系统自然也就无法有效形成。

（四）大学素质教育系统整体合力尚未形成

大学素质教育系统内的各要素的整体合力尚未形成，主要体现在：一是素质教育系统内的各要素没有产生有效的化学反应。大学素质教育的各要素各自为政，没有形成有效的系统合力，如素质教育的德育系统、智育系统和体育系统三个子系统之间没有进行有效的整合，各个子系统都在自己的范围领域内进行发展，学校没有站在全局的高度去整合这三个系统，使这三大系统没有发挥出相互促进、相互配合，从而提高学生素质的作用。

三、大学素质教育体系的立体化构建

（一）构建以学生为中心的德育、智育和体育系统

1. 德育系统的构建

德育即对学生的思想政治和品德的教育，“它是素质教育的灵魂和保证。它一方面从思想上、政治上保证育人的方向，另一方面又给其他方面的教育——智育、体育、美育、劳育提供推动力，促进素质教育总体目标的实现”[①]。因此，可以说德育是素质教育中的根本。

德育系统的主要内容首先是理想信念的教育，即树立社会主义和共产主义的理想，坚持正确的历史观，即辩证唯物主义和历史唯物主义，还有“爱国主义、集体主义、社会主义教育；中国近代史、基本国情、国内外形势教育；革命传统教育和中华民族优秀文化传统教育；理想、道德以及文明习惯教育；民主与法制教育等”[②]。

德育系统的构建应该从以下几个方面进行：一是建立起各级党团组织及职能部门的德育教育领导小组，把德育教育上升到学校党的中心工作上来。二是在各教学部门设立德育研究室，对德育进行专门的研究与推广，从而使德育能够以学生接受的方式内化到学生的素质中去。三是建立专门的心理健康教育部门，高校把大学生心理健康纳入德育工作体系，成立专门的心理健康工作室，并开展定期的心理健康教育。四是对大学生的德育教育要发扬民主。在德育教育

---

① 赵玉林：《高校教学督导工作运行论》，武汉理工大学出版社 2004 年版，第 56 页。

② 赵玉林：《高校教学督导工作运行论》，武汉理工大学出版社 2004 年版，第 54 页。

的过程中要先调研，在调研的基础上积极采取学生主导与参与的德育活动，让学生能够真切地感受到德育教育的魅力。

2.智育系统的构建

智育就是以学生的智力发展为主的教育。智育的目标就是发展和提高学生的科学文化素养以及心理素养，如专注力、记忆力、想象力、思维能力，此外还包括美育素质以及部分劳动素质教育。

在智育系统的构建方面主要从以下几个方面进行：一是提高学生的创新能力和实践能力。《中共中央国务院关于深化教育改革，全面推进素质教育的决定》中指出，实施素质教育，要“以培养学生的创新精神和实践能力为重点”。因此，培养学生的创新能力和实践能力，不仅是智育的重点，也是整个素质教育的重点。二是推广个性化的教育理念与实践。伟大的教育家孔子提出了“因材施教”的教育思想，就是推崇个性教育，而不一刀切。要改变现在高校的一刀切和满堂灌的教育模式，例如不少高校允许学生进校后或一年后可以根据自身特长、兴趣和爱好转专业；大部分学校都开设了不少包括科学、技术、人文、艺术等多学科的选修课，使学生有更大的选课空间；大部分学校鼓励学生选修第二学位课程；不少学校允许学生跨校选课，并且校际间互相承认其学分；有些学校允许学生因故中途停学，但可以保留学籍；有些高校允许学满规定学分的学生提前毕业；对于优秀本科毕业生，大多数学校实行了推荐免试攻读硕士学位，甚至可以直接攻读博士学位的制度等。另外，国内外合作办学、联合培养人才等办法，都为学生个性的发展提供了广阔的空间。三是建立专门的智育组织系统。建立起以学校党委为领导，学校教务处、科研处、教研室、图书馆、校教学委员会、艺术教育指导委员会组成的多部门联动协调的智育组织系统，从而有效地推进智育教育系统的改善。

3.体育系统的构建

体育是提高大学生身体素质的主要手段，大学体育系统的目标不仅仅是让大学生有强健的体魄，还要有与身体素质相适应的心理素质，这是因为身心两者之间是紧密相连的。身体素质是其他素质的基础，良好的身体素质能够“增强学生的体质和运动能力……开发大脑的潜力，使人保持充沛的精力，提高学习效率……能使学生形态匀称，动作协调，姿态优美，可以培养美的情感和美的享受”①。因此，大学体育系统的构建尤为必要。我们认为大学体育系统的构建应该从以下方面着手：一是学校理念上的重视。学校应该从更高的高度重视大学体育教育系统，使体育教育系统能够真正发挥其基础性的作用。二是学校体育

① 赵玉林：《高校教学督导工作运行论》，武汉理工大学出版社2004年版，第56页。

教育系统机构的建立与整合。学校的体育教育系统一般是由体育课部、校体育运动委员会，校、院（系）学生工作部门，校医院等机构组成，但这些部门相互之间没有进行有效的整合，其整体的合力没有发挥出来，比如校医院没有提供有效的针对学生身体素质的评测指标等。三是学生自治性体育社团的建立。学校体育教学部和各学生工作部门应该支持和指导学生自治性体育社团的建立，学校应该从制度和财政层面支持学生建立自治性体育社团，只有这样，才能够在学校内部形成全员参与体育锻炼的氛围，从而提高学生的身体素质，进而提高其综合素质。

（二）构建以学生为中心的教书、管理和服务育人系统

1.教书育人系统的建构

教书育人系统主要是由教师与学生之间的互动而构成的。教师的天职就是教书育人，教师不仅要传授知识，还要育人，不仅传授学问，还要传授做人的道理，正如北京师范大学的校训“学为人师，行为世范”所言。爱因斯坦说：“仅用专业知识教育人是不够的。通过专业教育，他可以成为一种有用的机器，但是不能成为一个和谐发展的人。”

综上，我们认为教书育人系统的构建应该从以下几个方面来进行：一是教师要树立“人师”和“经师”相统一的观念。我国著名的教育家徐特立先生曾说教师分两种，即“经师”和“人师”。[①] 因此，教师要树立既要教学生知识，更要教学生如何做人的理念。二是教师在教学方式上要做到言教与身教合一、知行合一。言教主要是通过课堂来进行的，而身教是通过生活来进行的，这就需要老师与学生建立互动关系，让老师了解学生，也让学生了解老师。老师以一种春风化雨的方式来感染学生，影响学生，从而收到教书育人应有的效果。

2.管理与服务育人系统的构建

管理与服务是一体的，管理就是服务。大学素质教育的管理和服务育人系统的构建应该从以下方面进行：一是树立效率与服务的理念。大学的管理育人系统主要是由学校的党政机关职能部门及其他行政部门组成。这些部门的人员不直接从事教学工作，但是从事与学生利益息息相关的工作，他们的效率与服务理念的建立可以为素质教育营造良好的环境和氛围。可以说，他们从事的工作是一种间接的育人工作。它的职能包括教务管理、教学质量管理、教学研究管理、学生学籍管理、考试管理等。在这一部门工作的员工，虽不直接从事教学工作，但他们的工作都是素质教育系统中不可缺少的环节。没有他们的勤奋工作，

---

① “经师”是指教经书中知识的老师，他只教学生知识，而不负责学生的品质、作风、生活、习惯等的教育。“人师”指不仅教知识，还教怎样做人。

就没有正常的教学秩序，就没有教学过程的正常进行，也就谈不上教学质量。二是在管理和服务中要体现“身教”。管理岗位的教师在管理和服务中表现出的健康高尚的思想品德、认真负责的工作态度、深入细致的工作作风、精益求精的管理技巧、热情的服务态度都会给学生留下深刻的印象，有利于他们综合素质的进一步提高。

参考文献

[1]赵玉林：《高校教学督导工作运行论》，武汉理工大学出版社 2004 年版。

[2]陈锴：《大学生素质教育中的异化现象与矫正》，《贵州师范学院学报（社会科学版）》2015 年第 2 期。

[3]王义军：《读经解典（教学卷）》，知识产权出版社 2012 年版。

[4][美]阿尔文·托夫勒：《再造新文明》，中信出版社 2006 年版。

[5]袁振国：《素质教育政策支持系统研究》，山东教育出版社 2004 年版。

（作者单位：山东政法学院公共管理学院）

法学专业第二课堂教学体系的构建与实践

——探索高校职业化素养教育的改革方向

张晓明

随着我国高等教育从精英化向大众化的快速发展，大学生就业难的问题成为社会各界普遍关注的焦点。从国家人力资源和社会保障部获悉，2014 年全国普通高校毕业生人数再创历史新高，从 2005～2014 年十年间全国普通高校毕业生从 338 万人增长至 727 万人，总数翻了一倍还要多，被称为“史上最难就业季”。那么，高校面对复杂严峻的就业形势该如何应对？两个《规划纲要》都提出，要把培养应用型、复合型、技能型人才作为高等教育的主要任务，不断提高人才培养质量和水平。在应用型人才培养中，以就业能力为导向的职业化素养教育成为众多高校教学改革中的重要选择和方向，它强调专业实践课程与第二课堂活动的有机融和，实现了广大学生知识、能力、素质三者的协调和统一，并形成较为完整的第二课堂教学体系，现结合法学专业日常教学和学生管理的实践情况进行重点介绍。

一、第二课堂教学体系构建的必要性

(一)传统第二课堂建设的不足

目前，大多数高校所开展的第二课堂活动只是为了丰富校园文化生活，虽然在客观上确实提升了学生的综合素质和能力，但仅作为倡导性的软性指标，未作硬性要求，覆盖面较窄，而且很少能够将第二课堂活动与学生所学的专业相结合，这种非体系化、非制度化的第二课堂活动，已不能满足当前新形势下应用型人才培养中对大学生综合素质提升的要求，第二课堂教学改革势在必行。

(二)应用型人才培养的必然要求

在我国传统的高校教育体系中，一直将系统传授专业理论知识的第一课堂作为人才培养的主要途径，以提升学生综合素质为主要目的的第二课堂往往容易被忽视。然而在应用型人才培养中，第一课堂教育的局限性逐步显现，主要表现在：第一课堂具有标准化、专业化和集中化的显著特点，解决的主要是学生的认知、专业能力问题，学生被动接受性强，而诸如社会实践能力的锻炼、优良社会人格的塑造、创新能力的培养等等，需靠第二课堂来实现。

(三)第二课堂是提升学生职业化素养的重要途径

职业化素养教育旨在以学生所学专业为基础，以人才培养方案为依托，通过系统化的设计，实现学生专业实践能力和创新能力的培养，从而提高学生就业能力，达到胜任未来职业的目的。比如，法学专业本科学生的职业化素养教育，主要致力于包括宽厚的基础知识、高尚的职业道德情操、独特的法律思维能力、娴熟的法律运用能力和较高的法律研究能力等的培养，打造高素质应用型法律人才。包括实践能力和创新能力在内的职业化素养教育是一个不断训练和经验积累的过程，不能单靠课堂学习而获得，往往集品德、知识、能力和身心于一体，需要充分调动学生的主观能动性，对已有的知识体系进行重新架构和升华，从而实现自我能力的拓展。而第二课堂在学生实践能力和创新能力培养上扮演着重要角色，成为课堂教学的重要补充。

二、第二课堂教学体系构建的基本原则

(一)系统性原则

第二课堂教学体系与传统第二课堂的不同在于，它与第一课堂教学体系相对应并纳入学校人才培养方案，是学校整体教学计划的共同组成部分，是经过认真规划、缜密设计、科学论证的，它以每个学期学生的学业计划为指导，贯穿整个大学四年学习生活。在这个系统中，从教学活动的组织过程看包括活动策划、导师聘请、成果展示、成绩评定等一系列规范程序，以实现项目化运作；同时，在组织保障、经费使用、学分设置、必修课和选修课设计、评价机制等方面，都作出系统的、详尽的规定。只有这样，才能使第二课堂充分发挥其育人功能，长期有效地开展下去。

(二)第一课堂与第二课堂紧密结合原则

第二课堂教学体系的构建，不仅仅是第一课堂教学内容的简单延伸，而应该是以专业人才培养方案为中心和指导，与第一课堂共同设计，协力完成学校特色人才培养的任务，这种结合主要体现在以下两个方面：一是从第二课堂教学活动的内容设计看，应该是覆盖到学生所学专业的各个环节，并且是在长期学生管理中总结出来的，对提升学生专业素质和能力非常有效的活动，比如，学生刚刚入校时，应通过讲座、经验交流等方式加强对所学专业的入门教育和职业规划教育；随着专业学习的不断深入，加大对所学科目的实践性环节的引导等等。二是与第一课堂互通有无，第一课堂的教学活动大都是有明确的教材和较多课时要

求，而思维能力训练、创业指导、求职调适等操作性较强、与学生就业密切相关的内容，只能在第二课堂教学体系中体现，这不仅有利于资源整合，而且还实现了在时间和管理上的紧密衔接。

(三)实践性原则

实践能力的培养是第二课堂教学体系设计的重要目标。如何通过第二课堂将在第一课堂中掌握的专业知识和技能转化为学生解决实际问题的能力，是长期以来各高校面临的一项重要课题。因此，在课程设置时，应该与专业课老师进行深入的沟通，如在哪些环节上应该重点进行实践训练、哪些技能和素养是学生就业时必须具备的，应该在第二课堂教学课程中予以体现。对于法学专业的学生来讲，法律运用能力、思辨能力、谈判技巧、法律文书写作等能力都可以通过辩论赛、模拟法庭大赛等方式予以强化和训练，同时，应邀请法官、检察官、律师进行现场指导，从而达到最佳效果。

三、法学专业第二课堂教学体系的具体内容

法学专业是一门实践性较强的学科，特别是对于以应用型人才培养为目标的高校来讲，该专业对实践性教学的内容要求更高。在实践中，可以根据法学专业本科学生第一课堂的教学进度，按学年分四个阶段设计第二课堂的教学内容，从而实现两个课堂的有效衔接、相得益彰。

(一)法律人职业引导和职业规划课程

大一新生刚刚开始大学生活，对法律专业、职业发展和规划缺乏认识，通过听取社会优秀法律人士讲座、与法学教授座谈、与师哥师姐畅谈等方式，让广大学生对法学专业产生浓厚的学习兴趣，树立远大的职业理想，从而明确自己大学生活的努力方向和职业目标。该课程主要包括：(1)“法律人的职业素养”系列讲座。主要是邀请社会优秀法律人士，包括法官、检察官、律师等来校举办执业风范讲座，让学生们从他们的从业经历中真实地感受法律职业。(2)“我的公务员之路”优秀校友系列讲座。主要是邀请本专业已经毕业的、考上公务员的优秀毕业生回校举办讲座，通过回忆自己的学习生涯为新生树立职业发展目标。(3)“如何学习法学”专业学习探索系列活动。可以组织与法学教授谈心等活动，让广大新生掌握基本的专业学习方法和规律。(4)“榜样山政”优秀学子先进事迹报告会。每年在全校选拔在学业发展、青春创业、学生活动等方面表现突出的优秀学子，在开学初组成报告团为新生进行入学教育和经验介绍。(5)“法律学习之我见”优秀学长传帮带系列活动。包括在专业课学习方法、四六级考试、司法考试、研究生考试、公务员考试等方面，强化交流，实现优良学风的传帮带。

(6)“我的青春我做主”法律人职业规划课程。主要是通过学校职业规划师讲授职业规划的基本知识，让学生们初步规划自己的职业发展方向。(7)其他相关课程。

(二)法律人知识积累和职业体验课程

为让大二学生更广泛、更深入地接触法律，并对法律实务有初步的感性认识，将重点结合法律案例，以学生喜闻乐见的方式设计相关课程，并安排学生到法院、检察院、律师事务所等法律实务部门见习，使其亲身体验到法律的威严和法律职业的责任和光荣，进一步增强对法律职业共同体的认同，坚定自己的职业理想和信念。该课程主要包括：(1)大学生法治论坛。具体包括法学经典文献读书交流会、经典法律案例回顾、社会热点问题研讨等活动。(2)“法律直通车”系列法律知识竞赛，包括法理学、宪法、民法、刑法、行政法、诉讼法等学科，并与学生的课程安排和进度相衔接。(3)“法律文化月”系列活动。具体包括中外优秀法制电影赏析、“观影说法”、法制宣传周等。(4)法律诊所课程。主要采用角色扮演、模拟练习、案例讨论、现场反馈等多元教学方式，体验、学习、模仿、感受法律职业不同的角色定位和技能技巧，积累法律实务知识。(5)暑期“三下乡”公益法制宣传与法律服务活动。充分利用暑假让广大学生深入到基层，将自己的所学服务社会，并促进自己专业知识的应用。(6)“见习归来话感悟”。在大二学年的暑期，学校安排专业见习任务，归校后让广大学生总结见习中的感悟和学习体会，并由专业教师予以指导交流。(7)“五四论文”写作指导与评选活动。该活动旨在锻炼和提高学生搜集资料能力、法律逻辑思维能力和专业论文写作水平，为毕业论文写作打好基础。(8)其他相关课程。

(三)法律人职业能力训练课程

针对大三学生已掌握较为丰富的法律知识，法律思维基本形成，将适时举办“法律职业素养训练营”，通过聘请有经验的专家进行系统讲解培训，实现法学理论学习与实践训练的紧密结合，重点提升广大学生的语言表达能力、司法文书写作能力、法律思维能力和法律知识运用等能力。该课程主要包括：(1)语言表达与思维提升训练课程。具体通过举办演讲比赛训练营、辩论赛训练营、模拟法庭比赛训练营等活动，让广大学生系统掌握相关知识，从而促进语言表达能力，提升思维水平。(2)公职考录培训课程。为提升法科学生的公务员考录比例，将有针对性地开设包括《行政职业能力测试》《申论》《面试应对技巧与策略》等课程。(3)司法考试培训课程。为提升学生司法考试通过率，将重点开设司考动员与备考规划辅导、重点学科强化与辅导、冲刺辅导与模拟考试等课程。(4)实务性法律课程。主要包括律师诉讼技巧、商务法律适用、非讼处理、谈判技巧等内容。(5)其他相关课程。

(四)法律人职业实践和创业课程

针对大四学生已经较为系统地掌握所学专业知识,将面临毕业论文写作、专业实习和就业选择,将安排相关课程进行跟踪指导,并进行必要的就业心理帮扶和指导,促进广大学生顺利就业,实现自己的职业理想,最终达到职业化素养教育的目的。主要课程包括:(1)毕业论文资料搜集与写作方法指导课程。通过课程指导,减少学生在毕业论文写作中的盲目性,让学生少走弯路,提高写作水平和质量。(2)大学生就业创业政策解读与实践指导课程。旨在帮助广大学生了解各地就业创业相关政策和扶持力度,促进大学生就业创业。(3)法律职业道德素养和职场礼仪课程。重点介绍法律执业过程中应遵守的职业道德规范和礼仪规范。(4)法科学生求职心态调适课程。主要针对法科学生在求职中出现的期望值过高、急功近利等心态进行调解。(5)求职面试与简历制作指导课程。重点指导学生如何在面试中表现自己,并指导学生完善自己的简历,防止过于简单或过于复杂。(6)法科学生专业实习指导课程。目的在于规范实习要求和程序,达到实习的真正目的。(7)其他相关课程。

四、重视组织保障与运行机制建设

在法学专业第二课堂教学体系建设中,应特别重视体系的组织保障和相关运行机制建设,从而确保其实效性。

(一)健全组织保障体系

第二课堂教学体系的建设需要学校各级组织分工明确和通力合作。首先,每个专业所在院系应组成第二课堂建设领导小组,负责统筹规划、政策制定以及重大问题决策。其次,院系团委(或团总支)负责发动基层团支部,并负责具体项目的组织策划、推动执行与有效监督,配合学工部门做好管理制度建设。再次,学院学工部门负责发动班委,以第二课堂项目为基础,做好项目评估、审查与学生工作建章立制工作,同时配合团委做好项目的组织策划工作。同时,还要依托学院团学组织,包括学生会、各社团组织和青年志愿者协会等,做好动员和组织保障工作。

(二)完善运行机制建设

首先,实行学分制管理。作为学校人才培养方案的一部分,第二课堂教学课程将设置学分要求,本科 3 分左右,专科 2 分左右;认证项目等级:国家级 1.5 分/次、省级 1 分/次、校级(地市级)0.6 分/次、院系级 0.4 分/次、班级 0.2 分/次。在法学专业本科学生的素质拓展学分中,将设置法律职业素养课程的最低比重,并将相关课程成绩和获奖情况如实记入本人档案。其次,实行项目化运作。项目开展必须认真做好项目论证、预算设计、项目审批、前期宣传、进程监督、总结表彰、后期宣传等各环节工作，使程序规范化、格式固定化，提高活动效率，并按照项目建设的各个步骤和要求做好整理归档工作。再次，严格落实导师制。为提升课程建设的质量，各项目要聘请有经验的专家和教授参与项目指导，并严格执行和落实学校导师制的相关规定。

参考文献

[1]邵妍:《浅谈地方本科院校应用型人才培养模式下的第二课堂建设》,《吉林省教育学院学报》2012年第8期。

[2]张成伟:《构建行政管理专业第二课堂教学体系——探讨以就业能力为本位的教学方法》,《厦门广播电视大学学报》2010年第3期。

(作者单位:山东政法学院法学院)

刍议大学理念更新与民事诉讼法学的教学改革

朱孝彦

如果说党的教育方针是我们大学教育这艘航船的灯塔，那么现代大学理念则是我们进行大学教学改革的指针。大学理念是大学进行各种教学工作的总的原则和指导思想。一定程度上说，现代大学理念落后是导致学生厌学、老师厌教、教学效率低下的原因之一。做新时代的“四有”大学教师、更新大学理念势在必行。

一、新时代要求大学理念的更新

我们的时代在飞速发展，当代大学生有着与二十多年前的大学生完全不同的物质生活条件、信息获得途径和成长环境，他们有更活跃的思想、更广阔的知识面、更独立自主的个性、更高的智力水平。这要求我们大学教师应顺应时代的潮流，与时俱进，更新我们的大学理念。

“大学理念”就是人们对那些实施本科以及本科以上学历和学位教育的综合性、多学科、全日制普通高校的理性认识、理想追求及所指的教育观念和哲学观念。[①] “大学理念”作为一种教育哲学观念，不是凭空产生的，它表面上来源于我们的人文社会的历史传统；实际上根源于我们现时代的生产力和科技发展水平。传统的“大学理念”主要有“学术自由”“大学自治”“教授治校”“教学与科研相统一”等，这些都是我们应该秉承的重要理念，并且，这些理念中有些仍然是我们今天大学的奋斗目标。笔者认为，新时代“大学理念”至少还应包括“以人为本”“全纳教育”“参与性教学”“终身教育”的理念。

（一）“以人为本”的大学理念

笔者认为，“以人为本”的大学理念是人权理论在教育界的反映。“以人为本”大学理念反映到教学上，就是以学生为本。通俗地说，学生是我们教学设计、

① 参见杨寅平：《现代大学理念构建》，中央编译出版社 2005 年版，第 99 页。

作业布置、课件制作等工作的根本出发点和归宿。这就要求大学老师应该树立学生意识、服务意识，教师上课、作业、考试都要以学生为中心。教师在教学的每一个环节，都要从学生的实际出发，因材施教，启发诱导，让学生成为自己学习的主体，充分调动学生的积极性和主动性，最终提高教学效率。

（二）"全纳教育"的大学理念

"全纳教育"就是全部充分地接纳学生，不排斥任何学生。"全纳教育"作为一种思潮，首先在20世纪90年代中期在特殊教育领域兴起。[①] 1994年，联合国教科文组织在西班牙莎拉曼卡召开"世界特殊需要教育大会"上首次提出了"全纳教育"。该理念的初衷是让残疾儿童回归"主流教育"，和普通儿童一起学习。在此后的发展中，"全纳教育"被赋予了一种更广泛的含义，即关注全体学生，承认全体学生之间的差异，满足所有学生的不同教育需要，使学生都得到适合自己的发展。"全纳教育"理念是社会向民主化、和谐化发展过程中对教育改革的诉求。伴随大学教育从精英教育到大众教育的变化，从20世纪占主流的"淘汰式"教育发展到今天倡导的"全纳教育"理念，是历史发展的必然。大学的"全纳教育"理念就是满足不同大学生的不同层次的要求，在学习上不让一个大学生掉队，针对不同的大学生进行适宜的指导，因材施教，使得不同智力状况、不同经济条件、学习基础、不同特质的学生个体都能在大学这个高等教育的场所中得到高水平的人文关怀，使学生的个人品德、人生境界、知识技能、创新研发、意志力、自控力、身心健康等都能得到全面的提升。

（三）"参与性教学"的大学理念

大学的"参与性教学"理念强调大学教育在充满科学追求与人文关爱的同时，充分调动学生的积极性、主动性，让他们参与到教学之中，这体现了大学教学的本质。与中小学不同，大学教学不太关注一般科学知识的积累和学生记忆力的训练，更多的是关注学生的创新精神和实践能力以及人文底蕴的养成。大学教学应该站在科学研究的前沿，如果没有学生主体的参与，大学教学将把学生培养成知识的"储蓄罐"，培养成没有个性、没有创造力的平庸之人。"参与性教学"的要求有教学目的有明确的专业性；教学内容有一定的探索性；教学形式有更多的实践性；学生的学习有相对的独立性。[②]

（四）"终身教育"的大学理念

现代社会是一个终生学习的社会，学习习惯的养成、学习方法的总结、学习技能的提高，都最终在大学里形成。古人云："授之鱼，不如授之渔。"教会学生如

---

① 参见黄志成：《全纳教育——国际教育新思潮》，《中国民族教育》2004年第3期。

② 参见潘懋元：《高等教育讲座》，人民教育出版社1993年版，第157页。

何学习、如何研究,就是教给学生点金术。大学里的课程教学也应该以“终身教育”的理念作指导。“终身教育”的理念转化在学生身上,就是学生进入社会之后的“终身学习”的理念,这种理念会让大学毕业生们受益终身,对提高中华民族的整体素质起着关键的作用。

二、民事诉讼法学教学的规律与特点

就笔者十几年的大学教育的切身经验而言,民事诉讼法学虽没有特别难理解的东西,但是学生期末考试的不及格率还是比较高。相比较而言,民事诉讼法学的教学知识点稍稍分散、琐碎,民事诉讼程序规定得纷繁复杂,不像民法学一样有大块的理论成体系地贯穿一体,抽象的概念、枯燥的程序、繁杂的法条等都使学生学习积极性不高。如何提高民事诉讼法学的教学效率是摆在我们面前的问题。笔者认为,新的大学理念的贯彻是我们大学教师教学改革进步的关键。

今天我们大学里的教学模式主要还是捷克教育家夸美纽斯发明的班级授课制,它以集中教学为常规组织形式。山东政法学院的很多老师上课都是合堂,一个教室八九十人甚至一百多人,严格来说,这种教学规模并不符合一些课程的教育规律。以教师为主导的教学模式是普遍采取的一种形式,老师们不由自主地由学生主动型、师生互动型教学模式悄悄滑向了教师主动型、缺乏师生互动、满堂灌的“填鸭式”教学模式。教师主动型的教学模式的最大优点是能顺应目前的教育体制,同时经济有效地组织教学,保证教学目标、任务的实现。但这种教学模式的缺点也是显而易见的,那就是忽略了教学活动中学生主观能动性的发挥,忽略了教学对象个体性的差异,容易产生僵硬呆板的学习气氛,调动不起来学生的积极性,教育出的学生往往没有创新能力、实践能力,这与“参与性教学”等理念格格不入。

法学是一门社会学科,也是一门实践性很强的学科,民事诉讼法学更是一门实践性课程,其学科特点主要表现为:理论知识的掌握和实践的训练一样重要。法律是解决现实社会问题的,所以理论必须与社会的实际问题相结合,才能培养学生解决实际问题的能力。目前的情况是,实践型教学阶段往往和其他教学阶段在时间上相割裂。我们学院的教学基地建设以及民事诉讼法学的教学实验室,为我们的实践教学提供了很好的平台。但是,由于各方面的原因,这方面的工作还需要完善。

为了使理论与实践能够更加紧密地结合,增强学生对理论知识的具体认识,锻炼学生分析问题、解决问题的能力,在课堂教学中老师们应当增加案例教学和研究性教学的内容,这会起到事半功倍的效果。如何引导学生对具体案件采取最合理的法律操作、对不同裁决结果进行最充分的法学价值判断，这是民事诉讼案例教学期待的目标。这就需要在教学中做到师生能够相互交流，充分地表达各自的观点和看法。

三、新理念下的民事诉讼法学的教学与改革

要贯彻新的大学理念，需要我们大学的管理者、授课老师、辅导员有相应的工作改革计划。结合我们自己的教学实践和教改，对于从事民事诉讼法学教学的大学教师而言，在新大学理念指导下，至少应当从下列几个方面重塑自己的教学活动。

(一)更关注多媒体技术的高效使用

现在，多媒体教学模式已经向智能化、全球化、多样化等方向发展。但是，我校多媒体教学以课件的使用为中心，存在着一些明显的不足：大量的课件是对传统课堂教学的一种直接照搬，尽管可能实现了电化教学资源的利用，但是没有表现出多媒体教学应有的互动式、交互性和现实模拟性等优势特征；课件的开发也往往是各自为政，缺乏合作和创新；多媒体教学模式的开展，缺少相配套的基础硬件的保证，如校园网络建设滞后、计算机配置数量与教学需要不相适应等。

解决上述问题，可以从下面几点做起：首先，在有限的教学投入中，将多媒体教学的硬件建设作为重点投资对象，以保证教学模式顺应现代化的需要。其次，加强专业课件的开发应用合作，可以在一定程度上集中优秀师资力量，组织专业软件技术工作者，在一定体制的监督下，制备多种模式的教学课件以供不同教学对象和教学环节的选择，如课堂教学类 PPT、课外活动类 PPT、个别辅导类 PPT、合作学习类 PPT、情景模拟类 PPT 等。再次，充分发挥网络优势，做到教学课件的应用和网络应用的有机结合，以实现教学资源的有效配置，增强学生的学习主动性。最后，增加教学课件的信息量，真正体现多媒体技术效果。

(二)更重视教学环节的优化组合

大学“参与性教学”是一种旨在依靠学生的参与来发展他们的主体性、创造性的教学观。作为我国 1990 年确立的一种新的教学理念，它摒弃了传统教学工具性理念，是当代大学教学的趋势。大学“参与性教学”的基本特征主要有：(1)生成性特征，是指大学参与性教学能主动地促使学生进行自我建构，便于学生的主体性由内向外、自然而然的发展。(2)合作性特征，即师生共同构建学习的过程。(3)开放性特征，即主张在大学教学过程中不拘一格，充分发挥教师和学生的聪明才智，完成富有创造性的教学过程。(4)整体性特征，即大学参与性教学的各个环节有整体性，包括人才培养目标上的整体性，大学参与性教学有关要素的整体性。

因此，在民事诉讼法学的教学中，教师与学生都是主体，教和学应融为一体；在教学内容上，主张建立整体有效的课程结构；在教学方法上，大学参与性教学不是采取单一的教学方法，而是将课内和课外、理论和实践、语言和非语言等多种教学方法结合起来，相互配合，相互补充，全方位地促使学生参与到教学中来，以促进学生主体性的建构和人格的全面成长。①

教学实践中，教学环节的改革尝试是优化教学的各个环节，我们建立了“课前研读＋课上精讲＋课堂答疑＋知识迁移＋布置作业和新课预习＋检查批改作业”的环节模式。这个教学环节设计的指导思想是让所有的学生积极参与进来，使学生和老师一样都是教学活动的主体；教学的具体方法要因材施教、因人而异。俗话说：“教学有法，但教无定法。”没有最好的教学方法，只有最适合的教学方法。该教学环节优化改革的具体内容如下：

1.课前研读阶段。明确教学目的，提出具体学习任务。提供学习资源：教科书、相关的教材或者论著、相关的参考书、可用的法律网站的网址、相关的文章、应阅读的法条。课前十分钟的预备时间，师生进行简单交流，对学生预习的情况有所了解，定位学生主要的疑难问题。

2.课堂精讲阶段。针对学生的主要疑难问题进行精细讲解，厘清概念，讲清原理，弄明制度。教学时间控制在一个教学时间单元的1/2左右。

3.课堂答疑阶段。这个环节由学生自主提问，如果这阶段学生问题少或者没有问题，需要授课教师根据教学经验向学生提问，抛出学生们不明白但是还没有意识到的问题，师生共同讨论。该教学环节集中体现了“以人为本”“参与性教学”“全纳教育”的理念。

4.知识迁移阶段。从信息论的角度讲，信息流不能是单向的，信息的交互是知识掌握、思考、创新、进步的基础。在这个环节主要是教师出示司法实践中的典型民事诉讼案例，就与本节讲授有关问题的处理结果与学生们进行探讨研究，培养学生将知识向能力迁移的能力。

5.布置本次上课的作业，同时布置下一次上课的预习内容。

6.检查批改作业阶段。

实践证明这种优化的环节教学法是很有成效的。

（三）更重视研究性学习的作用

“研究性学习实质上是学生在教师的指导下确定研究课题，主动获取知识、应用知识、解决问题。研究性学习强调学生自主发现或体验知识的生成过程，因

---

① 参见许建领：《大学参与性教学——理论探讨与系统构建》，中国海洋大学出版社2006年版，第32～40页。

此应将其融会在学生学习的各方面。”[①]结合学生的实际，可以由学生自发组织发现需要讨论的课题，也可以在学生和老师交流的基础上由老师提出。下面是笔者的教学尝试：

1. 对民事诉讼法学的教学进行专题性的分类，全书大体可以分成下列讨论专题：

(1)民事诉讼当事人的相关问题讨论；

(2)公益诉讼的可行性探讨；

(3)程序正义与实体正义的关系探讨；

(4)法院独立审判价值目标与非法干预排除的探讨；

(5)既判力与实质正义的冲突与解决；

(6)偷拍偷录的视听资料的证据效力研究；

(7)简易程序使用的实务调查；

(8)申诉的性质、作用与我国的审判监督程序的完善；

(9)执行难的化解讨论；

(10)选民资格案件放在《中华人民共和国民事诉讼法》中立法的适当性探讨。

2. 以《民事诉讼当事人的相关问题讨论》为例看课堂组织教学活动：

(1)提供素材；

(2)学生准备：学生到阅览室，通过网络等各种途经收集资料；

(3)教师主持下的课堂讨论：要求学生不怕说错，各抒己见，自圆其说就可以；

(4)引导学生写作民事诉讼法学的小论文或者课程作业。

(四)更关心学习方法的总结和指导

以学生为本就要对学生的学习方法予以关注和指导。教学中，笔者帮助学生总结各种学习方法，包括帮助理解的方法、帮助记忆的方法、帮助知识系统化的方法、帮助能力提升的方法等。比如，在学习民事诉讼管辖权时，对难以记忆的管辖问题，引导学生用口诀的形式自己总结。学习方法的指导、更新，使学生由被动学习变为主动学习，既提高了学生学习的积极性，也提高了教学成绩。

四、结　语

民事诉讼法学教学改革研究主要寻求民事诉讼法学教学背后的规律，力求

① 林秀曼：《研究性学习在精品课程建设中的应用探索》，《中国大学教育》2007年第4期。

在教学理念、教学方法、教学模式上有所创新，以便充分调动法科学生的学习积极性，进而大幅度地提高教学水平，努力把学生培养成既有完善的法学基础知识和一定法律理论深度，又有自学能力和研究、创新能力的法律人才。

参考文献

[1]杨寅平:《现代大学理念构建》，中央编译出版社 2005 年版。

[2]潘懋元:《高等教育讲座》，人民教育出版社 1993 年版。

[3]许建领:《大学参与性教学——理论探讨与系统构建》，中国海洋大学出版社 2006 年版。

[4]江伟、肖建国等:《民事诉讼法》，中国人民大学出版社 2015 年版。

[5]常怡:《外国民事诉讼法新发展》，中国政法大学出版社 2009 年版。

[6]刘瑛:《法学传统课程中实践技能训练指南》，法律出版社 2012 年版。

[7]陈亮:《美国环境公益诉讼原告适格规则研究》，中国检察出版社 2010 年版。

[8]侯怀银:《高等教育学》，山西人民出版社 2014 年版。

[9]教育部人事司:《高等教育心理学》，高等教育出版社 1999 年版。

（作者单位：山东政法学院民商法学院）

网络微文化背景下高校思想政治教育工作的困境及对策

王　涛

网络微文化是基于网络信息技术的发展而产生的，是一种蕴含特殊内容和表现手段的文化形式，是以语言数字化为前提、以互联网络为基础、以电子化传输为依托、以创新和互动为核心、与现实文化密切联系的文化，是人们在社会生活中依赖于网络活动而创造的物质财富和精神财富的总和。网络微文化在结构上可以分为物质文化、精神文化、制度文化三个层面。物质层面的网络微文化即各种网络产品，是物质基础和载体；精神层面的网络微文化是核心和精髓，对物质层面和精神层面起主导和控制作用；制度层面的网络微文化介于、物质层面和精神层面之间，包括技术规范、运行和使用的规则、政策、法规等。

作为一种新型文化，网络微文化使人类的生活方式、人际关系、文化理念、审美方式、思维方式乃至整个社会的文化范畴产生了深刻变化，催生了新的网络微文化意识和网络微文化生活状态。作为最大众、最开放、最自由、最活跃、最包容的文化领域，网络微文化为大学生思想政治教育工作提供了新的平台、手段和方法。网络微文化的交互性沟通方式为高校思想政治教育工作提供了丰富的信息，加强了思想政治工作的感染力和影响力。网络微文化的开放性为大学生从网上获取自己感兴趣的信息、表达自己的心声、发表自己的观点、进行沟通交流提供了平台，同时也有利于高校思想政治工作者了解大学生的思想动态，提高工作的针对性。此外，网络微文化丰富的表现形式，如网络新闻、网络文学、网络艺术、网络教育、网络娱乐等深为广大学生喜闻乐见，从而可以提高思想政治工作的辐射力和带动力。

一、网络微文化环境下大学生思想政治教育工作面对的挑战

（一）网络微文化模糊了精英文化和大众文化的界限，解构了文化权威，颠覆了思想政治教育工作者的地位

网络微文化的无疆界性、包容性和民主性为各种文化提供了前所未有的开

放和参与环境，多种文化得以相互交融、共存共生，一个突出的表现就是参与者角色淡化、权威话语失落。网络中的文化创作和评论较少受身份制约，文化表现也没有固定的模式。在书写、评论、搜索、链接中高雅文化与世俗文化、精英文化与大众文化相互杂糅，相互渗透，你中有我，我中有你。剔除现实的身份地位差别，不同的人汇集在同一个虚拟社区就同一个话题共同参与、相互交流，不同类型的观点相互碰撞、相互影响、相互渗透，话语的力量更多地存在于文本之中，语言渐渐控制了人而不是人控制语言。在这种环境中，思想政治教育工作者原有的身份、地位无法使其获得足够的听众和追随者，相反地其权威会受到大众文化的质疑和挑战，甚至颠覆，因而必须寻找新的话语基础。

(二)网络微文化凸显了个体独立性，孕育了内含价值冲突的多元世界观、人生观、价值观，消解了思想政治教育的效果

网络微文化解放了市场化、工业化、城市化造成的原子化个人，为人们展示自身价值、拓宽社会交往渠道提供了极富魅力的空间和手段。在网络微文化中，人们可以随心所欲地变换自身角色，尽情彰显自己的个性，个体的独立意识和自主意识得以激发。但在西方国家掌握“制网权”的情况下，网络微文化的开放性、超民族性、跨国界性必然导致不同文化的传播、碰撞和冲突，西方国家往往会利用其技术优势进行文化渗透和意识形态入侵，倾销他们的价值观和精神文化产品。大学生好奇心强、接受新事物快，往往容易受西方文化的影响，其世界观、人生观、价值观、理想信念会受潜移默化的影响，既有的信仰和道德基础容易发生动摇，造成精神迷茫和价值标准混乱，甚至可能成为“垮掉的一代”，极大地消解了思想政治教育的效果。

(三)网络庸俗文化可能带来大量的“垃圾信息”，增加了思想政治工作的难度

互联网的虚拟性带来了网络世界的公开和自由，也释放了人性中的丑恶因子。在虚拟的网络空间中，隐匿了真实身份的个体很容易摆脱现实世界的各种束缚，一些平时不敢说、不敢做的事，在网络世界里可以放肆地去说去做，“网络暴民”成为一种时尚。同时，由于受商业利益驱使等原因，一些人利用网络信息量大、传播速度快、使用方便及难以控制的特点，大肆散布黄色淫秽和暴力信息，使网络微文化日益庸俗化。卡内基梅隆大学一位教授曾花了 18 个月的时间，调查了网上 92 万条信息、图片和影像，判定其中 83.5%的内容带有黄色成分，互联网上一年有 45 万个色情图片和文件，这些材料被查阅过 600 万次，平均每天可收到 1232 条信息。[①] 2010 年，公安部会同有关部门组织开展的依法打击网络

① 参见梁莉芃、杨春贵等:《网络文化对大学生的影响及对策》,《产业与科技论坛》2008 年第 2 期。

淫秽色情专项行动取得显著的成效，各地共破获网络淫秽色情等刑事案件524起，刑事拘留868人，查处网上治安案件1609起，治安处罚1911人；关闭、清理境内淫秽色情网站、网页4.4万个，删除网上淫秽色情信息44万余条；依法查处违规经营的互联网服务单位8788家，备案网站19.9万个，对1.4万个未经备案、审批许可的网站停止了接入服务。[①] 截至2013年2月10日，由中央外宣办牵头，会同全国“扫黄打非”办公室、工业和信息化部、公安部等九部门联合开展的进一步深入整治互联网和手机媒体淫秽色情及低俗信息专项行动中已关闭淫秽色情和低俗网站1.6万多个，其中关闭违法违规手机网站1.1万多个，有关部门还查处了420多个违法违规互联网和手机视听网站。网络微文化管理部门通知删除淫秽色情和低俗信息130多万条，清理淫秽色情图片85万多张，查处了30多部淫秽色情网络小说和15款色情手机游戏。为督促网站和企业自查自纠，中央外宣办网络局根据公众举报并经核查，先后分7批曝光谴责了38家网站和24家为淫秽色情和低俗网站提供接入服务的互联网接入服务商。[②] 网络庸俗文化所带来的“垃圾信息”已给大学生思想政治工作带来了严峻挑战。

（四）网络微文化削弱了大学生的思考能力，增强了自闭倾向，为思想政治沟通工作制造了障碍

美国学者丹尼尔·博斯丁认为，网络正在削弱我们的思考能力，汽车使人类体能退化，网络使人的智能退化。互联网是世界上资料最多、规模最大的图书馆、博物馆和展览馆，对自己感兴趣的内容，只需下载、剪贴就能为自己所用，这在一定程度上削弱了对问题的深层次思考，导致更多平面化和单向度人的出现。在网络虚拟世界中，大学生易形成一种以自我为中心的生存方式，容易沉溺于个人的倾向和偏好，不关心现实世界，甚至患上网络依赖症，以一种彻底的符号化的方式和冷冰冰的操作伦理对待真实社会，产生紧张、孤僻、情感缺乏等症状，甚至产生人格和人际交往障碍。这些不良影响降低了大学生的思考能力，增强了其自闭倾向，为思想政治工作制造了沟通障碍。

（五）网络微文化导致了“文化反哺”和“反社会化”的出现，向思想政治教育工作者提出了更高的要求

“文化反哺”是指一种发生在迅疾的文化变迁时代，年长一代向年轻一代进行广泛的文化吸收现象，其实质是年轻一代向年长一代进行积极主动的文化影

① 中华人民共和国公安部：《公安部等13个部委组织开展依法打击整治网络淫秽色情等有害信息专项行动》，http://www.mps.gov.cn/n16/n1252/n1762/n2452/141685.html，2008年1月23日。

② 《中央外宣办负责人：依法整治网络环境获明显成效》，http://www.gov.cn/jrzg/2010-02/11/content_1533163.html，2010年2月11日。

响的过程。[①]“文化反哺”又是一种典型的反社会化过程，是年轻一代向年长一代传授社会知识、价值观念和行为规范的过程。“文化反哺”现象挑战着传统的说教式的思想工作方式，挑战着思想政治工作者的权威和影响力，挑战着思想政治工作的方式方法，要求思想政治工作者必须以平等的姿态与大学生进行双向的沟通和交流，必须形成新的权威和影响力基础，以服务大学生的态度和广博的知识赢得大学生的尊重和认同。

三、应对网络微文化挑战的策略选择

网络微文化的出现解构了思想政治工作者的权威地位，激发了大学生的独立意识，形成了多元化的世界观、人生观和价值观，对大学生思想政治教育工作提出了新的挑战，也带来了新的机遇，思想政治教育工作者应从以下几方面做起，积极迎接挑战，开创思想政治工作新局面。

(一)创新思想政治工作方式，变堵为疏，构建自由、平等、开放的网络思想政治工作新模式

网络虚拟社会的出现为大学生的个性解放提供了前所未有的机遇，大学生的主体意识和自我意识大大增强，过去以过滤筛选信息、阻碍大学生信息获取为特点的说教式思想政治工作方式已不能适应新的需要，必须建构新的思想政治工作模式。如何既不封堵又有效引导网络微文化发展？“尼葛洛庞帝式鼓掌”为我们提供了有意义的借鉴。尼葛洛庞帝在《数字化生存》中为我们描述了这样一个试验：一个大礼堂中有千余人，试验者要求大家鼓掌，掌声尽量协调一致。结果发现，虽然没有人指挥，起初杂乱无章的掌声却很快就节奏一致。该试验的结果与哈耶克在《自由秩序原理》中对社会自发秩序的描述完全一致。看似杂乱无章的网络微文化本身内含了自发秩序，思想政治教育工作者所做的应该是创新工作形式，采用大学生乐于接受的、符合网络微文化特性的“话语模式”，运用社会学、文化学、心理学等人文学科的新成果，构建一种新的思想政治工作模式，引导大学生个性的自由发展，在法律和道德的规范下发挥自主精神。

(二)提高思想政治教育工作者的素质，在网络互动中增强自身话语权，奠定新的权威基础

网络的开放性和信息的丰富性带来了价值观念、生活方式的多元化，开阔了大学生的眼界，他们不再是信息的被动接受者，而是倾向于运用自己的是非观和

---

① 参见吴小红、冯泽勇：《网络时代的“文化反哺”现象：谈学校思想政治工作》，《教学与管理》2006年第6期。

价值判断对各种信息和观点作出选择和甄别。同时，网络的虚拟性淡化了参与者的角色和身份，解构了文化权威，导致思想政治教育工作者权威话语权的丧失，造成了“文化反哺”和反社会化现象。在这种状况下，思想政治工作者必须重新定位自己，既要具有较高的政治理论水平、熟悉政治思想工作规律，又能有效地掌握网络技术、熟悉网络微文化的特点。在网络微文化的背景下，必须以平等主体的身份加入网络空间，运用开放、民主的方式，在自由愉悦的气氛中实现与大学生受教育者的双向交流和及时互动。主动到网络中了解大学生的思想动态，有针对性地开展思想政治工作，以富有感染力和影响力、观点鲜明犀利的文本语言赢得大学生的支持和拥戴，重构自身权威基础，如可以通过人人网、QQ、MSN、微博等多种途径深入了解学生，展现自己，重构权威。

(三)以文化建设为切入点，加强网络思想政治阵地建设，确立主流意识形态的主导地位

网络微文化的盛行导致大学生世界观、人生观、价值观日趋多元化、道德意识表面化、虚无化，信仰观念淡薄。要占领网络思想政治工作阵地，必须将网络微文化融入文化建设，唱好主旋律，打好主动仗，抢占网络微文化制高点，努力在网上形成体现高校特点，继承传统又面向未来，品味高雅的主流文化。要充分利用现有的网络资源，在点击率较高的网站上开辟思想政治工作专栏，定期剪贴一些理论性、知识性、实用性的内容，以及身边先进人物的典型事迹、廉政建设的正反面事例等，增强说服力与感召力，营造积极良好的网络微文化氛围，帮助大学生树立正确的政治方向，树立正确的世界观、人生观和价值观，提高免疫力和判断力，防止腐朽思想的侵蚀。

(四)培养大学生健康良好的网络素质，消解网络庸俗文化的影响

网络素质是指处理与网络的关系、适应网络的能力。各级思想政治工作者要高度重视网络教育和网络知识培训，通过积极引导，帮助大学生树立网络公共意识。网络不是滥用自由的天堂，网络恶搞、网络暴民不是时尚，而是缺乏网络公共意识的标志，是低俗的体现。同时，要加强管理，对一些发表敏感话题的帖子实行网络实名制。据新浪网“互联网实名制大调查”统计，有79％的受访者表示赞成，只有20％多表示反对。在20～40岁年龄段的网民中，赞成者的比例超过65％。[①] 赞成网络实名制的理由是这将有效地减少没有根据的辱骂和诽谤，大大缓解网络暴力，提升网民的公民意识。同时，要培养大学生健康的上网习惯，减轻其对网络的依赖，将网络作为学习知识、提高素质的工具，而不是复制、剪贴、抄袭的工具，不是促使个人脱离现实世界、畅游虚拟网络的工具。

---

① 参见张贺:《网络不是滥用自由的天堂》,《科技决策月刊》2009年第5期。

总之，网络微文化环境下大学生思想政治教育工作是一个长期的、动态的教育过程，教育的方法、途径、载体和互动形式都需要随着网络信息技术的发展而不断创新。

参考文献

[1]罗茂璇:《微文化背景下大学生思政教育问题与对策》,《科教导刊》2014年第10期。

[2]卢尚月:《微文化背景下大学生核心价值观培育探究》,《四川理工学院学报》2015年第2期。

[3]唐平秋:《微文化背景下大学生社会主义核心价值观认同危机及治理路径》,《探索》2015年第1期。

[4]李莉:《微文化背景下大学生思想政治教育》,华中师范大学硕士学位论文,2013年。

[5]陈永斌:《微文化传播背景下大学生媒介素养教育的挑战与对策》,《思想教育研究》2014年第3期。

[6]钱菁:《微文化时代下的大学生思想政治教育问题探究》,《济南职业学院学报》2015年第1期。

(作者单位:山东政法学院公共管理学院)

现代大学网络舆情治理机制研究

房志峰

互联网的快速兴起和蓬勃发展不仅带来了信息传播技术的根本性变革，而且改变了人们的生产活动、生活方式、人际交往以及思维方式，对社会生活的各个领域和人自身的生存与发展产生了广泛而深刻的影响。在高校，由于学校在传媒设备方面的不足和学生的作息时间等原因，网络媒体成为高校学生的首选媒体。微博、微信、百度贴吧是互联网上的公共场所，也是大学生自由发表评论、表达意见的网络空间。国际国内的一些重大事件和突发事件通常会以最新最快的速度在这个媒介场所内出现，引发大学生的广泛关注，形成大量的讨论。随着意见的扩散和讨论的深入，讨论的主题往往会逐渐趋向特定的焦点，形成具有一定规模的较为明确的网络舆情。

一、现代大学网络舆情的主要内容

高校大学生是我们整个社会的精英群体，越来越多的人愿意通过网络渠道表达自己的想法。在这样一个庞大的自由的舆论空间，他们浏览资讯、评论时事，通过网络表达自己的意见。高校作为各种思潮交流相对活跃的领域，具有与众不同的议题内容。

(一)涉及政治稳定和社会安全的舆情

当前在一些网络媒体中，偶有一些涉及政治稳定的帖子。虽然发帖人本身的政治态度、政治立场基本正确，但一些师生对敏感性强的帖子把握不好，以“猎奇”的心理和“好玩”的心态发帖，以激愤的情绪发表言论，产生非理性的社会仇视心理。另外，网上发布的关于社会安全类的帖子，包括参与人数较多的群体性活动，大型非法宗教活动或者严重影响民族团结、涉外及港澳台同胞等群体性事件，校园内外涉及师生的各种非法集会以及集体罢餐、罢课、上访等群体性事件，各种非法政治性活动，师生非正常死亡、失踪等，可能会影响校园和社会稳定的事件。这些信息在没有来自正规渠道的报道之前，极易引起大家的关注和讨论，能够迅速成为网上热点。

(二)涉及学校重大决策部署、中心工作和学校稳定的舆情

包括高校的宏观政策,兄弟院校做法、举措,典型人物与事迹以及学术讨论、成果批判和学术争鸣,还有诸如师生关于收费、奖惩、住房、考试、餐饮等,这些政策往往涉及每个师生员工的切身利益,通常都是广大师生关注的“焦点”。而学校内外的网络媒体作为一个重要的民意反映平台,自然是各种评价、意见、建议的集聚地。在网上,师生员工对学校的重大决策部署和中心工作发表议论,也是师生员工民主参与和舆论监督的重要渠道。此外,涉及师生员工的突发公共卫生类事件、灾害类事件,如学生中毒、传染病、火灾、建筑物倒塌、拥挤踩踏、校园重大交通安全事故等影响学校安全与稳定的其他突发事件的论坛帖子,都是高校师生关注的热点。

(三)涉及师生员工个人名誉及后勤部门服务质量的舆情

在网上,未经同意公布师生员工的姓名、电话、地址、照片、身份证号等个人信息,以及由于网络的匿名性及隐藏性使网民对他人的攻击和谩骂成为一种随处可见的现象,其中很多是情绪性的发泄。一些网络舆论侵权事件,包括侵犯名誉权、隐私权、肖像权、著作权、信息网络传播权等都多次出现在高校。另外,后勤、宿管、网络、行政等教学服务机构等,其服务质量与师生的日常生活密切相关,也常常是网上投诉、批评、民意聚焦的热点内容,很多人在发表意见时缺乏一种社会责任感,网上舆论中非理智成分更为突出。偏激的观点、强烈的情绪发泄,不免形成消极的网络舆情。

总体来说,互联网中大学生关注的议题内容具有如下特点:第一,网络舆论形成快速,思想观点分散而多元化。对一些热点问题的讨论一般表现为选择性和分散性特点,对于兴趣不大的问题,通常只是选择性阅读,并不发表自己的意见;对于感兴趣的议题内容,则各抒己见,意见反馈及时,思想观点分散并且多样。第二,校园网络议题追随现实主流话题,内容贴近校园生活。这些问题一般具有较大的刺激性、冲突性,往往会很快触动师生员工敏锐而活跃的思维,引发规模庞大或相当数量的人以不同方式在互联网上发表自己的看法和意见。第三,网络言论较为感性,情绪化现象明显。对焦点热点的问题探讨不够深入,较为表面化,很多讨论仅停留在沟通、交流和传播信息上。大多数观点没有经过深思熟虑,且话题转化十分频繁,语言表达非规范性,口语化、非逻辑化和偏激,表达上多批评、少赞扬。

二、现代大学网络舆情的主要特点

(一)行为的非理性

大多数情况下,高校大学生有着较为正确的是非观,在民族事件、大是大非问题上都能保持正确的方向。然而在高校网络舆情形成过程中,我们又经常看到一些过于偏激、带有激烈情绪和个人色彩的观点,甚至出现一些低级、无理的争吵谩骂。负面网络舆情的出现,是由大学生较为单纯的学校生活、较为闭塞的信息来源以及较少的社会经验所决定的。如果这些不成熟的特点为别有用心的人利用,很容易使学生在认识上产生偏差,酿成负面网络舆情。

(二)形成的迅捷性

网络的便捷性、匿名性为师生的思考、无拘束的发言和沟通提供了良好的空间。同时互联网具有双向交互式的信息传播渠道,可以第一时间直接与别人发生联系,进行跨时空的相互交流。在高校内部网络中,如果有代表性的帖子得到大家的认同,引起学生们的共鸣,就会很快通过各种方式扩散开来,迅速形成网络舆情。

(三)主体的特殊性

高校网络舆情主体是高校教师和学生群体,而就这两种网络舆情主体而言,大学生属于网络同辈群体,有着敏感性、趋同性、关联性等特性。由于大学生交际面狭窄,与人沟通能力不足,迫切需要一个展示的空间,因而很多学生将阵地转向有一定平等地位的网络,通过在网络上的多角色扮演,达到结交新朋友、放松减压的目的。

(四)内容的复杂性

主体的特殊性,直接导致舆情内容的复杂性。所有可能引起网络舆论风暴的中介性事项,都有可能在大学校园网络中形成热烈讨论,从而形成强大的舆论氛围。从高校网络舆情的内容来看,按照舆情发生的规律,可以分为突发网络舆情问题、阶段性网络舆情问题以及长期持续性的网络舆情问题。突发性的网络舆情问题是由突发事件引起的校园大讨论,最后形成强大的网络舆情;阶段性网络舆情则表现出循环性的特点,与高校学生流动和教育管理的规律息息相关;长期持续性网络舆情问题一般都与大学生自身关系密切,而且维持一定的强度和关注度。

三、现代大学网络舆情发展的新趋势

(一)微博、微信将成为网络舆论的主要载体

高校学生的整体素质较高,有着较为宽裕的空闲时间,有着对社会诸多问题较为深入的思考,这一切都促使学生群体利用微博发表言论,进而引发"围观"、讨论,形成舆情。据不完全统计,笔者所在高校已经开通微博的学生占40%,微博上较为活跃的也已经在20%以上。如何更有效地监管、引导高校学生使用微博、微信,已经成为摆在高校管理者面前的一大问题。门户网站在高校中的影响力迅速消退,微博、微信持续火爆。尽管门户网站的新闻内容仍然是网民获取新闻最重要的方式,但舆论影响力将越来越小,在舆论引导上更是难有作为。

(二)网络社群发展迅猛

在全球化时代的媒介环境中,由于人际交往的需要、互联网的迅速发展和传播的草根性,力量更加强大、话语更有效的"网络社群"开始出现。网络社群是由部分具有相关性(同学、同事、朋友等)的网民构建的相对封闭的交流空间。在高校范围内,QQ群、微信在学生群体中普及率非常高。以笔者所在学校为例,据不完全统计,在校本科生平均加入的QQ群为3.6个,其性质大多为班内群、学院群以及学生所加入的各种社团组织的QQ群。网络社群在信息传播、事件讨论过程中发挥着越来越重要的作用。

(三)网络舆情的正面作用逐渐得到重视

高校网络是学生们表达态度想法、抒发情感的平台,也是高校管理者观察学生思想动态的一个重要窗口。透过网络信息,在一定程度上可以了解学生的真实想法,更有利于全面、客观、真实地了解学生们的思想和心声。网络舆情影响的正面作用主要体现在以下两个方面:第一,有助于提高大学生的社会适应能力,一定程度上克服交往障碍。虚拟的网络社区可以让学生丢弃胆怯与羞涩,勇于尝试与别人沟通,一定程度上有助于学生健全人格的培养。第二,有助于维护师生关系,推动和谐校园建设。通过网络,学校可以充分利用学生的主人翁意识,把他们对学校发展、改革、建设的建议收集整理好,汲取其中合理的部分用于学校的各项工作中。

四、现代大学网络舆情的治理机制

笔者认为,做好高校网络舆情的治理工作,应该从以下几个方面着手:

(一)坚持正确导向,用先进思想与文化占领高校网络

中共中央、国务院《关于进一步加强和改进大学生思想政治教育工作的意见》指出:"要全面加强校园网的建设,使网络成为弘扬主旋律、开展思想政治教育的重要手段。"要克服网上不良信息对大学生的负面影响,必须坚持正确的网络文化价值导向,引领构建网络主流意识形态,始终坚持马克思列宁主义、毛泽东思想、邓小平理论和"三个代表"重要思想,坚持社会主义核心价值观教育,爱国主义、集体主义和社会主义教育,理想信念教育,中华民族优秀传统教育。当前,尤其要注重加强网络舆情的引导,努力营造积极向上的主流舆论。要围绕一些重大的政治问题,旗帜鲜明地发表评论,对错误言论、思潮敢于批评,及时纠正错误信息,做到在网上有党、团组织的声音。高校要充分利用校园网络,打造大学生喜闻乐见的"红色网站",构筑网上文化精品库,开设网上文化课堂,开展网上文化活动等,净化网络舆论环境,使网络舆论的导向能够在科学理论旗帜的指引下,在互动交流及比较、筛选中由平面走向立体,变被动为主动。

(二)主动出击,提高大学生的网络道德素质,占领高校网络阵地

笔者认为,高校作为教育机构,应该充分发挥其知识分子集聚、与社会教化示范基地的优势,引入基础网络道德伦理教育课程,甚至可以将其设为公选课。复旦大学已经面向全校学生开设了《新闻媒介与社会》的公选课,无疑对加强网络舆情的管理迈出了坚实的一步。另外,高校可以根据自身网络舆情实际情况,主动出击,设置当前热门议题,或学生较为关注的话题,邀请专家共同参与,变被动为主动,从而很好地掌握、引导舆情。这样的方式既能解决与学生们切身利益相关的实际问题,又能使学校更具亲和力和凝聚力,无疑是网络舆情引导的有效路径。

(三)建立科学有效的网络舆情治理体系

1.建立有效的网络舆情收集制度。有效的舆情收集是舆情管理工作的基础。网络舆情虽然具有突发性和偶然性,但并非完全不可掌控,这就要求建立校级、学院级、班级三级舆情收集机制,做到舆情上报渠道的畅通。

2.加强网络舆情研判队伍建设,培养网络舆论引导评论员,建立网络舆情监测机制。在高校内部组建一支人员构成齐全、熟悉网络语言特点和规律的网络舆情研判队伍,从事网络舆情的日常监测,围绕热点主动撰写贴文,有效引导网上舆情。与此同时,还需要根据学校的实际情况,做好校园内网站、论坛的用户登记、实名制工作,规范管理,准确掌握舆情信息的源头。此外,充分利用高科技手段,开发利用舆情信息监控、过滤软件等,进一步建立和完善网络安全系统,构建校园网络安全技术防控和预警机制。

3.设立新闻发布机制,及时有效开展信息发布。信息渠道的快速、公开、畅

通是引导网络舆论的必然要求。要完善高校新闻发言人制度，将事件的真相实事求是地告诉师生，最大限度地压缩“绯闻”，把师生关心的相关动态信息和突发公共事件的应急预案、预警信息及应对情况通过手机和网络等方式及时、快捷地告知公众，不仅有助于提高高校工作的透明度，而且还有利于突发事件的解决和化解，从而有效地稳定局面，安定人心。

4.完善高校网络舆情应急机制。高校网络舆情应急机制应该包含两个基本方面的含义：首先，在高校内部应该成立网络舆情突发事件领导小组，加强各部门间的沟通协调，做好应对突发舆情事件的准备，缩短学校的整体响应时间。其次，应急机制应该包括针对重大突发事件和特殊敏感问题的应急预案。学校相关职能部门要充分熟悉应急预案的内容、流程，明确各自部门的主要职责，了解必要的处理方法，当网络突发事情发生时，就能做到有章可循、有条不紊地开展工作。

高校的主要功能在于“育人”，高校学生是高校教育和培养的对象，要充分认识思想政治教育功能与网络舆情的关系，一方面，思想政治教育功能的发挥有利于网络舆情的形成、发展和传播；另一方面，网络舆情中蕴含着思想政治教育新功能，即导向、凝聚、内化、覆盖渗透、预测预防等功能。因此，应从关爱的角度出发对善后事宜予以处理，其目的不在于惩罚，而是通过某种方式达到警示的目的。

参考文献

[1]刘毅：《网络舆情概论》，天津人民出版社2007年版。

[2]周建胜、范志轩：《高校网络舆情成因及引导处置机制探析》，《教育与教学研究》2013年第8期。

[3]姜胜洪：《网络舆情热点的形成与发展》，《现状及舆论引导(理论月刊)》2009年第4期。

(作者单位：山东政法学院信息学院)